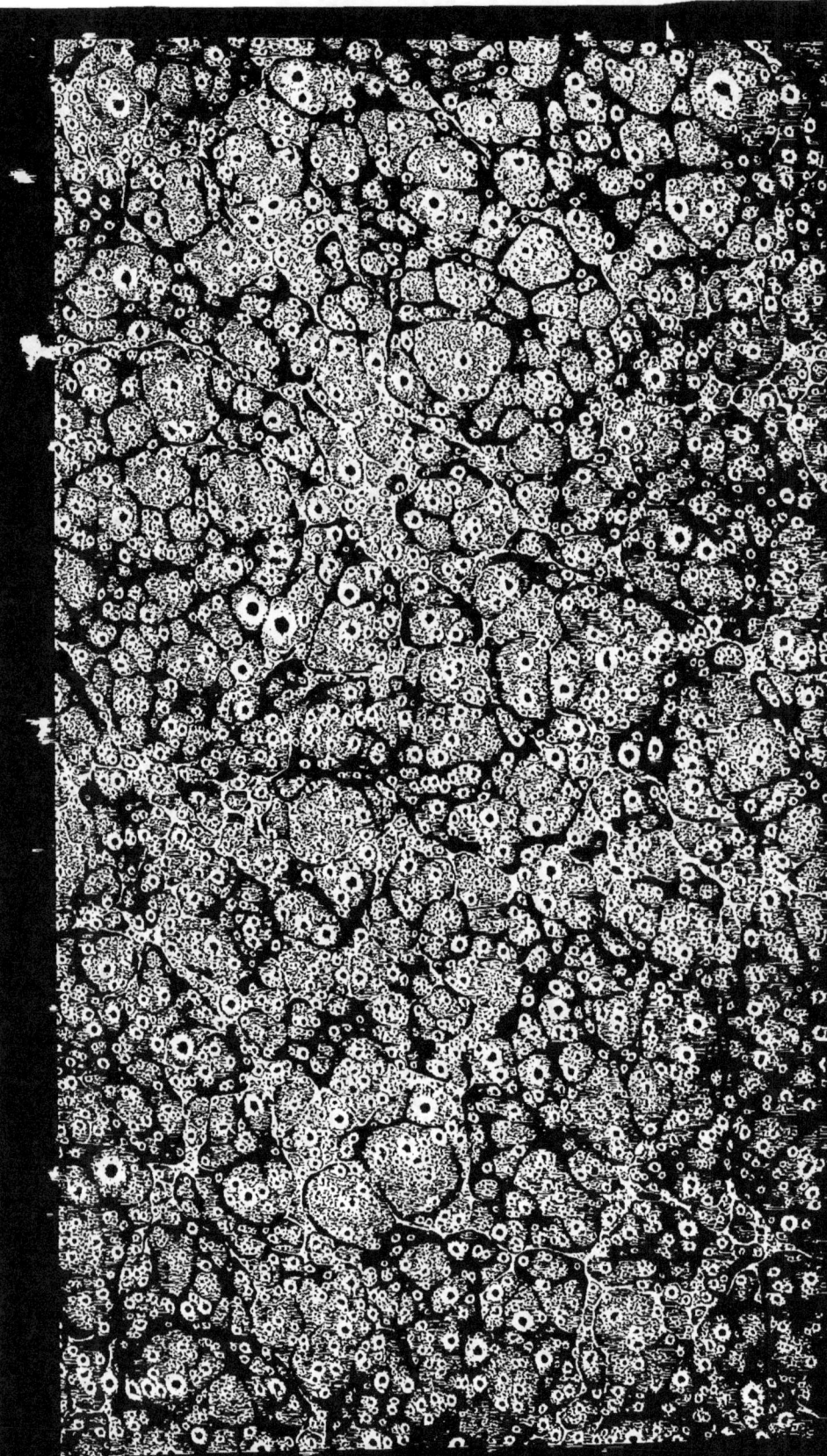

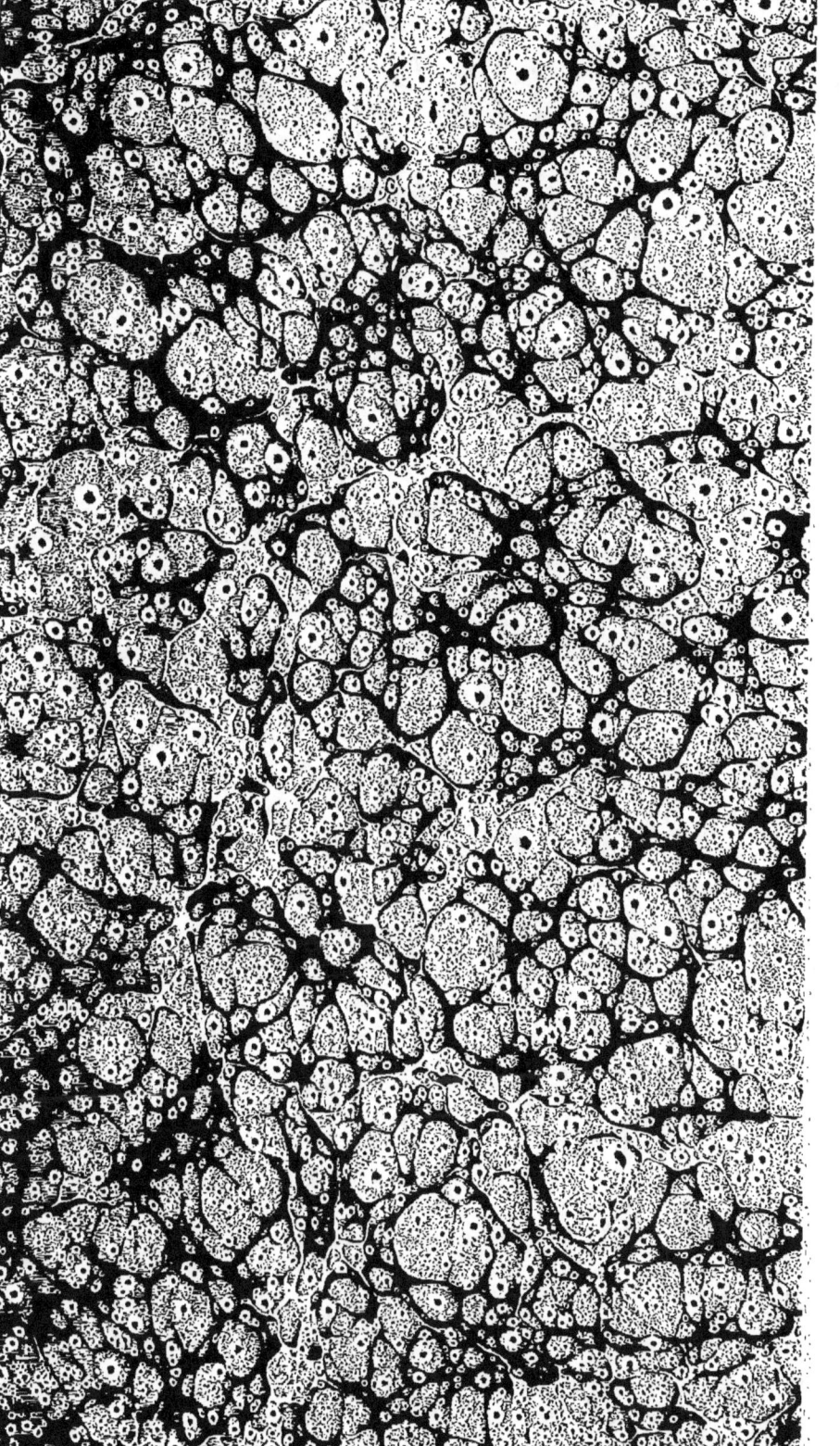

HAUTS FAITS
ACTES ET PAROLES MÉMORABLES
DE
NAPOLÉON.

Imp. de Félix Locquin, rue N.-Dame-des-Victoires, 16.

HAUTS FAITS

ACTES ET PAROLES MÉMORABLES

DE

NAPOLÉON

GÉNÉRAL, CONSUL, EMPEREUR ET PRISONNIER DE LA
SAINTE-ALLIANCE,

Précis de ses Victoires, Conquêtes, Revers ;
de sa Captivité, de sa Mort à Sainte-Hélène, de sa Translation
en Europe et de ses Funérailles à Paris ;
avec un aperçu des institutions, travaux, monuments dont
ce grand homme a doté la France ;
ouvrage contenant une foule de détails intéressants, de
particularités peu connues, d'anecdotes inédites,
d'opinions, de jugements remarquables, etc.

SUIVI D'UN TABLEAU INDIQUANT, DANS CHAQUE MOIS ET A LEUR
JOUR, LA DATE DES ACTIONS OU IL COMMANDA EN PERSONNE.

PAR LE BARON LH***.

PARIS

CORBET AÎNÉ, LIBRAIRE

QUAI DES AUGUSTINS, 61.

1841

PRÉFACE.

Un homme extraordinaire s'est élevé dans le XIXe siècle au rang des souverains, aidé puissamment par les circonstances. Il a illustré son pays par une gloire militaire inconnue dans l'histoire, et par une administration aussi forte que régulière

Napoléon n'est plus!... C'est une terre étrangère qui a reçu ses cendres, c'est une île qui a été le lieu de son exil, et qui a vu s'éteindre ce héros qui fit trembler toutes les puissances de l'Europe.

On ne peut se dissimuler que l'histoire de Napoléon, pendant l'étonnante période de vingt ans, qui commence sous les murs de Toulon, pour finir au rocher de

Sainte-Hélène, est l'histoire de la France elle-même (1).

Dès son apparition sur la scène du monde, il commanda l'attention et l'intérêt de l'Europe entière, et jusqu'à son dernier jour, les peuples, les rois, la politique, la guerre, ont pâli près de lui, ou n'ont brillé que de ses reflets.

Dans aucun autre individu, les faiblesses inséparables de l'humanité n'ont été effacées par plus de gloire ; cette gloire appartient tout entière à la France ; elle est le patrimoine de ses héros ; ses faiblesses appartiennent au caractère de tous les hommes.

Ce n'est pas sur le trône où il était parvenu à s'asseoir, que nous devons envisager Napoléon, c'est comme homme, c'est comme concitoyen qu'il nous appartient, c'est comme Français que nous revendiquons sa gloire.

---

(1) C'est ce que ne pensait pas Louis XVIII, qui retranchait de notre histoire ces vingt ans si pleins de gloire et d'héroïsme, pour y substituer son règne imaginaire.

Ecartant toute digression qui ralentirait la marche que nous devons suivre, nous mettrons successivement sous les yeux de nos lecteurs, l'assemblage extraordinaire et inconnu jusqu'à Napoléon, des dons les plus précieux; le génie qui conçoit les grandes choses; l'imagination qui leur donne des formes colossales; l'enthousiasme qui augmente les conséquences de l'idée première; les calculs positifs d'un esprit méthodique; la patience qui interroge tous les détails; l'énergie qui brise tous les obstacles, et cette étonnante fécondité de ressources, d'où sortent, s'échappent ces élans de génie qui, comme les éclats de la foudre, brillent, tombent et frappent en même tems.

BEAUTÉS
DE L'HISTOIRE
DE
NAPOLÉON BONAPARTE.

Napoléon Bonaparte naquit à Ajaccio, capitale de l'Ile de Corse, le 15 août 1769, d'une famille noble, mais peu favorisée des dons de la fortune. Son père se nommait Carlo Bonaparte, et sa mère Lœtitia Ramolini. Il eut pour parrain le célèbre Paoli.

Les premières années de la vie de Napoléon semblèrent annoncer ce qu'il devait être un jour. Toutes ses habitudes le portèrent, dès sa plus tendre jeunesse, vers l'étude et la méditation. La préférence qu'il témoignait, dès lors, pour les sciences exactes et les exercices militaires, détermina sa mère à employer tout le crédit du comte de Marbeuf, premier gouverneur de la Corse, lorsque cette île eût été cédée à la France par la république de Gênes, pour faire admettre, en 1777, le jeune Napoléon à l'école militaire de Brienne. Ce fut là que ses penchans et ses goûts achevèrent de se développer. Nous ne citerons qu'un trait qui vient à l'appui de ce que nous avançons.

Depuis quelque tems on avait remarqué que des élèves se réunissaient la nuit, probablement pour se divertir. Un des surveillans aperçut une nuit de la lumière dans la chambre d'un des élèves ; il monte, frappe ; mais quel est son étonnement, quand le jeune Napoléon vint lui ouvrir encore habillé. Le surveillant lui demande la cause de cette infraction aux règlemens de l'école ? Bonaparte balbutie ; que faisait-il ? Il expliquait un problème de géométrie, et il était deux heures du matin.

Étranger aux plaisirs, et aux délassemens de ses jeunes condisciples, on le voyait toujours solitaire, isolé, rêveur, un livre à la main, s'éloigner de leurs jeux et se recueillir en lui-même. Il affectait alors ces locutions courtes et sentencieuses, familières aux anciens, et dont il se fit depuis une habitude qu'il a conservée tout le reste de sa vie.

En 1783, M. de Kéralio, inspecteur des écoles militaires, passant un examen des élèves de Brienne, fut frappé des réponses de Napoléon. « J'apperçois, dans ce jeune homme, dit-il un » germe qu'on ne saurait trop cultiver. » Il n'avait alors que quatorze ans. (1)

(1) Un de ses professeurs ajouta la note suivante au

Compris, en 1784, dans la promotion des élèves qui passèrent de l'école militaire de Brienne à celle de Paris, il subit, en 1785, des examens sur toutes les parties de l'art auquel il se destinait. Ces examens qui avaient été très-brillans, lui obtinrent, le 1er septembre 1785, sa nomination à une sous-lieutenance au régiment de La Fère, artillerie; bientôt il fut nommé lieutenant en premier dans le régiment de Valence.

Bonaparte avait vingt ans et tenait alors garnison dans cette dernière ville, lorsqu'en 1789, le premier cri de la liberté vint réveiller la France et électriser ses enfans. L'armée accueillit les idées nouvelles avec des sentimens divers. Bonaparte se jeta dans les rangs des partisans de notre grande régénération.

Revenu en Corse avec le général Paoli, au commencement de 1790, il passa trois ans dans cette île sous les ordres de ce général, entièrement livré à l'étude, s'occupant de la théorie de l'art militaire et manifestant les principes et les opinions d'un ami de la liberté.

Lorsque des partis se formèrent en Corse, Bonaparte qui avait été long-tems attaché à Paoli, se prononça en faveur des intérêts français contre ce général, qui ayant embrassé les

nom de Bonaparte : « Corse de nation et de caractère,
» ce jeune homme ira loin, s'il est favorisé par les cir-
» constances. »

intérêts de l'Angleterre, était alors tout puissant dans l'île.

Frappé d'un décret particulier, il se vit contraint, en 1793, de quitter l'île de Corse, et de se retirer à Marseille avec sa famille.

Devenu capitaine en second au quatrième régiment d'artillerie, Bonaparte fut employé, en cette qualité, dans l'armée qui assiégea Lyon sous les ordres du général Kellermann, et suivit à Toulon son régiment qui avait reçu l'ordre de s'y rendre. La prise de cette ville fut en partie le fruit de ses combinaisons et de son génie. Le trait suivant en est la preuve :

Ayant disposé une batterie dont l'effet lui semblait indubitable, un des représentans du peuple s'y opposa, prétendant qu'elle ne remplirait pas le but proposé. La batterie restera, reprit vivement le jeune Napoléon, j'en réponds sur ma tête; faites votre métier de représentant, et laissez-moi faire celui d'artilleur : la batterie resta, la ville fut prise, et Bonaparte nommé général de brigade.

Après le siége de cette ville, Barras et ses collègues se décidèrent à confier à Bonaparte la mission de rendre la Corse à la république. Ce dernier, après avoir fait d'inutiles tentatives pour s'emparer d'Ajaccio, revint à Marseille.

Ayant cessé d'être compris dans l'arme de l'artillerie, lors du travail fait par Aubry, alors chargé au comité de salut public de la section de la guerre, on lui donna des lettres de service pour l'attacher, avec le même grade, à l'armée de l'Ouest. Cette translation de l'artillerie dans la ligne, révolta Bonaparte; il vint à Paris pour obtenir sa réintégration dans son arme; il échoua complètement.

Mais arriva la fameuse journée du 13 vendémiaire an 4, produite par la révolte des sections de la capitale contre la Convention; elle fit faire à Bonaparte un pas de géant. C'est de cet instant qu'il jeta les premières bases de son autorité et de l'influence qu'il eut depuis dans toutes les affaires du Gouvernement. Barras qui l'avait choisi pour commander l'armée de la république, le récompensa de la fermeté qu'il déploya dans cette circonstance difficile, et du résultat satisfaisant qu'il en obtint; il fut nommé général de division.

Le directoire installé, Bonaparte, en ventose an 4 (février et mars 1796), obtint, avec la main de Joséphine de la Pagerie, veuve du vicomte de Beauharnais, le commandement en chef de l'armée d'Italie, qui venait d'être retiré à Schérer.

Il partit de Paris le 1er germinal an 4 (21 mars 1796). L'armée qu'il allait commander manquait de tout, et le découragement y était au comble. Arrivé à Marseille, le 28 mars, il dit à l'un des membres de la Commission du Midi ces paroles remarquables : « Avant un

» mois, vous apprendrez que je suis mort, ou
» que l'armée autrichienne est en déroute. »

De Marseille, il se rendit à Nice, ou le quartier général de l'armée française résidait depuis quatre ans. Il ne trouve sous les armes que trente mille combattans et trente pièces de canon L'armée austro-sarde qui lui est opposée, compte près de cent mille hommes et deux cents pièces de canon.

Prêt à attaquer avec une armée sans discipline, sans vivres, sans munitions et presque sans vêtemens, des ennemis nombreux, pourvus de tout, et faisant la guerre sur leur territoire, il s'écria dans un mouvement d'éloquence militaire qui ne lui réussit pas moins qu'à l'illustre général carthaginois : « Camarades, vous
» manquez de tout au milieu de ces rochers;
» jetez les yeux sur les riches contrées qui sont
» à vos pieds, elles nous appartiennent; allons
» en prendre possession. » L'armée répond par une acclamation unanime, et se met en marche au cri de *vive Bonaparte*. De ce jour s'établit entre le général et le soldat une fraternité d'armes, une solidarité de succès.

L'armée qu'il avait en tête, composée d'Autrichiens, de Sardes et de Napolitains, était forte de soixante mille hommes et commandée par le général Beaulieu.

Les débuts de cette campagne surpassèrent tout ce que l'imagination la plus féconde pourrait rêver de succès et de gloire. Le mois d'avril vit tour à tour les Français vainqueurs à Montenotte, à Millesimo, à Dégo, à Vico, et à Mondovi. Ce fut surtout à Millesimo, que Bonaparte déploya les plus savantes combinaisons.

Le résultat de ces glorieux combats fut, pour les Français, l'occupation des forteresses de Coni, de Tortone et de la Céra. Les ennemis ayant commis la faute de diviser leurs forces, Bonaparte sépara pour toujours l'armée sarde de l'armée autrichienne, et fit prisonnier de guerre, Provera, son général en chef.

Resté sans appui, après avoir perdu la bataille de Mondovi, le roi de Sardaigne signa une capitulation dans sa capitale, et l'armée autrichienne n'ayant pas d'autre allié que le Roi de Naples, ne put défendre le passage du Pô, où Bonaparte prouva qu'il était déjà un tacticien consommé.

Le duc de Parme ayant demandé un armistice, il le lui accorda, à la condition cependant, que le duc livrerait vingt tableaux de prix, une somme déterminée et des subsistances. Tremblant de perdre la *Communion de saint-Jérôme*, le duc offrit deux millions à Bonaparte pour conserver cet admirable tableau. « Honoré de la confiance de la république, répondit le général en chef, je n'ai pas besoin de millions ; tous les trésors des deux duchés ne valent pas, à mes yeux, la gloire d'offrir à ma patrie un chef-d'œuvre du Dominicain.

Le 10 mai 1796, Bonaparte gagne sur les Autrichiens la fameuse bataille du Pont-de-Lodi, où les généraux Berthier, Masséna, Dallemagne et Lannes firent des prodiges de valeur. Cette bataille fut plus brillante dans ses effets et plus importante dans ses suites que toutes les batailles précédentes, en ce qu'elle assura à l'armée française la possession de toute la Lombardie.

Le 15 mai il entra dans Milan, et consolida sa conquête par la prise du château qui capitula le 29 juin suivant.

Instruit le 29 juillet que de fortes colonnes ennemies s'avançaient contre lui, il marcha contre elles, les attaqua et les battit le 3 août, à la bataille de Lonado. Deux jours après, le 5 août, il gagne sur le général Vurmser la bataille de Castiglione, où il fut puissamment secondé par le général Augereau.

Il serait trop long de détailler tous les combats qui eurent lieu jusqu'au 15 novembre, jour où il livra, près du village d'Arcole, la bataille de ce nom, qui dura trois jours. C'est dans cette bataille qu'Augereau, saisissant un drapeau, s'élança à la tête des grenadiers jusqu'à la moitié du pont, les appelant à lui, et resta plusieurs minutes exposé au feu le plus terrible. Et ce feu était si vif que les pelotons qui se succédaient sur le pont étaient écrasés lorsqu'ils arrivaient à portée. Bonaparte, accourant tout-à-coup, se mit à la tête de la colonne et s'écria : « Soldats, n'êtes-vous donc plus les guerriers » de Lodi! Qu'est devenue cette intrépidité » dont vous avez donné tant de preuves? » Aussitôt, descendant de cheval, il s'empare d'un nouveau drapeau, se met à la tête de ses braves, et, à l'exemple d'Augereau, il s'élance sur le pont. Ce fut seulement par de tels efforts que la victoire se détermina en faveur des Français.

La bataille d'Arcole, qui décida du sort de l'Italie, ne put déterminer la cour de Vienne à cesser une lutte qui lui était désormais impossible à soutenir; elle envoya de nouveaux renforts au général Alvinzi, et le chargea de reprendre l'offensive. La force respective des deux armées était de dix-huit mille Français et de quarante mille Autrichiens.

Dès que Bonaparte vit Alvinzi s'ébranler, il courut au-devant de lui; les deux armées se joignirent sur l'Adige près de Rivoli, et là un affreux engagement signala leur rencontre; l'ennemi fut taillé en pièces, culbuté sur tous les points, et forcé de se réfugier dans le Tyrol; vingt mille des siens, plusieurs drapeaux, neuf pièces de canon furent les trophées de cette bataille, qui eut lieu le 14 janvier 1797, et servit de prélude aux succès de cette année mémorable.

Les jours suivans, 15 et 16 janvier, les débris de cette armée s'étant réunis, et ayant tenté de s'introduire dans Mantoue, livrèrent les batailles de Saint-Georges et de La Favorite, où ils éprouvèrent une défaite entière, et où le général Provera fut fait prisonnier pour la seconde fois. Dans ces deux affaires, sept mille hommes mirent bas les armes, et l'armée française s'empara d'un riche butin.

Mantoue, le constant objet des efforts des Français, le boulevart d'Italie, ne pouvait tenir long-tems abandonné à ses propres ressources; on savait que la garnison était réduite à demi-ration. Vurmser tint pourtant encore tout le mois de janvier.

Ce fut après la reddition de cette ville que Bonaparte envoya au directoire les drapeaux pris dans ces mémorables campagnes. Le général Bessières en présenta soixante-onze pris sur les champs de bataille, et le général Augereau en apporta soixante trouvés dans Mantoue. La vue de ces trophées excita en France de vifs transports d'admiration pour l'armée d'Italie, et pour le jeune général qui l'avait si constamment conduite à la victoire.

Le 19 février 1797, fut conclu à Tolentino, avec le Saint-Siége, le traité par lequel le pape renonçait à ses prétentions sur le Comtat-Venaissin, cédait à perpétuité à la république française la partie du territoire de l'Église, envahie depuis dix jours par ses armées, rétablissait l'école française à Rome, et payait à la France treize millions en argent ou en effets précieux.

Cependant le prince Charles, après avoir rassemblé de grandes forces, s'avançait pour s'opposer à Bonaparte, et tenter une seconde fois le sort des combats. Le héros d'Italie court audevant de lui, passe le Tagliamento, le 16 mars, et remporte sur l'archiduc une victoire complète qui mit le territoire vénitien au pouvoir des Français, et leur ouvrit le passage du Tyrol.

Malgré ces nouveaux avantages, Bonaparte offrit la paix à l'archiduc, qui répondit que n'étant muni d'aucun pouvoir, il ne pouvait entamer de négociations; mais le 2 et le 4 avril, se voyant battu à Derntein et à Hundsmarck, se voyant culbuté, coupé et chassé en désordre sur Vienne, le prince Charles demanda un armistice.

Bonaparte, à son tour, fit des difficultés, mais il céda, et l'armistice fut signé le 6 avril, et, le 7, des préliminaires de paix le furent dans Leoben, où se trouvait le quartier général français.

Les négociations pour la paix se prolongèrent jusqu'au 7 octobre, et alors fut célébré le fameux traité de Campo-Formio, dont les dispositions principales étaient la paix sur terre et sur mer, la cession de la Belgique à la France, le partage des États vénitiens entre la France et l'Autriche.

Ce fut au sujet des négociations pour la paix, qu'il s'éleva de vives discussions. Le comte de Cobentzel se débattant contre l'ultimatum posé par Napoléon, celui-ci déclara qu'il préférait s'en remettre au sort des armes, et dit en se levant : « La trêve est donc rompue et la guerre » déclarée ; mais souvenez-vous qu'avant la fin » de l'automne *je briserai votre monarchie* » *comme je brise cette porcelaine.* »

C'est dans ce fameux traité de paix que le rédacteur ayant mis pour premier article : « L'Em-
» pereur d'Allemagne reconnaît la république
» française. — Effacez cela, lui dit Bonaparte :
» la république française est comme le soleil,
» elle aveugle celui qui ne la voit pas. Le peuple
» français est maître chez lui ; il a fait une républi-
» que, peut-être demain il sera une aristocratie,
» après-demain une monarchie : c'est son droit. »

Enfin, après des campagnes dont le souvenir sera immortel, Bonaparte, dont la mission en Italie était terminée, et dont le nom remplissait la France et l'Europe, fut promu, par un arrêté du directoire exécutif du 26 octobre 1797, au commandement en chef de l'armée des Côtes de l'Océan, destinée à agir contre l'Angleterre.

Après un séjour de quelques semaines à Milan, où il s'occupa des intérêts de la république cisalpine qu'il avait fondée, et avant de partir pour le nouveau poste qui venait de lui être confié, il reçut l'ordre de se rendre à l'ouverture du congrès de Rastadt, pour y présider la légation française. Il quitta Milan, et, le 1er décembre, il signa à Rastadt avec le comte de Cobentzel, la convention militaire qui fixait les évacuations respectives que devaient faire les deux armées, et partit pour Paris, immédiatement après l'avoir signée. Arrivé dans cette ville, il y excita un enthousiasme impossible à décrire. Le directoire tout en dissimulant mal les craintes et les embarras que lui causait sa présence l'accueillit avec une pompe inusitée, dans une fête brillante qu'il lui donna le 10 décembre, pendant laquelle le général lui présenta le traité de Campo-Formio.

Après un séjour de deux mois dans la capitale, et à la suite de quelques explications assez vives avec le Directoire, Bonaparte partit le 10 février 1798, pour se rendre à Dunkerque, et faire la visite des côtes.

Revenu à Paris, après une absence de quelques semaines, la situation respective du général et du Directoire, était ni moins équivoque ni moins embarrassante. C'est alors qu'il fit part au Gouvernement, du grand projet qu'il avait nourri secrètement au milieu de ses triomphes. Ce projet était la mémorable expédition d'Égypte (1).

(1) Cette pensée qui appartient tout entière à Bona-

Le Directoire ne fit aucune difficulté de l'adopter, et même d'en presser l'exécution, n'ayant rien tant à cœur que d'éloigner des affaires un homme dont le génie et la réputation colossale commençaient à lui porter ombrage. En conséquence, le 15 mars 1798, il écrivit à Bonaparte la lettre suivante :

« Vous trouverez ci jointes, général, les expéditions des arrêtés pris par le Directoire exécutif, pour remplir promptement le grand objet de l'armement de la Méditerranée ; vous êtes chargé, en chef, de leur exécution. Vous voudrez bien prendre les moyens les plus prompts et les plus sûrs. Les Ministres de la guerre, de la marine et des finances, sont prévenus de se conformer aux instructions que vous leur transmettrez sur ce point important dont votre patriotisme a le secret, et dont le Directoire ne pouvait mieux confier l'exécution qu'à votre génie et à votre amour pour la vraie gloire. »

Signé *Reveillère-Lépaux, Merlin, P. Barras.*

En moins de deux mois, tout fut disposé pour

parte, lui avait été inspirée par la lecture d'un ancien projet déposé, sous Louis XV, au ministère des affaires étrangères, et tendant à fonder en Égypte une colonie puissante, destinée à devenir l'entrepôt du commerce de l'Inde.

l'embarquement. Toulon avait vu dans cet espace de tems, organiser dans son port, une escadre portant dix mille hommes de mer, et trente-six mille de débarquement. La confiance qu'on avait accordée à Bonaparte fut telle, qu'on l'avait laissé maître de choisir dans les armées de la République, les généraux et les régimens qui devaient l'accompagner.

Jaloux d'observer avec fruit ce que le berceau du monde offrait d'utile et de curieux, il obtint d'emmener avec lui un certain nombre de savans et d'artistes qui devaient l'aider de leurs lumières, et enrichir la France du fruit de leurs recherches.

Muni des instructions du Directoire, Bonaparte partit de Paris, le 3 mai, pour se rendre à Toulon, et mit à la voile le 19 du même mois, après avoir annoncé aux soldats les grandes destinées qu'ils avaient à remplir, dans une proclamation dont nous allons citer les principaux fragmens.

« Vous êtes, leur dit-il, une des ailes de
» l'armée d'Angleterre ; vous avez fait la guerre
» des montagnes, de plaines, de siéges, il vous
» reste à faire la guerre maritime; les légions ro-
» maines, que vous avez quelquefois imitées,
» mais pas encore égalées, combattaient Car-
» thage sur cette même mer, et aux plaines de
» Zama; le génie de la liberté, qui a rendu dès
» sa naissance la République l'arbitre de l'Eu-

» rope, veut qu'elle le soit encore des mers et
» des nations les plus lointaines. »

Ces paroles électrisèrent l'armée, elles furent accueillies avec enthousiasme. Tous ignoraient encore vers quels parages devaient se tourner les proues, nul ne s'en inquiétait : c'était assez pour eux de suivre Bonaparte : « Il est
» avec nous, s'écriaient-ils, nous allons à la
» victoire. »

Immédiatement après, l'escadre, sous les ordres de l'amiral Brueys, et ses bâtimens de transports, au nombre de quatre cents, sortirent de la rade, longèrent les côtes de la Provence, passèrent à la vue du cap Corse, cotoyèrent la Sicile, et se portèrent devant l'île de Malte. Cette île, située entre Toulon et Alexandrie, offrait une position intermédiaire, dont il était important de s'assurer pour le succès de l'expédition. Comme il entrait dans le plan du général en chef de s'assurer de cette île, Bonaparte fit demander au grand-maître la permission de faire entrer l'escadre dans le port pour y faire de l'eau; sur son refus, il se disposa à entrer de vive force.

Sept mille hommes environ défendaient Malte, mais un grand nombre de chevaliers avaient promis de seconder les Français ; il ne craignit point d'exécuter son dessein. En peu d'heures, il se rendit maître de cette place, considérée comme inexpugnable, supprima l'ordre de Saint-Jean de Jérusalem, s'empara des trésors de son église, laissa au général Vaubois le commandement de l'île et fit voile pour Alexandrie.

Ainsi, tomba par un coup de main, cette aristocratie militaire qui jadis avait jeté un si grand éclat. La politique seule peut justifier la surprise qui causa sa ruine.

Le 1ᵉʳ juillet, les minarets d'Alexandrie montrèrent le but du voyage; un vaste cri de joie retentit sur la flotte, et chaque soldat regardant la conquête de cette terre d'Egypte comme assurée, appela de ses vœux l'heure du débarquement.

Dans une proclamation courte, mais énergique, il instruisit les soldats de tout ce qui leur importait d'apprendre en débarquant sur cette terre, où tout serait nouveau pour eux, soit relativement à la manière de combattre leurs ennemis, soit sur le respect et les égards qu'il leur importait de montrer pour leur religion, leurs mœurs et leurs usages.

Dans la crainte d'être surpris par la flotte anglaise, sous les ordres de l'amiral Nelson, Bonaparte pressa son débarquement, malgré toutes les difficultés qu'opposait la côte, et dès le soir même, cette opération eût lieu. A l'instant où il descendait dans la semi galère qui devait le porter à terre, une voile qui fut signalée comme ennemie, lui arracha cette exclamation, « Fortune, m'abandonnerais-tu ? » Quoi ! Seulement cinq jours ! » La fortune se montra fidèle à ce vœu, et on reconnut bientôt que le bâtiment signalé était la frégate *la Justice* qui arrivait de Malte.

Le 2 juillet, Bonaparte passa les troupes en revue, et le 5 du même mois, après avoir emporté Alexandrie d'assaut, et avoir nommé le général Kléber gouverneur de cette place, il se dirigea sur le Caire, à travers le désert, en longeant le canal qui conduit les eaux du Nil à Alexandrie dans le tems des inondations.

Ce fut le 12 juillet, à Ramanieh que les Mamelucks se montrèrent aux troupes françaises pour la première fois.

Le 14, au soir, l'armée arriva en vue du village de Chebreis, où l'attendaient quatre mille Mamelucks et une multitude d'Arabes. Secondé par l'artillerie d'une flottille qui le suivait, Bonaparte leur tua beaucoup de monde, et continua sa marche. Enfin, le 23 juillet, au moment où le soleil paraissait sur l'horizon, l'armée aperçut les Pyramides. A l'aspect de ces masses antiques, qui se dessinaient au loin sur un ciel bleuâtre, elle s'arrêta saisie de respect et d'admiration. « Soldats, s'écria Bonaparte, » vous allez combattre les dominateurs de l'É- » gypte ; songez que du haut de ces monumens, » quarante siècles vous contemplent ! » et le plus noble enthousiasme animait sa figure.

Attaqués par les Mamelucks commandés par Mourad-Bey, les Français les attendirent à dix pas, les écrasèrent de leur feu ; et après divers mouvemens, le champ de bataille, couvert de plus de trois mille morts, de quarante pièces de canon, et de quatre cents chameaux chargés de bagages, resta aux Français qui firent un butin immense.

Le même jour, Bonaparte entra au Caire, et mit fin aux excès où la populace s'était livrée après le départ des Mamelucks. Maître de la capitale, il fit occuper la province du Delta par un corps de troupes, et se mit en mesure de déjouer toutes les tentatives d'Ibrahim, qui, retiré à Belbéïs, où il avait établi son quartier-général, paraissait disposé à tenir la campagne.

Arrivé à Belbéïs, Bonaparte trouva la ville évacuée. Ibrahim, à son approche, s'était retiré sur la Syrie, après s'être adjoint dans sa fuite, la riche caravane de la Mecque. Laissant son infanterie, Bonaparte partit au galop, suivi de quatre cents cavaliers, pour fondre sur les derrières d'Ibrahim : il l'atteignit à Salahié, et soudain lui livra combat; ce coup de témérité faillit lui coûter cher ; néanmoins l'ennemi se mettant en retraite, abandonna l'Égypte et s'enfonça dans le désert.

Bonaparte rassembla son armée, et revenant au Caire, il rencontra à quelque distance de cette ville un aide-de-camp que le général Kléber lui expédiait d'Alexandrie, avec une dépêche, en date du 2 août, qui lui donnait la nouvelle des résultats désastreux du combat naval, qui livré le 1ᵉʳ août dans la rade d'Aboukir, entre la flotte française et celle des Anglais, commandée par l'amiral Nelson, ôtait désormais à l'armée française, tout espoir de retraite, et ne lui laissait plus d'autre alternative que de vaincre ou de périr.

A la lecture de ce rapport, Bonaparte ne laissa paraître aucune émotion sur ses traits, et dit avec un sang-froid qui inspira du courage aux plus timides : » Nous n'avons plus de » flotte, eh bien ! il faut rester dans ces con- » trées, ou en sortir grands comme les anciens. »

Bonaparte, reconnaissant de quelle importance il était pour lui de détacher de la coalition de ses ennemis, les pachas qui pouvaient mettre obstacle à ses projets, adressa une lettre à Achmet Djezzar, pacha de Saint-Jean-d'Acre, qui reçut ses propositions avec un mépris insultant.

Cependant, le général français redoublait de soins pour s'attacher les prêtres, les magistrats et la multitude.

Le 18 août, il fit célébrer une fête relative au débordement périodique du Nil, et à l'arrivée des eaux de ce fleuve au Caire.

Deux jours après, au sujet de l'anniversaire de la naissance de Mahomet, il ordonna des solennités nouvelles dans lesquelles il réunit la pompe orientale, à tout le faste européen.

Le lendemain, il arrêta la formation d'un institut, destiné à s'occuper des progrès et de la propagation des lumières en Égypte, de la recherche, de l'étude et de la publication des faits naturels, industriels et historiques de ce pays, et le divisa en quatre sections : mathématiques, physique, économie politique, littérature et beaux-arts.

Le 1er vendémiaire de l'an 7 (22 septembre 1798), il fit célébrer au Caire, avec la pompe accoutumée, la fête de la fondation de la République, et dit dans un discours qu'il adressa du pied de la Pyramide de la place d'Exbérich, aux troupes rassemblées autour de lui.

« Soldats,

» Nous célébrons le premier jour de l'an 7 de la République. Il y a cinq ans, l'indépendance du peuple français était menacée ; mais vous prîtes Toulon, ce fut le présage de la ruine de nos ennemis. Un an après, vous battiez les Autrichiens à Dego ; l'année suivante, vous étiez sur le sommet des Alpes ; vous luttiez contre Mantoue, il y a deux ans, et vous remportiez la célèbre victoire de Saint-Georges, l'an passé, vous étiez aux sources de la Drave et de l'Isonzo, de retour de l'Allemagne. Qui eût dit alors que vous seriez aujourd'hui sur les bords du

Nil, au centre de l'ancien continent, etc.... »

Le 30 vendémiaire, une révolte éclate au Caire, quantité de Français et notamment le général Dupuy, commandant de la place, venaient d'en être les victimes, lorsqu'arrivant de Giseh, dont il avait visité les Pyramides, Bonaparte déploya contre les rebelles, la terrible puissance que la guerre avait mise dans ses mains. Tout rentra dans le devoir après vingt-quatre heures de carnage.

Le 25 décembre 1798, après avoir fait fortifier les environs du Caire, il s'empara de Suez, sur la mer Rouge. Ce fut là qu'il apprit que le fort d'El-Arish, était occupé par les Mamelucks et les troupes de Djezzar.

De retour au Caire, il s'empressa de réunir et de mettre en mouvement les troupes qu'il destinait à faire la conquête de la Syrie. Il part le 10 février 1799, à la tête de treize mille hommes, pour aller soumettre le pacha dans sa ville. Les places d'El-Arish, de Gaza, tombent en son pouvoir. Arrivé devant Saint-Jean-d'Acre, il en commença aussitôt le siége; mais, privé de grosse artillerie, et l'ennemi recevant chaque jour des Anglais de nouveaux renforts, il dut renoncer à son entreprise, et se replier sur l'Egypte. Les Français en retrouvant au Caire toutes les jouissances de la vie, oublièrent les journées du désert, et les périls de Saint-Jean-d'Acre.

Toujours résolu de délivrer l'Egypte des Français, le Grand-Seigneur y dirigea par mer, sous le commandement de Mustapha, pacha, dix-huit mille Osmanlis, qui débutèrent par s'emparer du fort d'Aboukir.

Arrivé le 24 juillet à Alexandrie, Bonaparte ménagea peu le général Marmont dans les reproches qu'il lui adressa, pour ne pas s'être opposé au débarquement. Sur ce que Marmont objectait qu'il n'avait que douze mille hommes, et que les troupes turques s'élevaient à dix-huit mille : « Eh bien ! s'écria Bonaparte, avec vos douze mille hommes, je serais allé jusqu'à Constantinople.

L'armée ottomane, forte de 18,000 hommes, était défendue par une nombreuse artillerie ; une double ligne de retranchemens la couvrait, et sa position redoutable ajoutait à la confiance de ses soldats. Les forces des Français ne s'élevaient qu'à 5,000 hommes.

Le 26 juillet, Bonaparte, après avoir reconnu les positions de l'ennemi, fondit sur lui avec la rapidité de l'aigle qu'il prit depuis pour enseigne ; jamais on ne vit un aussi grand carnage : les champs d'Aboukir vengèrent la défaite que nous avions éprouvée dans sa rade. Cernés par nos bayonnettes, nos canons et la mer, pas un turc n'échappa, et tous les 18,000 périrent. Mustapha fait prisonnier, fut envoyé lui-même comme un trophée au Caire, et les 5,000 turcs renfermés dans le fort, se rendirent après quelques jours de bombardement.

La bataille d'Aboukir couronna glorieusement les travaux de Bonaparte en Egypte; aussi le brave et loyal Kléber, après la victoire, s'écria-t-il, en le serrant dans ses bras : « Général, vous » êtes grand comme le monde. »

De retour à Alexandrie, le 31 juillet, Bonaparte adressa à toute l'armée un ordre du jour, dont l'étendue ne nous permet que de donner un extrait rapide, il produisit sur elle une impression d'autant plus profonde qu'il lui présageait comme prochain le retour dans sa patrie.

« Soldats, y disait le général, la journée du 7
» thermidor (26 juillet) a rendu le nom d'Abou-
» kir glorieux à tous les Français; la victoire
» que l'armée vient de remporter, accélère son
» retour en France, etc., etc. »

C'est ici qu'il importe de consigner un fait d'une haute importance, lequel, en contribuant à expliquer la prompte levée du siége de Saint-Jean-d'Acre, et le changement qui s'opéra alors dans les résolutions de Bonaparte, répond d'une manière victorieuse à l'accusation si souvent élevée contre lui, d'avoir abandonné son armée sans autorisation, et sans avoir pris des mesures ultérieures pour sa défense.

La lettre suivante qui lui fut adressée en Egypte par le Directoire exécutif, est la seule réponse à opposer à cette accusation.

29

AU GÉNÉRAL BONAPARTE,

COMMANDANT EN CHEF L'ARMÉE D'ORIENT.

Paris, le 7 prairial an VII (26 mai 1799.)

« Les forces extraordinaires, Citoyen général, que l'Autriche et la Russie viennent de déployer; la tournure sérieuse et presque alarmante que la guerre a prise, exige que la République concentre ses forces. Le Directoire vient, en conséquence, d'ordonner à l'amiral Bruix, d'employer tous les moyens qui sont en son pouvoir pour se rendre maître de la Méditerranée, et se porter en Egypte, à l'effet d'en ramener l'armée que vous commandez. Il est chargé de se concerter avec vous sur les moyens à prendre pour l'embarquement et le transport. Vous jugerez, Citoyen général, si vous pouvez, avec sécurité, laisser en Egypte une partie de vos forces; et le Directoire vous autorise, dans ce cas, à en confier le commandement à qui vous jugerez convenable. Le Directoire vous verrait, avec plaisir, ramené à la tête des armées républicaines, que vous avez jusqu'à présent si glorieusement commandées.

« *Signé*, Treilhard, Réveillière-Lépeaux, P. Barras. »

Indépendamment de cette lettre qui pressait son retour en France, Bonaparte, instruit par ses frères, avec lesquels il n'avait cessé de correspondre, de la situation critique de la France et du mépris dans lequel le gouvernement directorial était tombé, se décida à partir pour la France. Le 18 août 1799, il quitta le Caire accompagné des généraux Berthier, Murat, Lannes, Andreossy et Marmont; des savans Monge, Denon et Berthollet et de son secrétaire Bourrienne. Arrivé le 21 août à Alexandrie, il écrivit à Kléber auquel il remettait le commandement de l'armée, une lettre toute confidentielle, contenant les instructions nécessaires à la nouvelle position dans laquelle il allait se trouver.

Cette lettre, datée d'Alexandrie, est un chef-d'œuvre de prévoyance, de sagesse et de politique. Son extrême étendue ne nous permet pas de la rapporter ici. A cette lettre était jointe une pièce officielle conçue en ces termes.

« Soldats, des nouvelles d'Europe m'ont forcé à partir pour la France; je laisse le commandement de l'armée au général Kléber; l'armée aura bientôt de mes nouvelles : je ne puis en dire davantage. Il me coûte de quitter des soldats auxquels je suis le plus attaché; mais ce ne sera que momentanément, et le général que je leur laisse, a la confiance du Gouvernement et la mienne. »

Le 22 août, à dix heures du soir, une petite embarcation vint le prendre avec mystère, et le transporta à bord de *La Muiron*. Le contre-amiral Gantheaume commandait cette frégate.

Au moment d'appareiller, une frégate anglaise fut signalée. Les compagnons de Bonaparte en tirèrent mauvais augure pour le succès du voyage. « Ne craignez rien, leur dit-il, nous arriverons; » la fortune ne nous trahira point; nous arri- » verons en dépit des Anglais. »

Dans le dessein d'éviter les Anglais, on longea la côte d'Afrique, et par un rare bonheur, l'escadre échappa à tous les vaisseaux ennemis qui sillonnaient dans tous les sens la Méditerranée.

Le 28 septembre 1799, on reconnut l'Ile de Corse, et le 1er octobre, on mouilla dans le port d'Ajaccio. Ce fut là que Bonaparte apprit les fatales nouvelles du continent qui lui annoncèrent la prise de Mantoue, la bataille de Novi, la descente des Anglo-Russes en Hollande, et la conquête entière de l'Italie par les Austro-Russes.

L'escadre remit à la voile dans la soirée du 7 octobre. Le lendemain, au coucher du soleil, à l'instant où l'on venait de signaler les côtes de France, huit à dix voiles que l'on crut être des bâtimens anglais, furent aperçues au large. Au milieu de la consternation générale que produisit cet incident, Bonaparte seul conservait toute sa sérénité, lorsque le contre-amiral, effrayé de l'imminence du péril, voulut faire virer de bord pour retourner en Corse. « Non! non! s'é- » cria impérieusement Bonaparte, cette ma-

» nœuvre nous conduirait en Angleterre, et je
» veux arriver en France. »

La nuit déroba bientôt la vue des voiles qu'on avait aperçues ; à minuit on toucha la côte de France, et le 9 octobre, Bonaparte débarqua à Fréjus, après quarante-huit jours de traversée la plus heureuse, sur une mer couverte de vaisseaux ennemis, après une absence d'un an, quatre mois et vingt jours.

Le retour de Bonaparte en France fut salué d'une acclamation unanime. Le même enthousiasme l'attendait à Paris, où il arriva le 16.

Après avoir écouté les chefs des divers partis qui tiraillaient la France dans tous les sens, Bonaparte n'eut pas de peine à reconnaître que lui-même était un parti, et qu'au lieu de les aider, il lui était facile de les faire servir à son élévation.

Après avoir concerté avec ses partisans, la marche à suivre pour l'exécution de ses projets, Bonaparte fit jouer tous les ressorts qui devaient amener une espèce de révolution dans le gouvernement. Les 18 et 19 brumaire an VIII (9 et 10 novembre 1799), virent s'accomplir ses desseins; le Directoire fut renversé, et une commission consulaire composée de Sieyès, Roger-Ducos et Bonaparte, fut à l'instant créée.

Les trois Consuls vinrent ensuite au Luxembourg recueillir l'héritage du Directoire, où ils tinrent leur première séance et s'occupèrent de l'organisation du ministère.

« Il est inutile de débattre entre nous la présidence, dit Roger-Ducos à Bonaparte, elle vous appartient de droit. »

Sieyès, qui avait espéré que Bonaparte ne se mêlerait que des affaires militaires, et lui laisserait la conduite des affaires civiles, fut très-étonné lorsqu'il reconnut que ce jeune général avait des opinions arrêtées sur la politique, sur les finances, sur la justice, même sur la jurisprudence, enfin sur toutes les branches de l'administration. Aussi le soir, en rentrant chez lui, dit-il en présence de Chazal, Talleyrand, Boulay, Rœderer, Cabanis, conseillers privés de Bonaparte : « nous avons un maître ; Bonaparte veut
» tout faire, sait tout faire, et peut tout faire.
» Dans la position déplorable où nous sommes,
» il vaut mieux nous soumettre que d'exciter des
» divisions qui nous conduiraient à une perte
» certaine. »

La France se trouvait à cette époque dans une position très-critique ; le trésor était vide, l'industrie stagnante, l'armée de l'intérieur mal vêtue et nourrie par des réquisitions ; celles du Rhin et d'Helvétie souffraient beaucoup ; quant à celle d'Italie, dénuée de tout, sans subsistances, sans solde, elle s'était mise dans un état complet d'insubordination ; il fallait remédier à tant de maux ; les sources étaient taries, le crédit anéanti.

Bonaparte ne crut pas au dessus de ses forces de reconstituer un gouvernement qui tombait presqu'en dissolution, et d'améliorer à la fois tous les services ; son infatigable activité, les ressources puissantes de son esprit, eurent bientôt ramené la confiance.

L'administration changea de face; la discipline fut rétablie; Gaudin, Ministre des finances, créa la Caisse d'amortissement, et au moyen du système des obligations des receveurs généraux, assura la rentrée des contributions.

Lorsque l'acte constitutionnel de l'an 8 succéda à celui de l'an 3, et que Bonaparte eût été placé, en vertu de cet acte à la tête de l'État, sous le titre de premier Consul de la République, Cambacérès fut nommé second Consul, et Lebrun désigné comme le troisième. Quant aux formes représentatives, elles se réduisirent à un Sénat, dont tous les membres étaient directement ou indirectement nommés par lui; un Corps-Législatif composé de muets, et un Tribunat dont l'existence ne tarda pas à inspirer assez de crainte pour amener, quelques années après, sa destruction.

Le 25 décembre, le premier Consul fit connaître, au Roi d'Angleterre, sa nomination à la première magistrature de la République, et le vœu de la France pour la paix ; après quelques jours d'attente, il reçut une réponse évasive, telle qu'on devait l'attendre d'un gouvernement machiavélique.

Le 1er janvier 1800, le Tribunat et le Corps-Législatif entrèrent en fonctions.

Le 23 du même mois, fut instituée la Banque de France, devenue, plus tard, l'un des établissemens de ce genre les plus importans de l'Europe.

Le 19 février, le premier Consul vint s'installer au château des Tuileries.

Il avait à cœur de pacifier la Vendée, et il parvint à son but. Une amnistie générale fut proclamée, et nos soldats n'eurent plus à accomplir cette tâche cruelle de combattre des Français.

Le refus de la paix par l'Angleterre, détermina Bonaparte à se tourner vers la Russie, et pour éviter les longueurs inséparables des négociations, il fit habiller à neuf les prisonniers russes alors en France, et les renvoya sans échange dans leur patrie. Sensible à ce trait de grandeur, le czar Paul Ier (1) se détacha de la coalition des ennemis de la France; son exemple fut suivi par la Prusse, la Suède, la Saxe et le Danemarck; la France n'eut plus à combattre que l'Angleterre, la Bavière et l'Autriche.

(1) Cet autocrate fut assassiné et mis à mort dans son palais quelque tems après. On prétend que les Anglais ne furent point étrangers à ce meurtre.

Bonaparte ne tarda pas à réaliser sa pensée de reconquérir l'Italie que les Français avaient perdue pendant son expédition d'Égypte. Dans ce but il arrêta, le 8 mars 1800, qu'il serait formé à Dijon une armée de réserve de soixante mille hommes « Soldats ! » disait-il dans une proclamation, « lorsqu'il en sera tems, je serai au milieu de vous, et l'Europe se souviendra que vous êtes de la race des braves qui l'ont déjà étonnée. »

Le 6 mai, le premier Consul partit de Paris pour commander en personne l'armée d'Italie ; il fut obligé de gravir avec un matériel immense, les effrayantes sommités du mont Saint-Bernard. Comme le transport de l'artillerie nécessitait des moyens extraordinaires, il fit démonter les affuts et les canons, chargea les hommes et les chevaux des pièces qu'ils pouvaient porter. On plaça le corps des canons dans des troncs d'arbres façonnés pour les recevoir ; attelés par des cables à ces troncs, et réglant leur marche sur le bruit du tambour, les soldats parvinrent ainsi jusqu'au monastère qui est au haut du mont Saint-Bernard, et descendirent, après avoir pris quelques alimens, du climat affreux des Lapons, sous le ciel enchanteur de l'Italie.

Le premier Consul, arrivé à Aoste, se porta aussitôt devant Bard, dont il s'empara, fit occuper la ville et la citadelle d'Ivrée. Sur la fin de mai, l'armée remporta la victoire de Romano. Les jours suivans furent marqués par des succès importans obtenus par les généraux Lannes et Murat, à la suite desquels Bonaparte, le 2 juin, rentra dans Milan.

Le 9 juin, l'armée gagna contre le général Ott, la bataille de Montebello, où le général Lannes fit des prodiges de valeur. L'ennemi fut chassé de toutes ses positions avec une perte de huit à neuf mille hommes, de plusieurs drapeaux, et d'un matériel considérable.

Cette victoire consterna les partisans de la maison d'Autriche, et fut, en quelque sorte, le signal de l'affranchissement de l'Italie, consommé le 14 juin, par la bataille de Marengo.

Le 13 juin, les deux armées se trouvèrent en présence sur la rive droite du Pô, et à peu de distance du village de Marengo. Le lendemain, à la pointe du jour, l'armée autrichienne déboucha au travers du long défilé de la Bormida, et des marais qui le couvrent. Elle avait quarante mille hommes au commencement de l'action, l'armée française en ligne ne comptait alors que vingt mille hommes.

Malgré les efforts et le courage de Victor, de Lannes, de Kellermann, quatre divisions françaises avaient été battues et enfoncées; la bataille semblait bien près d'être perdue. L'action cependant se maintenait. Le général Berthier étant alors venu annoncer au premier Consul, que l'armée commençait à entrer en déroute,

celui-ci lui répondit : « Général, vous ne dites pas cela de sang-froid. » A l'instant, Bonaparte se porte sur le champ de bataille, donne des ordres pour faire avancer les divisions Monnier et Desaix. « Soldats, s'écrie-t-il, c'est avoir
» fait trop de pas en arrière, le moment est
» arrivé de marcher en avant ; souvenez-vous
» que mon habitude est de coucher sur le
» champ de bataille. » L'armée répète avec joie le cri de l'attaque générale ordonnée sur toute la ligne.

Ces divisions arrivées, le premier Consul envoie l'ordre au général Desaix de se précipiter avec sa division toute fraîche sur une colonne ennemie de 6,000 grenadiers de Zach. Desaix fait ses dispositions et marche à la tête de 200 éclaireurs ; mais il est frappé d'une balle au cœur et tombe raide mort entre les bras du colonel Lebrun, au moment où il venait d'ordonner la charge. On vint en donner la nouvelle à Bonaparte, qui ne répondit que ces mots: « Pourquoi ne m'est-il pas permis de pleu-
» rer! (1) »

Jusqu'à 4 heures du soir, les destins parurent balancer, mais bientôt, à la voix du premier Consul, le désordre et la mort firent disparaître

(1) A la suite de la même bataille, le premier Consul rencontrant un convoi considérable de blessés, s'écria douloureusement : « On regrette de n'être pas blessé comme
» eux, pour partager leurs douleurs. »

des rangs ennemis 20,000 hommes, 12 drapeaux, 30 canons. Le résultat de cette bataille fut la conquête de l'Italie.

Il est à remarquer qu'au même jour et à la même heure où l'armée française remportait cette célèbre victoire, l'illustre général de l'armée d'Orient, Kléber, tombait au Caire sous les coups d'un assassin.

Les conséquences politiques de la bataille de Marengo furent immenses; en reprenant le Piémont, le premier Consul dicta à l'Autriche les conditions de la paix, rétablit la République cisalpine, et rendit aux armes françaises, en Italie, et leur bonheur et leur éclat.

Il laissa, après cette victoire, le commandement de l'armée au général Berthier, et vint recueillir à Paris, au milieu des acclamations populaires, le prix de cette étonnante campagne (1).

Malgré la sagesse et la grandeur de ses entreprises, Bonaparte n'avait pu se garantir de l'inimitié d'une foule d'hommes qui, sous divers prétextes, lui avaient voué une haine invincible. Ses jours étaient menacés par d'exaltés patriotes et des royalistes fanatiques. Des conspirations contre sa vie se tramaient dans l'om-

(1) Vingt ans plus tard, sur le rocher de Sainte-Hélène, Napoléon disait en rappelant cet accueil : *Ce fut un bien beau jour !...*

bre. Cerrachi, sculpteur célèbre, Diana, Demerville, Topino-Lebrun, Aréna, résolurent d'immoler le premier consul à l'Opéra, où il devait assister à la première représentation des *Horaces*. Ce plan devait être exécuté le 10 octobre 1800. La police, instruite du dessein des conjurés, ceux-ci furent arrêtés dans la même soirée.

Cette conspiration déjouée, une conspiration nouvelle exposa le premier Consul à un danger terrible. Les conjurés convinrent du 3 nivose (24 décembre) pour l'exécution projetée, et, à l'instant où Bonaparte se rendait à l'Opéra par la rue Saint-Nicaise, une machine infernale dirigée contre lui éclata. En cette occasion, il ne dut la vie qu'à l'adresse et à la vivacité de son cocher, qui tourna la charrette sur laquelle la machine était placée; un instant plus tard, c'en était fait du premier Consul. On parvint à s'emparer de quelques conspirateurs du bas étage, qui portèrent leur tête sur l'échafaud.

Plusieurs autres conspirations plus ou moins obscures furent dirigées à la même époque contre les jours du premier Consul; mais, suivant son système de ne jamais parler des dangers qu'il avait courus, de même que de ses blessures, il en fit garder le secret.

Pendant que le premier Consul était ainsi en butte aux machinations de deux partis extrêmes, l'agent secret du comte de Lille fit remettre à

Bonaparte, par le troisième Consul Lebrun, deux lettres par lesquelles il engageait Bonaparte à quitter son poste pour le céder aux Bourbons, en lui faisant les plus belles promesses.

Le premier Consul, qui n'avait pas répondu à la première lettre, répondit en ces termes à la seconde :

« J'ai reçu, Monsieur, votre lettre. Je vous
» remercie des choses honnêtes que vous m'y
» dites. Vous ne devez plus souhaiter votre re-
» tour en France, il vous faudrait marcher sur
» cent mille cadavres. Sacrifiez votre intérêt au
» repos et au bonheur de la France; l'histoire
» vous en tiendra compte. Je ne suis pas insen-
» sible au malheur de votre famille; je contri-
» buerai avec plaisir à l'adoucir, et à la tran-
» quillité de votre retraite. »

Signé : Bonaparte.

Le 17 janvier, 1801, le premier Consul rétablit la compagnie d'Afrique, et chargea un général de faire confectionner la belle route qui conduisait de France en Italie, par le Simplon.

Le 9 février, fut conclu à Lunéville le traité qui, en confirmant les concessions stipulées en faveur de la France, à Campo-Formio, cédait en outre à la République française tout le pays situé sur la rive gauche du Rhin, et reconnaissait l'indépendance des Républiques cisalpine, helvétique, batave et ligurienne.

Le 19 mars, par un traité conclu entre la France et l'Espagne, le duché de Parme fut cédé à la République.

Le 28 du même mois, la paix fut signée entre le premier Consul et le roi des Deux Siciles, qui abandonna à la France, Porto-Longone, l'île d'Elbe, et la principauté de Piombino.

Bonaparte, qui n'avait jamais séparé la religion de la politique, convaincu que le pouvoir de l'épée ne s'étend pas sur l'opinion religieuse, avait donné ordre au cardinal Fesch et à ses ministres de négocier un concordat avec le Saint-Siége. Ce concordat, dans lequel toutes les libertés gallicanes avaient été respectées par le Saint-Siége, fut conclu à Paris, le 15 juillet 1801, entre le premier Consul et le pape Pie VII.

Le 24 août, la paix s'établit entre la France et la Bavière.

Le 29 septembre, un traité, signé à Madrid par Lucien Bonaparte, réconcilie les cabinets de Paris et de Lisbonne.

Les préliminaires de la paix entre la France et l'Angleterre furent signés à Londres le 1ᵉʳ octobre, et, le 8 du même mois, un traité de paix fut conclu entre la France et la Russie. Il fut décidé en même tems qu'un congrès serait incessamment réuni à Amiens, et que les plénipotentiaires français et anglais s'y rendraient pour la rédaction définitive du traité.

Le 9 octobre, les anciennes relations de bonne

intelligence et d'amitié furent rétablies entre la France et la Porte ottomane.

Le 25 mars 1802, tous les vœux de Bonaparte furent comblés par le traité conclu à Amiens entre la République française, l'Angleterre, l'Espagne et la République batave. Ce traité peut passer pour une trève, car il fut rompu au bout de quelque tems.

Après s'être concilié l'opinion publique par le rétablissement de la paix générale, le premier Consul fit communiquer au Sénat, par son conseil d'État, un projet de sénatus-consulte, lequel interprétant le vœu du peuple français, le proclamait premier Consul à vie.

Une députation du Sénat vint, en conséquence, lui annoncer sa nomination au consulat à vie. Voici la réponse que fit aux sénateurs chargés de lui faire part de cette promotion :

« La vie d'un citoyen est à sa patrie. Le peu-
» ple français veut que la mienne tout entière
» lui soit consacrée, j'obéis à sa volonté ; content
» d'avoir été appelé par celui de qui tout émane
» pour rappeler sur la terre la justice, l'ordre et
» l'égalité, j'entendrai sonner ma dernière heure
» sans regret.... et sans inquiétude sur l'opi-
» nion des générations futures. »

Le 23 janvier 1803, une organisation nouvelle de l'Institut eut lieu par les ordres du premier Consul. Ce corps qui, depuis, a servi de modèle en Europe à tous les établissemens du même genre, fut divisé en quatre classes : sciences, langue et littérature française, histoire et littérature ancienne, beaux-arts.

La révolution anéantissant les anciens usages, avait jeté une défaveur marquée sur les différens ordres honorifiques institués par nos rois. Bonaparte sentit la nécessité d'enflammer le courage militaire par une récompense, seul fruit du mérite personnel, et d'entretenir ainsi dans l'armée une véritable émulation ; il institua la Légion-d'Honneur, et c'est à cette grande et belle institution que la France dut ces actes de courage, d'héroïsme et d'intrépidité qui illustrèrent l'armée française. La Croix d'Honneur ne fut pas seulement destinée aux militaires, mais elle décora encore les savans, les hommes de lettres, les artistes qui s'étaient distingués dans les sciences, les arts et nla littérature; mais encore elle fut la récompense des services civils, et accordée à toutes les personnes qui s'étaient signalées par leur humanité et leur bienfaisance (1).

Cependant l'opinion presque générale de l'Angleterre s'élevait contre l'exécution du traité d'Amiens, conclu le 25 mars 1802. Le Gouvernement chargea lord Withworth, son ambassadeur à Paris, de plusieurs propositions qui furent re-

(1) Si la Légion-d'Honneur n'eût pas été la récompense des services civils, comme des services militaires, elle aurait cessé d'être conforme à son institution ; car ce serait une étrange prétention de la part des militaires que celle d'avancer qu'eux seuls ont de l'honneur.

jetées. La France alors déclara la guerre à l'Angleterre, et les 31 mai et 1er juin 1803, elle s'empara de l'électorat d'Hanovre et fit prisonnière l'armée anglaise, dont le général, le duc de Cambridge n'échappa au même sort qu'en prenant la fuite.

L'Angleterre, cette ennemie éternelle de la France, ne cessait de conspirer contre le premier Consul, et de mettre des entraves à la paix générale. On ne parla plus que d'un débarquement dans cette île, et l'on s'occupa, dès ce moment, de réunir au camp de Boulogne une armée de 200,000 hommes. On construisit des bateaux plats destinés à transporter cette armée aux bords de la Tamise. Une grande activité se déploya dans tous nos ports.

Nelson reçut l'ordre d'aller détruire la flottille de Boulogne. Deux fois il se présenta pour opérer cette destruction, et deux fois il fut repoussé.

Cependant une vaste conspiration depuis quelque tems dirigée par Pichegru et George Cadoudal, l'un des chef les plus audacieux de l'armée royale de l'Ouest, se tramait depuis quelques mois contre le premier Consul. Le 15 février, le général Moreau accusé de complicité avec Pichegru et George, arrivés depuis quelque tems à Paris, fut arrêté en se rendant à sa terre de Grosbois. Le 28 février 1804, on s'empara de la personne de Pichegru, rue de Chabanais. Le 9 mars, George Cadoudal fut arrêté dans un cabriolet, à l'instant où descendant par la rue des Fossés-Monsieur-le-Prince, il arrivait au carrefour de Bussy.

Les projets de Georges et Pichegru, avoués par eux mêmes, étaient d'assassiner ou du moins d'enlever le premier Consul, sur les hauteurs de Nanterre, en descendant à la Malmaison.

L'arrestation de ces individus et de beaucoup d'autres firent découvrir les ramifications de cette conspiration, dont le résultat fut la mort de Georges et de quelques-uns de ses agens. Pichegru s'étrangla ou fut étranglé dans sa prison; quant à Moreau, il fut condamné à deux ans de prison et il obtint la permission de quitter la France et de se retirer aux États-Unis, emportant dans son exil une haine implacable contre Bonaparte, dont il n'avait jamais pu sentir la supériorité.

A la même époque eut lieu la mort du duc d'Enghien, qui fut fusillé à Vincennes. De quelque côté qu'on envisage cette mort, il est certain que ce prince conspirait contre la République, et que ses fréquens voyages à Strasbourg, où il assistait aux conciliabules des légitimistes et des vieilles douairières de l'aristocratie, étaient des preuves qu'il n'était pas étranger aux trames secrètes ourdies contre la vie de Bonaparte.

Dès son élévation au consulat à vie, Bonaparte avait rêvé le trône. La métamorphose de la République en empire, doit être un événement remarquable dans l'histoire: elle s'accomplit presque sans difficulté.

Un membre du Tribunat fit, le 30 avril 1804, la proposition de décerner au premier Consul le titre d'Empereur, et de fixer l'hérédité dans sa famille. Cette proposition passa à l'unanimité. Carnot seul parla contre.

Le 2 mai, le Corps-Législatif unit ses votes au vœu du Tribunat: Le 18, le Sénatus-Consulte organique qui déférait le titre d'Empereur au premier Consul fut décrété, et Cambacérès son président se rendit à Saint-Cloud à la tête d'une députation pour présenter à Napoléon le Sénatus-Consulte. Au discours de Cambacérès le nouvel Empereur répondit:

« Tout ce qui peut contribuer au bien de la
» patrie est essentiellement lié à mon bonheur;
» j'accepte le titre que vous croyez utile à la Na-
» tion. Je soumets à la sanction du peuple la loi
» de l'hérédité; j'espère que la France ne se re-
» pentira jamais des honneurs dont elle envi-
» ronnera ma famille. Dans tous les cas, mon
» esprit ne sera plus avec ma postérité le jour
» où elle cesserait de mériter la confiance et
» l'estime de la grande nation. »

Le Sénatus-Consulte avait consacré le vœu des trois grands pouvoirs de la nation; il fut ratifié par les acclamations populaires.

Napoléon s'occupa aussitôt de la nouvelle organisation à donner à son Gouvernement. Cambacérès fut archi-chancelier de l'empire, et le troisième Consul, Le Brun, archi-trésorier. Il choisit dans les rangs de l'armée dix-huit des hauts dignitaires de l'État qui furent nommés maréchaux de l'Empire.

La clémence marqua les premiers instans du règne de Napoléon. Les auteurs de la conspiration dirigée contre l'Empereur avaient été condamnés à mort le 10 juin 1804. Le 24, l'épouse d'Armand Polignac, l'un d'entre eux, conseillée et conduite par l'impératrice Joséphine (1), vint se jeter aux pieds de l'Empereur, et demanda la grâce de son mari. Napoléon, après l'avoir fixée avec beaucoup d'attention, la releva et lui dit : « J'ai été étonné de trouver votre mari impliqué » dans une affaire aussi odieuse. » — « Non, » Sire, jamais, répondit-elle, mon époux n'a » conçu l'idée d'un crime que l'honneur ré- » prouve encore plus fortement que les lois. » La douloureuse situation de cette femme émut profondément Napoléon, qui lui dit : « Je puis » pardonner à votre mari, car c'est à ma vie » qu'on en voulait; je vous accorde sa grâce. » Puis il ajouta : « Qu'ils sont coupables ceux qui » engagent leurs plus fidèles serviteurs dans des » entreprises aussi criminelles, aussi follement » conçues, et dont ils ne partagent pas les pé- » rils. »

(1.) Joséphine, par inclination ou par maladresse, favorisa dans tous les tems les nobles et les émigrés, ennemis irréconciliables de son mari, et dans cette conjoncture, elle fit preuve de son peu de jugement.

Cette grâce ne fut pas la seule ; plusieurs autres individus, complices de la conspiration et condamnés à mort, reçurent la vie des mains de l'homme dont ils avaient tramé la ruine.

Le 18 juin, Napoléon partit pour Boulogne, se rendit ensuite au camp d'Ambleteuse, arriva à Calais, dont il visita le port et les fortifications, vint à Dunkerque, passa de là à Ostende, et en partit pour se retrouver le 16 août, lendemain de l'anniversaire de sa naissance, à Boulogne, où il donna à La Tour-d'Ordre une brillante fête pendant laquelle il distribua l'étoile de la Légion-d'Honneur à tous les braves de cette armée qu'attendaient de nouveaux triomphes en Allemagne.

Le 2 décembre 1804, l'Empereur et l'Impératrice furent sacrés par le pape Pie VII, dans l'église métropolitaine de la capitale; Napoléon plaça de sa propre main la couronne impériale sur sa tête.

L'Empereur voulut joindre la couronne de fer au sceptre de la France. Une députation solennelle des corps et autorités constituées de la République ligurienne vint apporter à ses pieds le vœu unanime de la Nation. Napoléon alors joignit au titre d'Empereur des Français celui de Roi d'Italie.

Napoléon était au camp de Boulogne lorsqu'il apprit que l'Autriche venait d'envahir la Bavière et manifestait partout des intentions hostiles bien positives. Rapide comme l'éclair, l'Empereur lève le camp de Boulogne, dont l'armée se précipite sur les bords du Rhin, avec celle de Hanovre et de Hollande.

Le 1ᵉʳ octobre 1805, Napoléon avait déjà tourné les positions de l'ennemi. Les avantages partiels de Wertingen, de Gutsbourg, de Memmingen, facilitent l'élan de sa course impétueuse. Le 12, il entre dans la capitale de la Bavière, et délivre les États de son fidèle allié.

15,000 hommes s'étaient retranchés au pont d'Elchingen, l'Empereur se porte contre eux, force le passage, et, par d'habiles manœuvres, contraint le général Mack à se renfermer dans Ulm avec 33,000 hommes. Au lieu de résister, comme il était de son devoir, ce général se rendit le 20 octobre, après quelques jours de blocus. Napoléon faisant défiler sous ses yeux la garnison, un colonel autrichien parut étonné de voir l'Empereur des Français plus crotté que le moindre de ses soldats. « Votre maître, lui dit
» Napoléon, a voulu me faire souvenir que
» j'étais un soldat; il conviendra que le trône et
» la pourpre ne m'ont pas fait oublier mon pre-
» mier métier. »

L'archiduc Ferdinand, réduit à la moitié de son armée, opérait une retraite précipitée. La cavalerie de Murat l'atteignit dans sa marche près de Nuremberg, lui fit 16,000 prisonniers, dont 18 généraux, et s'empara de 60 canons et de 300 caissons. Même succès à Lowers, Amstelten, Marieuzell, Prassling, Lintz et Inspruck.

« Nous ne nous arrêterons plus, avait dit
» Napoléon en ouvrant la campagne, que nous
» n'ayons assuré l'indépendance du corps germanique, secouru nos alliés et confondu l'orgueil de nos injustes agresseurs. Nous ne ferons
» plus de paix sans garantie ; notre générosité ne
» trompera plus notre politique. »

Le lendemain de la prise d'Ulm, Napoléon ayant appris que les Russes s'avançaient à grandes journées au secours de l'Autriche, adressa l'ordre du jour suivant à ses soldats :

« Soldats de la grande armée, nous avons fait
» une campagne en quinze jours ; vous ne vous
» arrêterez pas là : cette armée russe, que l'or
» de l'Angleterre a transportée de l'extrémité de
» l'univers, nous allons l'exterminer. »

Sur ces entrefaites, l'envoyé de Prusse se présenta devant Napoléon, sans doute pour lui signifier les intentions peu amicales de son souverain. L'Empereur ne lui laissa pas le tems de s'expliquer ; il lui dit, en montrant les lignes ennemies : « C'est une bataille qui s'annonce,
» je les battrai ; ne me dites rien aujourd'hui,
» je ne veux rien savoir ; allez à Vienne attendre
» l'issue de cette affaire. »

Le maréchal Mortier, par l'avantage qu'il remporta sur l'armée russe qui venait au secours des Autrichiens, nous ouvrit les portes de Vienne. Napoléon y entra le 11 novembre 1805, descendit au palais de Schœnbrunn, et choisit l'appartement que Marie-Thérèse avait occupé cinquante ans auparavant. François II avait évacué peu de jours auparavant sa capitale, pour se retirer avec les débris de son armée en Moravie, où il fut rejoint par l'armée russe, que commandait l'empereur Alexandre en personne.

Après un grand nombre d'avantages partiels remportés par les divers corps de l'armée française sur les Russes et les Autrichiens, le quartier général de Napoléon était à Porlitz le 18 novembre, et l'empereur d'Autriche se retirait à Olmutz, qu'il fut obligé d'abandonner deux jours après, lorsque Napoléon entra dans Brunn. Le 28 novembre, l'empereur de Russie s'établit à Vischau, et toute son armée prit position derrière cette ville L'Empereur des Français ayant appris l'arrivée de ce prince, chargea le général Savary d'aller le complimenter. Le 1er décembre, les Russes, à qui le prince d'Olgorouki, à son retour du camp français, où l'avait envoyé Alexandre, avait inspiré une grande sécurité sur l'issue prochaine de la bataille, manœuvrèrent pour tourner l'armée française.

Napoléon ne pouvait engager que 70,000 hommes dans l'action qui se préparait. Il avait en face 100,000 combattans, sous les ordres de

Kutuzow et de l'archiduc Charles. Malgré cette disproportion numérique, en voyant les mouvemens de concentration qu'ils opéraient pour tourner la droite des Français, il s'écria d'un ton inspiré : « Avant demain au soir, cette armée » est à moi ! »

Les avant-postes du général Murat furent repoussés par une armée formidable. Ce fut dans cette circonstance que Napoléon déploya les moyens transcendans qui lui ont assuré la réputation du plus savant tacticien connu. Il fit replier l'armée de trois lieues, à dessein d'occuper une position qu'il avait reconnu quelques jours auparavant comme devant jouer un rôle dans l'histoire.

Enfin se leva le soleil du 2 décembre, anniversaire de son couronnement; Napoléon fait ses dispositions pour avancer. L'ennemi demeure immobile dans ses positions; mais il sait bientôt l'attirer au combat par les séductions de la victoire. Il fait battre en retraite pendant trois heures, comme effrayé de s'être avancé avec tant d'imprudence; les Français reculent dans un désordre apparent jusqu'à la position que Napoléon avait marquée comme lui étant très-avantageuse.

Les généraux ennemis veulent profiter d'un mouvement qu'ils attribuent à la frayeur; ils dirigent précipitamment leurs masses vers le centre de l'armée française pour l'écraser et dans l'espoir de séparer ses deux ailes. Cette manœuvre a été prévue par Napoléon; sa principale force se trouve au centre. Le choc est terrible; c'est là que la garde impériale russe se mesure, pour la première fois, avec la garde impériale française. Après des efforts héroïques de part et d'autre, l'avantage se décide en faveur des Français. Les Russes fléchissent, cèdent, se débandent, et bientôt notre cavalerie pousse devant elle leurs masses enfoncées.

Aux ailes la fortune ne nous fut pas moins favorable; sur tous les points l'ennemi recule. Une partie de son armée cherchant à s'évader, six mille hommes se noient en traversant l'étang de Sokolnitz. Plusieurs colonnes ennemies étaient acculées à des lacs dont l'hiver avait congelé la surface; le désir d'échapper les enhardit à s'aventurer par cette voie dangereuse: mais la glace ne peut soutenir ce poids énorme d'hommes, d'artillerie, de bagages; elle rompt, et le lac d'Angezd engloutit vingt mille hommes avec le matériel qui les accompagnait; une autre colonne disparaît tout entière dans le lac Monitz.

Telle fut la bataille d'Austerlitz, que la présence de Napoléon, d'Alexandre et de François, sur le théâtre de l'action, fit nommer la *bataille des trois Empereurs*.

La veille de cette bataille, l'Empereur, en visitant le soir la ligne d'attaque où les vivres

manquaient depuis quarante-huit heures, vit des soldats occupés à faire cuire des pommes de terre sous la cendre. Napoléon s'étant approché, dit à un grenadier occupé à manger une de ces pommes de terre : « Eh bien, mon brave ! es-tu
» content de ces pigeons-là ? — Hem ! répond
» le grenadier, ça vaut toujours mieux que rien ;
» Mais ces pigeons-là c'est bien de la viande de
» carême. — Alors, mon vieux, reprit Napo-
» léon, montrant au grognard les feux de l'en-
» nemi, aide-moi à débusquer ces gaillards-là,
» et nous ferons le mardi-gras à Vienne. »

Les immenses résultats de la victoire d'Austerlitz, en mettant deux souverains à la discrétion de Napoléon, anéantirent à tel point les armées russe et autrichienne, qu'après avoir laissé dix à douze de ses généraux sur le champ de bataille, avoir perdu quarante-cinq drapeaux et 150 pièces de canon, les débris de l'armée russe ne purent être sauvés par Alexandre, qu'à la faveur d'un armistice dont une des conditions fut, que les armées russe et autrichienne se retireraient jusqu'à un lieu désigné, sous la conduite d'une sauve-garde de l'armée française. Le 4 décembre, une entrevue eut lieu entre les Empereurs de France et d'Autriche, au bivouac de Napoléon. « Je vous reçois, dit le vainqueur,
» dans le seul palais que j'habite depuis deux
» mois. — Vous savez si bien tirer parti de cette
» habitation, lui répondit François, qu'elle doit
» vous plaire. »

La journée d'Austerlitz fut belle pour la France. « Il faudrait, s'écria l'Empereur en
» parcourant les rangs de l'armée, une puis-
» sance plus grande que la mienne pour ré-
» compenser dignement tous ces braves! (1) »

Napoléon annonça qu'une fête solennelle consacrerait tous les ans le souvenir de la bataille d'Austerlitz : chaque corps de l'armée devait y être représenté : « Vous avez vu, dit-il, votre
» Empereur partager vos périls et vos fatigues :
» je veux aussi que vous veniez le voir entouré
» de la grandeur et de la splendeur qui appar-
» tiennent au souverain du premier peuple de
» l'univers. »

Le 6 décembre, Alexandre prit la route de Pétersbourg. Le lendemain 7, il fut décidé que les plénipotentiaires Français et Autrichiens se réuniraient à Presbourg, pour y confectionner un traité de paix. Ce traité amena la dissolution du grand empire germanique, la reconnaissance des Rois de Bavière et de Wurtemberg ; les duchés de Parme et de Plaisance, Gènes, la Toscane et Venise furent réunis au royaume d'Italie sous la domination française.

La Prusse qui intervint dans ce traité, céda à l'Empereur le grand duché de Berg, dont il

---

(1) Des secours pour les veuves et les enfans des blessés et des morts furent décrétés.

fit don au prince Joachim Murat, son beau-frère.

Le roi de Naples, Ferdinand IV, infidèle à ses traités, recevait les Anglais dans ses ports, Bonaparte résolut d'anéantir cette dynastie et de donner cette couronne à son frère Joseph; ce roi part pour son royaume, et prend possession du trône avec autant de facilité qu'il l'eût fait du moindre héritage.

Le 30 décembre, Napoléon était à Munich d'où il ne partit que le 17 janvier 1806, pour se rendre à Paris, après avoir assisté au mariage du prince Eugène, fils de Joséphine, avec la princesse Auguste-Marie de Bavière.

Peu de jours après son retour, l'Empereur étant à Saint-Cloud, le directeur du cabinet des médailles (1) vint lui présenter celles qu'il avait préparées pour perpétuer le souvenir de la mémorable campagne d'Austerlitz. A chacune de ces médailles, surchargées d'inscriptions fastueuses, l'Empereur faisait un mouvement d'impatience; mais il ne put se contenir en en voyant une qui représentait d'un côté la tête de Napoléon, de l'autre un aigle étouffant un léopard. « Qu'est-ce à dire ? dit Napoléon. — Sire,
» répondit le directeur, c'est un aigle Français
» étouffant dans ses serres le léopard, l'un des
» attributs des armoiries de la couronne d'An-

---

(1) Feu M. Dénon.

gleterre. » Napoléon lança avec force cette médaille dans la cheminée, en s'écriant avec l'accent d'une noble indignation : « Vil flatteur,
» comment osez-vous dire que l'aigle français
» étouffe le léopard anglais, quand je ne puis
» mettre à la mer un seul petit bateau pêcheur
» que les Anglais ne s'en emparent! C'est bien
» le léopard qui étouffe l'aigle français.... faites
» fondre tout de suite cette médaille, et ne m'en
» présentez jamais de pareilles. »

Au sujet d'une autre médaille également fastueuse, et spécialement relative à la bataille d'Austerlitz, il dit : « mettez seulement d'un
» côté la bataille d'Austerlitz, et de l'autre
» l'aigle français, ceux d'Autriche et de Russie.
» Croyez que la postérité saura bien distinguer
» le vainqueur. »

Le 10 mai, une loi fonda l'Université impériale.

Le 5 juin, l'Empereur proclama son frère Louis, roi de Hollande.

Le 12 juillet, les rois de Bavière et de Wurtemberg, l'électeur archi-chancelier et celui de Bade, le grand duc de Clèves et de Berg, et plusieurs autres princes d'Allemagne, se réunirent sous le nom de *Confédération du Rhin*, et se séparèrent à jamais de l'empire germanique. Le 17, l'Empereur fut proclamé chef de la confédération.

Dans cette seule année, comme il fallait des

alimens à l'activité continuelle du génie de Napoléon, une foule d'établissemens utiles et d'institutions nécessaires furent données à la France. Soixante-cinq nouvelles fontaines versèrent leurs eaux à la capitale; le conseil d'État fut organisé, et le Code de procédure parut.

Le 1ᵉʳ octobre de la même année, la Prusse, dans un excès de présomption et d'imprudence, et fière de ses intelligences avec la Russie, demanda impérieusement que les troupes françaises quittassent l'Allemagne, et repassassent le Rhin. Une proposition de cette nature fut rejetée comme elle devait l'être. L'Empereur reçut un *ultimatum* du roi de Prusse, dans lequel ce Roi lui enjoignait de renoncer aux couronnes d'Italie, de Naples et de Hollande. Napoléon se prit à rire, et se contenta de répondre : « Je plains le Roi de Prusse, « il n'entend pas le Français, et il n'a certai- » nement point vu cette rapsodie qu'on m'envoie » en son nom. » Ce fut encore à ce sujet que l'empereur dit au maréchal Berthier : « On nous » a donné un rendez-vous pour le 8, jamais « Français n'y a manqué. On dit qu'une belle » reine veut être témoin de nos prouesses; » soyons courtois, marchons sans nous coucher » pour la Saxe. »

Le même jour, Napoléon partit de Bamberg, et après une suite de combats particls où il eut toujours l'avantage, il arriva le 13, à Iéna, où il donna à l'Europe un exemple de modération en écrivant au Roi de Prusse, pour le prier d'arrêter l'effusion du sang, lui faisant envisager d'ailleurs le danger qu'il courait dans cette lutte inégale, en lui représentant qu'il était de son intérêt de traiter dans cette circonstance où son royaume était intact; que plus tard, les conditiens changeraient.

Le Roi de Prusse persista dans l'imprudente résolution de combattre.

Les deux armées étant en présence, Napoléon fit ses dispositions, et la bataille s'engagea dans les plaines d'Iéna. En huit heures de tems le roi de Prusse perdit soixante-mille hommes, dont vingt-mille morts, tous ses bagages, trois cents pièces de canon, trente drapeaux, et n'eut que le tems de se diriger sur Berlin. Son désastre était si complet, qu'une gazette allemande l'annonça en ces termes : « L'armée du » Roi a été battue, le Roi et ses frères sont » en vie. »

Berlin était resté à découvert; Napoléon se dirigea sans délai sur cette ville. Arrivé à Postdam, il visita le tombeau du grand Frédéric; l'épée, le cordon des ordres, la ceinture de ce prince, les drapeaux de sa garde durant la guerre de *sept ans*, furent envoyés à Paris. « Voilà, s'écria l'Empereur, des trophées que » je préfère à 20 millions; j'en ferai présent à « mes vieux soldats de la campagne de Hanovre.

» Les Invalides les garderont comme un té-
» moignage des victoires de la grande armée, et
» de la vengeance qu'elle a tirée des désastres de
» Rosback. »

Le 27 octobre, Napoléon fit son entrée solennelle dans la capitale de la Prusse. Le lendemain, il exprima sa satisfaction à l'armée, par une proclamation qui commençait ainsi :

Soldats!

« Vous avez justifié mon attente, et répondu
» dignement à la confiance du peuple français,
» vous avez supporté les privations et les fati-
» gues, avec autant de courage que vous avez
» montré d'intrépidité et de sang-froid, au
» milieu des combats; vous êtes les dignes dé-
» fenseurs de l'honneur de ma couronne, et de
» la gloire du grand peuple. Tant que vous se-
» rez animés de cet esprit, rien ne pourra
» vous résister; je ne sais désormais à quelle
» arme donner la préférence..... Vous êtes tous
» de bons soldats! »

Pendant son séjour à Berlin, Napoléon s'honora par un trait de grandeur d'âme et d'humanité des plus remarquables. Le prince Hartzfeld, gouverneur de Berlin, à l'instant où l'Empereur entrait dans cette ville, vint se présenter à lui, en le priant d'agréer ses services. « Je ne
» veux pas vous voir, lui dit Napoléon, retirez-
» vous sur-le-champ dans vos terres. » Mais

trois heures après, il était arrêté, et le conseil de guerre destiné à le juger s'assemblait déjà. Ce prince, sous le prétexte de veiller aux intérêts de la monarchie prussienne, donnait avis au prince de Hohenlohe des mouvemens de l'armée française; une semblable conduite ne méritait rien moins que la mort; aussi la princesse, son épouse, fille du Ministre Schullembourg, n'eut pas plutôt appris l'arrestation de son mari, qu'elle vint se jeter aux pieds de Napoléon, et lui demander la grâce de son époux: « Lisez, Madame, dit-il en lui présentant une lettre écrite de la main de son mari. Chaque ligne était un coup de poignard pour cette femme timorée. Jetez la lettre au feu, lui dit Napoléon, cette pièce anéantie, je ne pourrai plus le faire condamner. » Elle ne se le fit pas dire deux fois; un instant plus tard, et son mari était fusillé.

L'Empereur mit le comble à sa générosité, en ordonnant au major-général Berthier, de mettre sur-le-champ le prince en liberté.

Nous passerons sous silence plusieurs combats, et un grand nombre d'engagemens partiels dans lesquels l'armée se couvrit de gloire, pour arriver aux batailles d'Eylau, et de Friedland.

Napoléon ayant reçu la nouvelle de l'arrivée des Russes qui avaient paru à Prague, il courut au devant d'Alexandre, et lui livra bataille dans la plaine d'Eylau. Les ennemis étaient réunis sur un vaste plateau, protégés par une ligne de cent-cinquante bouches à feu qui couvrait tout leur front; les quatre-vingt mille hommes qui composaient leur armée nous attendaient de pied ferme,

L'Empereur prit position près de l'église de la ville de Pruss-Eylau. C'était encore le poste du danger, car l'ennemi semblait l'avoir pris pour point de mire, puisque ses boulets ne cessaient d'y pleuvoir. On se battit avec acharnement de part et d'autre et la victoire resta aux Français. Plus de vingt mille Russes et environ treize mille Français furent mis hors de combat. Les Russes perdirent en outre quarante-cinq pièces de canon et douze mille prisonniers.

Après ce nouveau triomphe, Napoléon fit prendre à l'armée des cantonnemens sur la Vistule. « Soldats, disait-il, dans une procla-
» mation, dans tous les climats, dans toutes
» les saisons, nous serons toujours les soldats
» de la grande armée. »

Pendant qu'on se battait à Eylau, le maréchal Lefebvre prenait Dantzick, après un siège mémorable, qui formera une époque glorieuse dans les annales françaises.

Un armistice avait été accordé au Roi de Prusse; et les Français, tranquilles sur la foi du serment, se livraient à la sécurité, lorsque les Russes firent entendre un nouveau cri de guerre. Napoléon les joignit dans la plaine de

Friedland, le 14 juin 1807, après quelques petits avantages partiels : « C'est un jour de bonheur, s'écria-t-il, c'est l'anniversaire de la bataille de Marengo ! » Sa prédiction fut accomplie, la bataille fut gagnée, l'ennemi nous abandonna quarante-huit mille hommes, quatre-vingts pièces de canon et la plus forte partie de ses bagages ; cette action fut si décisive, qu'elle ôta à ces deux monarques tout moyen de continuer la guerre, la déroute de l'armée russe fut telle à Friedland, que, pour assurer ses débris, elle dut couper tous les ponts qu'elle laissait derrière elle.

Trois jours après, l'Empereur Napoléon établit son quartier-général à Tilsitt. Le 2 juillet, un armistice fut conclu entre les deux armées, et le 25, une entrevue de deux heures, eut lieu sur le Niémen, entre les empereurs Napoléon, Alexandre et le roi de Prusse. Les deux premiers s'embrassèrent, en se jurant une amitié qui devait être éternelle. Les résultats de cet entretien, qui ne furent rendus publics que les 8 et 9 juillet suivant, furent un traité de paix entre les deux empereurs, dont les bases principales étaient la reconnaissance des trois frères de Napoléon, Joseph, Louis et Jérôme, en qualité de rois de Naples, de Hollande et de Westphalie et l'adoption de toutes les mesures relatives au blocus continental que l'Empereur avait décrété à Berlin, le 25 novembre de l'année précédente.

Le même jour (9 juillet 1807), après avoir passé trois semaines à Tilsitt, pendant lesquelles une parfaite confiance avait paru s'établir entre les trois souverains, Napoléon partit pour Kœnisberg, Alexandre pour ses états, et le Roi de Prusse pour Mémel.

Après une campagne aussi brillante, Napoléon forma un dessein digne de sa grande âme; il devait des récompenses à la grande armée qui s'était immortalisée sous ses yeux; il donna l'ordre d'élever dans Paris un Temple a la Gloire, et de fondre une colonne de bronze, avec les canons pris à l'ennemi; cette récompense lui parut la seule digne des premiers soldats de la terre; indépendamment d'une foule d'accessoires précieux, l'intérieur du temple devait offrir sur des tables d'or massif, les noms de tous les hommes morts au champ d'honneur.

Ce temple fut commencé, mais depuis on a changé sa destination première. Quant à la colonne, elle est terminée (elle représente par des bas-reliefs, disposés en spirale, tous les travaux de la grande armée).

Le 19 août Napoléon supprima le Tribunat.

Dans les premiers jours de septembre 1807, par une violation atroce du droit des gens, Copenhague fut bombardé par les Anglais. Napoléon résolut d'en tirer une prompte vengeance. Le Portugal étroitement lié avec la Grande-Bretagne avait refusé d'adhérer au système du blocus continental, et par là cette mesure devenait illusoire, puisque des côtes étendues sur l'Océan Européen restaient à la disposition des flottes anglaises Des troupes furent destinées à la conquête du Portugal sous les ordres du général Junot, dont la présence fut un coup de foudre pour la cour de Lisbonne. Le prince régent s'embarqua précipitamment pour le Brésil, et livra son royaume au général en chef des troupes françaises.

Dans le même tems éclatèrent des divisions dans la famille royale d'Espagne, dont les résultats ont eu depuis une si grande influence sur les affaires de l'Europe.

On connaît à Madrid l'arrestation du prince des Asturies (Ferdinand VII accusé d'être le chef d'une conspiration tendant à faire descendre Charles IV du trône et à l'y porter lui-même; le pardon qu'accorda Charles IV; l'émeute populaire pendant laquelle le prince de la paix faillit être massacré à Madrid; les conférences de Napoléon avec toute la famille royale, à Bayonne, à la suite desquelles Charles IV, Ferdinand et ses frères renoncèrent à leurs droits au trône d'Espagne, en faveur de Napoléon et partirent pour la France.

Le 16 juin 1808, Joseph, frère aîné de l'Empereur, fut proclamé roi d'Espagne.

En septembre 1808, Napoléon quitta Paris pour se rendre à Bayonne, où il arriva le 3 novembre; le 9 il entra dans Burgos pris la veille par l'armée française. Le 4 décembre, il entra dans Madrid par capitulation, abolit l'inquisition, rendit à la liberté les nombreuses victimes renfermées dans les cachots, anéantit la barbare législation de ce tribunal, réduisit le nombre des couvens, détruisit l'influence monacale, travailla à arrêter les progrès de la superstition, et réprima les insolentes prétentions de la féodalité. C'est avec un sentiment de reconnaissance et de joie que l'on retrouve, dans les inspirations de sa politique, les traces du glorieux libérateur de l'Italie.

Cependant l'Autriche de plus en plus inquiète et jalouse des succès de Napoléon, saisissant l'instant où une partie des troupes de l'Empereur était occupée en Espagne, venait de reprendre les armes, et d'envahir, suivant sa coutume, sans déclaration préalable de guerre, une partie du territoire Bavarois.

C'est à Valladolid que Napoléon reçut la nouvelle des premières démonstrations hostiles de l'Autriche. Il en partit aussitôt à franc-étrier; le sixième jour il descendit aux Tuileries, qu'il quitta le 12 avril 1809; le 16 il était déjà à Dillengen, sur le Danube. Le lendemain, de Doneverth, où il porta son quartier général, l'Empereur expédia ses ordres sur tous les points, et adressa à l'armée une proclamation dont voici un passage remarquable.

« Soldats! j'étais entouré de vous, lorsque le
» souverain de l'Autriche vint à mon bivouac
» de la Moravie; vous l'avez entendu implorer
» ma clémence, et me jurer une amitié éter-
» nelle. Vainqueurs dans trois guerres, L'Au-
» triche a dû tout à notre générosité; trois fois
» elle a été parjure. Marchons donc, etc..... »

Dès le 19 avril, la campagne s'ouvrit par le combat de Psaffenhosen qui fut bientôt suivi de la bataille d'Abensberg, qui rompit la ligne des Autrichiens et découvrit leur flanc. Le 21, l'Empereur les attaqua à Lansdshut, les culbuta dans la plaine, les força d'abandonner la ville et leur prit 30 pièces de canon, 9,000 prisonniers, 600 caissons de parc attelés, 300 voitures et 3 équipages de pont.

L'armée autrichienne forte de 110,000 hommes, avait pris position au village d'Eckmülh; le 22 avril, Napoléon lui livra bataille, et la mit dans une déroute complète. 30,000 hommes tués et les bagages de l'ennemi, 15 drapeaux et presque toute l'artillerie autrichienne furent les fruits de cette journée d'autant plus glorieuse pour notre armée, qu'il n'y eut que la moitié qui donna; sans perdre de tems, Bonaparte marche vers Ratisbonne, où se trouvait rassemblée toute la cavalerie autrichienne. Emporter la ville et faire 9,000 prisonniers, après avoir exterminé six régimens; ces exploits furent pour nos guerriers l'affaire d'un moment.

L'Autriche, malgré tant de désastres, continua la guerre, et Vienne revit l'armée française à ses portes. Elle y entra le 12 mai, après l'avoir bombardée et couverte d'obus. Le prince Maximilien qui la défendait, malgré les sermens qu'il avait faits de s'ensevelir sous les ruines de la place, s'enfuit lâchement et abandonna la ville. Napoléon parle ainsi de cette fuite dans une proclamation :

« Les princes de cette maison ont abandonné
» leur capitale, non comme des soldats d'hon-
» neur qui cèdent aux circonstances et aux re-
» vers de la guerre, mais, comme des parjures
» que poursuivent leurs propres remords ; en
» fuyant Vienne, leurs adieux à ses habitans ont
» été le meurtre et l'incendie ; comme Médée,
» ils ont, de leurs propres mains, égorgé leurs
» enfans. »

Sans perdre de tems, et pour déjouer les projets du prince Charles, Napoléon passa le Danube près d'Ersdorf, et livra bataille aux Autrichiens à Esling, le 28 mai ; bataille dans laquelle il s'exposa comme simple officier. Il y eut même un instant où le feu de l'artillerie devint si vif et le danger si grand autour de l'Empereur, que le général Walther lui cria : « Sire, retirez-
» vous, ou je vous fais enlever par mes grena-
» diers. »

Cette journée, où les Autrichiens perdirent 12,000 hommes, et où on leur fit 15,000 prisonniers coûta la vie au général Saint-Hilaire, et au duc de Montebello (le maréchal Lannes), le héros de l'armée, l'ami de Napoléon, le compagnon de toutes ses victoires, à qui un boulet fracassa les deux genoux. Napoléon se trouva sur le passage des soldats qui le portaient à Ebersdorf. Il courut à lui, le serra dans ses bras en s'écriant : « Lannes, me reconnais-tu ? C'est ton » ami, c'est Bonaparte, tu nous seras conservé. » Lannes, reprenant l'usage de ses sens, répondit : « Non, je crois qu'avant une heure vous aurez » perdu votre meilleur ami. » Il expira. Toute l'armée le pleura comme un frère.

D'un autre côté, l'armée d'Italie sous les ordres du prince Eugène, se couvrait de gloire. A la prise de Raab, le 8e régiment de ligne, cerné par 20,000 Autrichiens, soutint leur choc pendant dix heures, leur tua 2,000 hommes, et attendit qu'on vînt le délivrer. L'histoire ancienne et moderne ne fournit pas un trait de bravoure aussi remarquable. Napoléon, qui possédait au suprême degré l'art de stimuler le courage, ne crut pas le récompenser plus dignement qu'en faisant mettre sur ses drapeaux : *Un contre dix.*

L'archiduc Charles, depuis la bataille d'Essling, demeurait dans l'inaction ; il attendait l'effet des insurrections organisées de toutes parts par les cabinets de Vienne et de Londres, insurrections qui contrarièrent, à cette époque, l'armée française, et entravèrent un peu ses opérations. Ce prince cherchait en vain à pénétrer les projets de l'Empereur ; rien n'indiquait quel serait le véritable point d'attaque. Après une alternative de combats partiels où les succès des deux armées furent balancés, s'engagea la fameuse bataille de Wagram, où l'armée autrichienne, mise en déroute, fit des pertes immenses qui montèrent à 24,000 hommes tués ou blessés sur le champ de bataille, 20,000 prisonniers, 30 caissons et plusieurs drapeaux. L'archiduc y fut blessé ainsi que dix généraux ; trois autres y perdirent la vie. Les Français comptèrent 6,000 blessés et 2,600 tués ; le maréchal Bessières et vingt généraux furent blessés, trois généraux et sept colonels avaient été tués.

La victoire complète et décisive remportée par les Français, força de nouveau François II à invoquer la générosité de son vainqueur ; il obtint, le 14 octobre 1809, une paix plus favorable qu'il ne pouvait l'espérer. On se borna à exiger qu'il cédât, en Allemagne, le pays de Salsbourg, une partie de la Haute-Autriche ; vers les frontières d'Italie, le comté de Gorice, Monte-Falcone, Trieste et son territoire, la Carniole, le cercle de Villach, une partie de la Croatie, Siume et le littoral hongrois. On exigea en outre qu'il rompît à l'instant toute relation politique et commerciale avec la Grande-Bretagne, et qu'il reconnût tous les changemens intervenus ou qui pourraient intervenir en Espagne, en Portugal et en Italie. Conserver son existence politique était tout alors pour la maison d'Autriche. Ce qui, dans d'autres tems, eût été pour elle un excès d'humiliation, fut considéré comme un bienfait ; elle souscrivit avec les démonstrations de la reconnaissance aux conditions qui lui étaient imposées, et se chargea d'être médiatrice auprès de l'Angleterre, pour rendre la paix générale; mais cette négociation ne réussit point.

Pendant que les conférences pour la paix se poursuivaient à Altembourg, l'Empereur pensa tomber sous le poignard d'un jeune fanatique nommé Stabs. Exalté par le patriotisme, cet illuminé crut avoir une vision céleste, et entendre une voix qui lui commandait d'attenter aux jours de Napoléon. Il partit d'Erfurt, son pays. Arrivé à Schœnbrunn, où était alors Napoléon, il voulut s'approcher de lui pendant une revue et demanda à lui parler. Berthier, auquel il s'adressa, le renvoya d'abord; mais, à la vue de son obstination, il appela le général Rapp, et lui dit d'interroger ce jeune homme en allemand. Rapp, en le repoussant, sentit une arme cachée sous ses vêtemens ; on le fouilla, et l'on trouva sur lui un poignard. Interrogé sur l'usage qu'il voulait faire de ce poignard, il déclara sans hésiter qu'il le destinait à tuer l'Empereur.

Napoléon désira le voir, et lui adressa la même

question. « Je voulais vous tuer, répondit le
» jeune homme; vous avez ruiné mon pays par
» la guerre; vous l'avez opprimé : Dieu m'a ap-
» pelé pour être l'instrument de votre mort. »

L'Empereur voulait sauver les jours de ce
jeune fou; il le mit dans les mains de Corvisart;
mais rien ne put le décider à promettre de renoncer à son horrible projet : il fut fusillé.

Bonaparte, de retour en France, arriva à
Fontainebleau le 26 octobre. A cette époque,
l'une des plus importantes et des plus brillantes
de sa vie, tous les rois de la confédération du
Rhin, ou alliés à la famille impériale, furent
successivement appelés autour du trône de leur
protecteur, pour assister aux fêtes de la paix.
Le roi de Saxe arriva à Paris, le 13 novembre
1809; le roi de Naples, le 30 du même mois; les
rois de Hollande et de Wurtemberg, le 1er décembre.

Ce retour fut un triomphe pour Napoléon;
partout les acclamations les plus vives témoi-
gnaient l'admiration et l'amour des peuples.

L'Europe offrait alors le contraste le plus
bisarre; le roi de Prusse rentrait dans sa capitale,
en vassal amnistié; Vienne était frappée de
stupeur; Londres demeurait humiliée, et Paris
nageait dans l'ivresse des fêtes, de la victoire et
de la paix.

Au milieu de ces triomphes et de ces fêtes,
Napoléon venait d'embrasser une résolution à

7

laquelle il attachait le sort de sa dynastie. Le bruit d'un prochain divorce entre lui et l'Impératrice avait été depuis long-tems répandu par ses confidens et la police. Cependant Joséphine, ne pouvant se défendre d'une secrète inquiétude à cet égard, pressa l'instant d'une explication avec l'Empereur. Celui-ci apporta dans cette explication avec une femme pour laquelle il avait toujours montré un sincère attachement, des ménagemens et même de la sensibilité. Il avait compté, pour calmer les premiers mouvemens de l'amour-propre outragé de Joséphine, et la résoudre à une destinée inévitable, sur la présence et les conseils du vice-roi d'Italie, et avait invité ce prince à se rendre à Paris, où il arriva le 10 décembre. En effet, après quelques entretiens avec son fils, Joséphine parut parfaitement résignée.

Le 15 décembre, Napoléon et Joséphine comparurent devant l'archi-chancelier (Cambacérès), la famille de Bonaparte, les principaux officiers de l'État, en un mot, devant le conseil impérial assemblé. Dans cette réunion, Napoléon exposa les raisons qui le déterminaient à demander le divorce. Joséphine ayant acquiescé à la demande de l'Empereur, les deux époux réclamèrent alors de l'archi-chancelier un certificat de leur demande mutuelle en séparation, et cette pièce fut délivrée, en due forme, d'après l'autorisation du conseil.

Le sénat fut ensuite assemblé, et, le 17 décembre, il rendit un Sénatus-Consulte, autorisant la séparation de l'Empereur et de l'Impératrice, et assurant à Joséphine un douaire de deux millions de francs, avec le rang d'Impératrice durant sa vie.

L'union de Napoléon et de Joséphine étant dissoute par le pouvoir civil, il ne restait plus qu'à obtenir l'intervention des autorités spirituelles. L'officialité diocésaine fut assemblée pour juger la validité du mariage; mais elle demanda que l'affaire fût portée pardevant l'assemblée des évêques réunis alors à Paris, pour savoir d'eux s'ils la considéraient comme compétente pour prononcer sur une affaire de cette nature. Les évêques ayant répondu qu'ils reconnaissaient cette compétence, l'officialité s'empara de l'affaire, et, le 14 janvier 1810, elle déclara nul le mariage de Napoléon et de Joséphine, se fondant sur une disposition du concile de Trente, qui dit positivement « que tout mariage est nul, du moment qu'il n'est pas fait en présence du curé de l'une des parties contractantes ou de son vicaire, assisté de deux témoins. » Et, en effet, les deux époux avaient reçu la bénédiction nuptiale du cardinal Fesch, oncle de Napoléon, dans le cabinet de l'Empereur, et sans aucuns témoins.

Lorsque cette sentence eut définitivement annulé leur union, l'Empereur se retira à Saint-

Cloud, où il passa quelques jours dans la retraite. Joséphine, de son côté, fixa son séjour dans le beau domaine de la Malmaison. Ce fut là principalement qu'elle passa les dernières années de sa vie, qui ne se prolongea qu'autant qu'il le fallait pour la rendre témoin de la première catastrophe de son mari.

Le divorce de Napoléon fit grand bruit, la plupart des cours de l'Europe briguèrent une alliance qui devait mettre un si grand poids dans la balance de leur politique. On proposa d'abord à Napoléon d'épouser la grande duchesse Catherine de Russie; cette princesse et l'impératrice douairière montrèrent un invincible éloignement pour cette alliance (1). Il fut ensuite question de la grande duchesse Anne, sa sœur, mais il s'éleva quelques difficultés relatives au culte grec. Le cabinet russe exigeait que la princesse eût une chapelle russe dans l'intérieur du palais des Tuileries, avec ses popes, son clergé et le libre exercice de sa religion.

Pendant que ces objections étaient discutées, l'Autriche parut manifester quelque étonnement qu'on n'eût pas songé à une archi-duchesse; car, jusque-là, il n'avait été question que d'une princesse de Russie ou de Saxe.

(1) L'empereur Alexandre n'hésitait pas pour cette union; mais sa volonté fut contrariée par les intrigues de sa cour.

D'un autre côté, une lettre du comte de Narbonne, gouverneur de Trieste, qui était alors à Vienne, avait annoncé à Napoléon que quelques insinuations lui avaient été faites à Vienne, et qu'il avait pu en conclure qu'une alliance avec une archi-duchesse entrait dans les vues de l'Autriche. Au même instant des instructions furent transmises au prince de Schwatzemberg, ambassadeur d'Autriche à Paris.

Le 1er février 1810, un conseil privé, composé de vingt-six membres, y compris l'Empereur, fut convoqué aux Tuileries. Le duc de Cadore (Champagny), Ministre des relations extérieures, y donna connaissance des dépêches du duc de Vicence (Caulaincourt), ambassadeur en Russie, qui instruisaient l'Empereur des faits que nous avons rapportés plus haut. En même tems, on mit sous les yeux de ce conseil les dépêches de Vienne. Les opinions y furent partagées entre une princesse russe et une princesse autrichienne. Le mariage avec cette dernière fut préféré. Le conseil y fut déterminé par la haute considération du maintien de la paix générale.

Le prince Eugène fit la demande formelle au prince de Schwartzemberg, ambassadeur d'Autriche à Paris.

Le 7 février suivant, le contrat de mariage (1)

(1) On prit pour modèle de ce contrat, celui de Louis XVI avec Marie-Antoinette.

fut signé par le ministre des relations extérieures de France et l'ambassadeur d'Autriche.

Le 27 du même mois, un message de l'Empereur annonça au Sénat assemblé, que le prince de Neufchâtel (Berthier), se rendait à Vienne pour y faire, au nom de son souverain, la demande de l'archiduchesse Marie-Louise.

Le 11 mars, le mariage de Napoléon avec cette princesse fut célébré à Vienne; l'archiduc Charles, épousa Marie-Louise comme représentant de l'Empereur des Français.

Le 1er avril, le mariage civil fut contracté à Saint-Cloud.

Le 2, Napoléon et Marie-Louise firent leur entrée à Paris, aux acclamations d'un peuple innombrable, et le même jour le mariage religieux fut célébré dans cette capitale par le cardinal Fesch, grand aumônier, dans le grand salon du Musée, qui avait été disposé en chapelle, à cet effet.

Des fêtes splendides furent données à cette occasion. Le prince de Schwartzemberg en donna une au nom de son souverain, durant laquelle le feu prit à la salle du bal, construite dans le jardin. Rien ne put arrêter les progrès de l'incendie. Plusieurs personnes périrent. L'issue malheureuse de cette fête, dans une circonstance semblable, parut un présage sinistre, et qui malheureusement s'est réalisé.

Napoléon, épris de sa nouvelle épouse, voulut

la montrer dans la capitale des états conquis sur la maison d'Autriche. Le 27 avril il partit avec elle pour Bruxelles, et le 30, il était au château impérial de Laken. Quelques jours furent donnés à ce voyage de Belgique, dont les habitans saluèrent, avec ivresse, la fille de leur ancien souverain, devenue l'épouse de celui qui les avait mis au niveau des prospérités de la France.

Ces voyageurs revinrent à Paris, après avoir visité Dunkerque, Lille, le Havre et Rouen. Partout le cri de la paix se mêla aux acclamations des peuples; mais, hélas! ce vœu ne pouvait être entendu.

En parcourant les côtes septentrionales de son empire, Napoléon se pénétra de plus en plus de la nécessité d'un blocus continental, que sa politique lui commandait de rendre de plus en plus rigoureux.

Le 12 novembre, la grossesse de l'Impératrice fut annoncée par l'Empereur; ainsi s'écoula l'année 1810.

Le 20 mars 1811, à neuf heures du matin, l'Impératrice mit au monde un enfant mâle; les plus imminens dangers menacèrent la mère, au moment de mettre au monde cet enfant si ardemment désiré : ses jours et ceux de l'enfant étaient également menacés; ils dépendaient d'une opération douteuse : Dubois, l'accoucheur, consulte Napoléon : « Sauvez la mère,

» répondit-il, traitez ma femme comme une
» bourgeoise de la rue Saint-Denis. » L'Empereur qui, pendant l'effrayant travail de l'accoucheur (1), s'était retiré dans sa chambre à coucher, fut informé, à l'instant, de la délivrance de l'Impératrice et du moment où il fut rassuré sur la vie de l'enfant qui, pendant sept minutes, n'avait donné aucun signe d'existence; il ouvrit la porte de sa chambre qui donnait dans salon où étaient la famille et un grand nombre d'officiers de la Couronne, et s'écria : *C'est un roi de Rome*, et aussitôt cent un coups de canon annoncèrent à la capitale que l'Empereur avait un héritier; un même sentiment d'enthousiasme et de bonheur unit en ce jour Napoléon et son peuple; aussi dans sa réponse au Sénat, dit-il : « Tout ce que la France me témoigne en
» cette occasion, va droit à mon cœur. Les
» grandes destinées de mon peuple s'accom-
» plissent : avec l'amour des Français, tout me
» deviendra facile. »

A peine la naissance du Roi de Rome fut-elle connue dans les cours étrangères, que les souverains, ceux mêmes à qui le joug de la France devenait de plus en plus insupportable, s'empressèrent d'envoyer complimenter Napoléon. Le prince d'Hatzfeld, remplit cette commission au nom de la Prusse.

(1) Il avait été obligé d'employer le forceps.

Pendant l'année 1811, Napoléon s'occupa à donner à l'empire tous les soins dont sa grande âme était susceptible ; des monumens furent élevés, le port de Cherbourg achevé, et des primes furent données aux manufactures pour encourager l'industrie française, et l'exciter à vaincre les plus brillantes et les plus renommées de l'Angleterre.

La fortune se montrait partout constante à Napoléon ; néanmoins les politiques clairvoyans ne doutaient pas d'une rupture prochaine avec la Russie. Depuis la réunion de la Hollande à la France, depuis surtout l'occupation d'Offenbourg, Alexandre avait pris une attitude hostile ; et les nouvelles levées décrétées par le Sénat, semblaient indiquer, de la part de l'Empereur, des projets de guerre nouvelle.

Les premiers mois de 1812 se passèrent, de la part des deux empires, en envois réciproques d'agens accrédités, ou secrets ; cependant l'orage qui se grossissait dans le nord, commençait à n'être plus un mystère. Les troupes partaient journellement de Paris, ou arrivaient d'Espagne pour se réunir à la grande armée qui se rassemblait sur le bord de la Vistule.

Enfin le 9 mai l'Empereur plein de confiance dans la guerre qu'il allait entreprendre, quitta Paris avec l'Impératrice, pour se rendre sur le théâtre de la guerre, en faisant annoncer par le *Moniteur* du 10, « qu'il allait faire l'inspec-

» tion de la grande armée réunie sur les bords
» de la Vistule, et que l'Impératrice l'accom-
» pagnerait jusqu'à Dresde pour y voir son au-
» guste famille. »

Napoléon passa quinze jours dans cette ville avec son beau-père, le Roi de Prusse et les princes de la confédération du Rhin. Un nouveau traité d'alliance fut conclu entre les empereurs de France, d'Autriche, et le roi de Prusse. La Russie ne fut point citée dans ce traité.

Avant d'entrer en campagne, Napoléon s'occupa de donner à son armée un aspect formidable. Plein des grandes pensées qui l'occupaient, il s'appliqua à tout organiser, avec la plus grande prestesse; plusieurs corps d'armée furent complétés, ainsi que la cavalerie, le train d'artillerie et les équipages militaires; on peut évaluer ces préparatifs à l'armement de Xercès, et par la multitude des combattans, et par l'issue funeste de cette fameuse expédition.

La guerre fut donc définitivement résolue le 2 juin; le 22, Napoléon était à Thorn. De son quartier-général de Wilkoswisky, il adressa à ses armées la proclamation suivante :

» Soldats !

» La seconde guerre de Pologne est commen-
» cée. La première s'est terminée à Friedland
» et à Tilsitt. La Russie a juré l'éternelle alliance

» à la France, et guerre à l'Angleterre; elle
» viole aujourd'hui ses sermens. Elle ne veut
» donner aucune explication de cette étrange
» conduite, que les aigles françaises n'aient
» repassé le Rhin, laissant par là nos al-
» liés à sa discrétion. La Russie est entraînée
» par sa fatalité; ses destins doivent s'accom-
» plir. Nous croit-elle donc dégénérés? Ne se-
» rions-nous plus les soldats d'Austerlitz! Elle
» nous place entre le déshonneur et la guerre,
» le choix ne saurait être douteux. Marchons
» donc en avant; passons le Niémen; portons
» la guerre sur son territoire. La seconde guerre
» de la Pologne sera glorieuse aux armées fran-
» çaises comme la première; mais la paix que
» nous conclurons, portera avec elle sa ga-
» rantie, et mettra un terme à la funeste in-
» fluence que la Russie a exercée depuis cin-
» quante ans sur les affaires de l'Europe. »

Alexandre, de son côté, fit une proclamation à son armée, dont voici quelques fragmens.

« Il ne nous reste, à présent, après avoir in-
» voqué l'être suprême tout puissant, qui est
» le défenseur de la cause juste, qu'à opposer
» nos forces à celles de l'ennemi; il est inutile
» de rappeler aux généraux, aux officiers, aux
» soldats, ce que nous attendons de leur cou-
» rage et de leur loyauté. Le sang des anciens
» Esclavons circule dans vos veines; soldats,

» vous combattez pour votre liberté (1), pour
» votre religion, pour votre patrie; votre empe-
» reur est au milieu de vous, et Dieu est l'en-
» nemi de l'agression. »

L'armée de l'autocrate était forte de trois cent mille hommes.

Napoléon avait partagé ses forces en cinq armées, qui devaient manœuvrer dans les directions qui leur avaient été assignées.

L'armée française s'avançant sur le Niémen, l'Empereur qu'une voiture avait jusqu'alors transporté, monta à cheval; il était deux heures du matin, il s'avança près du fleuve, pour en reconnaître les rives; son cheval broncha et lui fit perdre les arçons (2). « Mauvais présage,
» s'écria une voix, un Romain retournerait sur

---

(1) Les Russes, combattre pour leur liberté! en voilà une sévère! nous citerons à ce sujet l'anecdote suivante.

Diderot s'entretenant avec l'impératrice de Russie (Catherine II), des moyens de civiliser les Russes, lui disait que la propreté était un caractère de la civilisation, et qu'il faudrait y accoutumer ses peuples. Ah! dit l'impératrice, *leur âme n'est que locataire; comment voulez-vous qu'elle prenne soin de la maison.* Que pouvait répliquer Diderot à cette raison du despotisme.

(2) Napoléon était assez mauvais cavalier, et ce n'est pas la première fois qu'il a été désarçonné. Mais dans ses chûtes de cheval, il fut toujours assez heureux pour se relever sans être blessé.

» ses pas. » Mais on ne put distinguer si c'était celle de l'Empereur, ou quelqu'un de sa suite.

Dans les journées des 24 et 25 juin, l'armée passa le Niémen, continua sa route, et entra le 28, dans Wilna, ancienne capitale de la Lithuanie. Le premier soin de Napoléon, maître de cette ville, fut d'établir un gouvernement provisoire pour la Lithuanie, et d'organiser une force nationale, propre à assurer la sécurité du pays. C'est dans cette ville, que la députation de la Diète de Varsovie, vint demander à Napoléon de proclamer l'indépendance de la Pologne. L'Empereur ne jugea pas à propos d'accéder à cette demande.

Les hostilités commencèrent le 28 juin, à Delvotovo; le maréchal Oudinot (duc de Reggio), força le général Wittgenstein, à repasser la Dwina, et à se renfermer dans un camp retranché préparé sous Drissa. Les Russes furent pressés avec tant de vivacité, qu'ils n'eurent pas le tems de faire sauter le pont.

Ignorant le but des Français, le général Wittgenstein se jeta sur la route de Pétersbourg, pour couvrir au moins la capitale de l'Empire, Oudinot l'y suivit, et une campagne distincte s'ouvrit entre eux. Cette séparation affaiblit le corps principal des Russes; mais Alexandre espérait voir incessamment arriver l'armée du prince Bragation, qui, pressée par trois corps français, qui l'attaquaient vers Minsk, en front, en flanc, et en queue, se voyait sur le point d'être prise, lorsqu'elle se vit sauvée par l'hésitation du roi Jérôme (1).

Alexandre, qui vit que les débuts de cette campagne ne lui étaient pas favorables, fit un appel à son peuple, et se rendit lui-même à Moscow, afin d'activer par sa présence, l'exécution des mesures offensives.

Barclay de Tolly prit en son absence le commandement général, et se retirant dans la direction de Dunabourg, il fit mine de vouloir nous arrêter sur la Dwina; mais bientôt il changea de plan pour continuer sa retraite; et notre armée qui commençait à manquer de tout, se ravitailla dans les magasins de l'ennemi.

Pendant cet intervalle, Napoléon était toujours à Wilna; il en partit le 20 juillet, et arriva dans la plaine qui environne Vitepsk, que l'armée s'apprêtait à franchir.

Après un engagement très-sérieux, on se rendit maître de Vitepsk. Après une série de combats qui coûtèrent à l'ennemi plus de vingt mille hommes, Napoléon arriva sous les murs de Smolensk, où s'étaient jetés Bragation et Barclay de Tolly. Présumant que cette ville lui

---

(1) Ce jeune homme ne fit toute sa vie que des sottises, et l'on ne conçoit pas que Napoléon qui connaissait la nullité des talens de son frère, ait pu le mettre à la tête d'un corps d'armée.

serait vivement disputée, il se mit à reconnaître les positions de l'ennemi. Cette reconnaissance lui apprit que trente mille Russes étaient renfermés dans les remparts, tandis que le reste de l'armée campait dans de nombreux ouvrages, élevés sur la rive droite du Borystène.

Bientôt Ney commença l'attaque de la citadelle ; il éprouva une vive résistance, fut blessé lui-même, et se trouva contraint de borner ses efforts à une canonnade qu'on lui rendit avec vivacité.

Dans une seconde attaque, forcés dans leurs retranchemens extérieurs, les Russes dont on avait fait un horrible carnage, furent rejetés pêle-mêle jusque dans la ville. Dès qu'il fut nuit, on vit s'élever dans les airs des tourbillons de flammes et de fumée. C'en fut assez pour déceler la politique incendiaire des Russes. Vers deux heures du matin, nos bataillons se disposèrent à brusquer l'assaut ; mais, par une entière évacuation, l'ennemi avait rendu cet effort inutile ; alors nous entrâmes dans Smolensk, le 18 août.

Celui qui se figurerait toute une ville écroulée sur des cadavres palpitans, n'aurait encore qu'une faible idée de l'effroyable tableau qui, dans ce moment, vint s'offrir à tous les yeux.

Napoléon, maître de Smolensk, s'attachait aux pas des Russes, lorsque le général Barclay de Tolly prit la résolution de nous disputer le plateau de Volontina, qu'une vieille tradition avait décoré du titre pompeux de *Champ-Sacré*. La mêlée fut affreuse et la nuit put à peine la faire cesser. Cette action sanglante demeura presque sans résultat. Napoléon parut vers trois heures du matin sur le champ de bataille. Son intention bien prononcée était de clore la campagne par cet engagement; mais à la vue des prodiges de cette journée : « Poursuivons nos » succès, dit-il, avec de pareilles troupes on » doit aller au bout du monde. »

L'armée russe, chassée de Volontina, s'arrêta au village de Borodino, situé à vingt lieues de Moscou, sur les bords de la Moscowa, où devait se livrer une des plus sanglantes batailles de la campagne. L'Empereur Alexandre, attribuant ses défaites au général Barclay de Tolly, crut devoir remettre le commandement de son armée au général Kutusow, qui s'était illustré dans la guerre contre les Turcs. Ce dernier se croyait tellement sûr de ses préparatifs et de ses futures opérations qu'il écrivit à l'Empereur Alexandre: « La position que j'ai prise est la plus favorable » que puisse offrir un pays de plaines, et si je » forme un vœu, c'est que les Français viennent » m'y attaquer. » Sa force était de 130,000 hommes, protégés par un excellent terrain et des ouvrages de toute espèce.

Napoléon, avant de marcher au combat, s'adressa en ces termes à ses braves soldats :

« Soldats!

« Voilà la bataille que vous avez tant désirée.
» Désormais la victoire dépend de vous; elle
» nous est nécessaire, elle nous donnera l'abon-
» dance, de bons quartiers d'hivers et un
» prompt retour dans la patrie! Conduisez-vous
» comme à Austerlitz, à Friedland, à Witepsk
» et à Smolensk, et que la postérité la plus re-
» culée cite votre conduite dans cette journée :
» que l'on dise de vous : il était à cette grande
» bataille sous les murs de Moscow. »

Napoléon, après avoir disposé ses bataillons, donna l'ordre et le signal du combat. Un soleil radieux perçant en ce moment les nuages qui obscurcissaient l'atmosphère, l'Empereur s'écria : « C'est le soleil d'Austerlitz. »

Cette journée offrit les résultats suivans: 30,000 morts ou blessés, 50,000 prisonniers, 30 généraux tués, blessés ou pris, ne sont qu'une partie des pertes matérielles dont les Russes font aujourd'hui l'aveu. Les Français perdirent 10,000 hommes, et eurent 15,000 blessés. C'était le 7 septembre; pour donner une idée du carnage qui s'y fit, il suffira de rapporter un fait. Le colonel du 61ᵉ de ligne se trouvait en bataille devant une redoute qu'il avait long-tems défendue: « qu'avez-
» vous fait de l'un de vos bataillons, lui dit Bo-
» naparte? » « Sire, il est dans la redoute. » Il

y était en effet, mais gissant sur la poussière.

Battue à Borodino, l'armée russe se reploya tout entière sous les murs de Moscow, et là, Kutusow assembla son conseil pour délibérer si on livrerait bataille, ou si l'on incendierait l'ancienne capitale des Czars; mais depuis long-tems la chose était arrêtée, et le conseil n'était convoqué que pour la forme.

Napoléon quitta son champ de bataille pour s'attacher aux pas de l'ennemi. Kutussow traversa Moscow dans la journée du 14.

Le 15 septembre, Napoléon rejoignit son avant-garde. Il monta à cheval à une lieue de la ville. Moscow lui parut magnifique et imposante. Il s'attendait à voir arriver une députation de Boyards dans l'attitude du respect et de la soumission. Sa première exclamation fut: « la voilà enfin cette ville célèbre ! et sa seconde: « il en était bien tems ! » Bientôt des transfuges annoncèrent que Moscow n'était plus qu'une ville déserte. Une population de 250,000 âmes avait abandonné sa ville natale.

Le gouverneur de Moscow, Rostopchin (1), avait rassemblé tous les malfaiteurs, et avait mis dans leurs mains des torches enflammées, en

---

(1) Rostopchin vint à Paris, sous la restauration, eut une audience de Louis XVIII, qui le félicita sur sa conduite. On l'accueillit gracieusement dans les salons, qui alors n'étaient composés que d'étrangers, et de Français ennemis de la France. *Proh Pudor !*

les chargeant d'expier leurs forfaits par la destruction de leur patrie.

L'entrée de Napoléon dans Moscow produisit un océan de flammes; son arrivée fut pour les agens de Rostopchin le signal de l'incendie. On essaya vainement d'arrêter les progrès du feu ; comme l'ennemi avait emmené toutes les pompes, il s'étendit avec une telle rapidité, que l'Empereur fut obligé de quitter le palais qu'il occupait au Kremlin, pour se porter à celui de Petrowski, situé à deux lieues des remparts. Que l'on juge de l'horreur de ce tableau par les paroles d'un officier français : « Dans la nuit du » 16 au 17 novembre, j'étais à trois lieues de » Moscow, écrivant mon rapport à la lueur de » l'incendie. »

De cette ancienne capitale des Czars, il ne resta que dix-huit cents maisons de dix mille que l'on comptait avant l'incendie; Il est vrai que la plus grande partie de ces maisons était en bois.

Napoléon, maître de Moscow, et enfermé dans les bâtimens du Kremlin, avait envoyé le général Lauriston faire des propositions de paix à Alexandre : mais Kutusow, sous quelques vains prétextes, retint dans son camp l'envoyé de Napoléon, et ne voulut jamais consentir à lui donner les passe-ports dont il avait besoin pour arriver jusqu'à la personne du Czar.

L'armée française fut réduite, par ce retard, aux plus cruelles privations.

Napoléon espérait toujours voir conclure incessamment la paix, lorsqu'une dépêche vint lui apprendre que Kutusow, au mépris de l'armistice qui avait été arrêté entre lui et l'armée française, avait attaqué tout-à-coup dans Tarontino les avant postes du roi de Naples.

A cette nouvelle, l'Empereur des Français rassembla l'armée, donna l'ordre du départ, fit sauter le Kremlin, et courut à l'ennemi.

L'armée Russe se disposant à harceler la marche des Français, Napoléon chargea le vice-roi d'Italie, de se porter au devant avec trois divisions. Kutusow envoya contre elles la plus forte partie de l'armée russe. La force de l'ennemi était de six contre un. Cependant le vice-roi se comporta avec tant de courage, de prudence et d'habilité, qu'à la fin du jour, 10,000 hommes et 3 généraux manquaient dans les rangs de l'ennemi.

Après cette victoire, l'armée française se rassembla sur la route de Mojaïsk, à Smolensk, et toujours harcelée reprit le chemin de la France.

Viasma fut le théâtre d'une nouvelle défaite des Russes per le maréchal Ney.

Nous avons tracé les succès et les désastres qui firent perdre à l'armée française le fruit de vingt-cinq années de combats et de gloire; nous devons dire que tous ses succès furent dus à la bravoure de nos soldats dirigés par un chef tel que Napoléon; les revers et les désastres (1) ne doivent être attribués qu'au climat et aux rigueurs d'un hiver pendant lequel le thermomètre de Réaumur descendit tout à coup à vingt degrés, et à des chemins devenus impraticables pour les équipages. Le froid était si excessif, qu'un prodigieux nombre d'hommes saisis par le froid et accablés de fatigues, expiraient debout et en marchant. D'affreuses contractions, qui ressemblaient quelquefois à un rire convulsif, défiguraient les traits de ces vieux guerriers, échappés au hasard de cent batailles, et annonçaient leur dernier moment.

Napoléon, dans ces cruelles circonstances, sentit la nécessité de précipiter sa marche, et ce ne fut pas sans livrer plusieurs combats où les succès et les pertes se balancèrent de part et d'autre.

En approchant de la Bérésina, il prit toutes les mesures nécessaires pour mettre les débris de l'armée en état de combattre; mais tous ces efforts ne furent pas couronnés du succès. Le grand pont, celui qui avait été construit pour

---

(1) Les hommes périssaient et surtout les chevaux: 30,000 de ces derniers furent abandonnés en quatre jours; les chemins n'étaient couverts que de cadavres, et l'armée semblait marcher sur elle-même. Jamais on n'avait vu un pareil désastre : : *horresco referens*.

l'artillerie et les voitures pesantes, se rompit, et la foule qui le franchissait fut précipitée dans les flots.

La Bérésina franchie, l'armée, plus désorganisée que jamais, prit la route de Wilna. C'est dans ce trajet que Napoléon résolut de partir subitement pour Paris. Quelques publicistes ont prétendu que ce départ avait pour motif son absence qui mettait son trône en danger. Le fait est qu'il sentait que sa présence n'étant plus indispensable au milieu de son armée, il préférait se rendre à Paris pour chercher de nouvelles forces. Quoi qu'il en soit, l'armée le vit partir avec un mécontentement qu'elle ne se donna pas la peine de dissimuler.

Les dangers et les maux inouis que l'armée eut à combattre et à souffrir pour repasser le Niémen, furent innombrables. Nous croyons devoir les passer sous silence, pour ne pas mettre sous les yeux de nos lecteurs un tableau qui les reporterait au passage de la Bérésina; nous citerons seulement un trait qui fait honneur au patriotisme français, et qui prouve à quels hommes Napoléon avait affaire. Sur le pont de Kowno, un grenadier de la vieille garde attendait d'un œil tranquille la mort qu'il avait affrontée cent fois. « Tes soins me sont inutiles, » disait-il à un soldat qui le secourait ; la seule » grâce que je te demande, c'est d'empêcher » les ennemis de profaner ces marques hono-

» rables que j'acquis en combattant contre eux.
» Porte à mon capitaine cette décoration, que
» je reçus à Austerlitz, et ce sabre dont je me
» servais à Friedland. »

Après les désastres de la campagne de Russie, Napoléon, rendu à Paris, fut instruit que sa mère avait caché derrière un tableau une somme de cinq millions. Un jour qu'elle s'était rendue aux Tuileries, son fils lui dit : — Je sais, ma mère, que vous avez de l'argent ; j'en ai besoin, et vous m'obligeriez infiniment si vous me le prêtiez. — Ah ! Sire, comme on a trompé Votre Majesté ; je n'ai absolument que la somme nécessaire à mes dépenses. — C'est, je vous le répète, un service que j'attendais de vous. — Je vous réitère, Sire, que je n'ai plus d'argent ; ce que j'en avais, je l'ai fait passer à quelqu'un de notre connaissance (Lucien). — Je veux bien le croire, ma mère. Napoléon savait à quoi s'en tenir; et deux jours après son entrevue avec sa mère, il vint lui rendre visite, et lui demander à dîner. Après être sorti de table, il examine les tableaux, s'arrête devant celui qui lui masquait la cachette, et lui dit : « Je vous serais obligé si » vous vouliez me donner ce tableau. » — « Volon- » tiers, mon fils, je le ferai porter aux Tuileries. » Aussitôt il ordonna aux domestiques de descendre le tableau. Sitôt que le tableau fut descendu, il aperçut la cachette, voulut voir lui-même ce qu'elle contenait, et ordonna de tout porter dans sa voiture.

Impatient de réparer les pertes que son armée venait d'éprouver dans cette campagne désastreuse, Napoléon était depuis long-tems à Paris, accélérant par sa présence les nouvelles forces que le Sénat avait mises à sa disposition Deux levées avaient été décrétées, une de 250 mille hommes, le 10 janvier 1813, et l'autre de 180 mille, le 3 avril suivant. Napoléon, semblable à Cadmus, voyait sortir du sein de la terre des légions toutes prêtes à combattre.

C'est à cette époque que l'Empereur créa les gardes d'honneur, troupe d'élite, dont les rangs se formèrent des jeunes gens des hautes classes, que les premiers tirages avaient épargnés, ou qui s'étaient rachetés du service en fournissant des remplaçans. Cette troupe se montait à dix mille. Au titre imposant de gardes d'honneur, que Napoléon leur donnait, il ajouta la promesse de l'épaulette après la campagne. Avec de pareils hochets, on mène les Français au bout du monde.

Qu'on se garde de croire que Bonaparte n'avait à opposer à l'ennemi que de jeunes soldats: des légions rappelées d'Espagne, d'Italie, vinrent se mêler à cette brillante jeunesse qui se portait sur le Rhin; la cavalerie fut remontée, le matériel de l'artillerie rétabli sur un pied formidable, en un mot, pour me servir de l'expression des gens du peuple, lorsqu'ils dépeignaient Napoléon, *le grand entrepreneur était là.*

Nos alliés étaient les mêmes que ceux de la guerre de Russie, excepté les Prussiens, dont le roi, ayant oublié la journée d'Iéna et celles où, plus d'une fois, Napoléon lui avait permis de régner, faisait cause commune avec nos ennemis.

Au mois d'avril, l'armée de Napoléon s'élevait à 350,000 hommes, sans compter les fortes garnisons laissées dans Dantzick, Thorn, Modin, Zamosk, Custrin, etc.

L'armée russe cependant continuait sa marche et s'approchait de plus en plus de la Prusse.

Le 16 mars, la Prusse déclara la guerre à la France, et publia un long manifeste rempli de plaintes et de récriminations.

Napoléon reçut cette déclaration de guerre avec le calme d'un homme qui s'y attendait depuis long-tems. *J'aime mieux,* dit-il, *un ennemi déclaré qu'un allié chancelant.*

La Prusse fit ses préparatifs pour la lutte qui allait s'engager; sa jeunesse fut appelée, et Blücher, général sans talens, mais plein de ressentiment et d'opiniâtreté, eut le commandement en chef des troupes de Frédéric.

Les hostilités commencèrent à Weissensels, sur la Saale, et à Poserna, les 29 avril et 1er mai. Dans le premier endroit, le maréchal Ney battit plusieurs divisions qui s'avançaient contre lui; dans cette circonstance, les conscrits déployèrent un courage et un sang-froid dignes de vieilles troupes.

Napoléon se trouvait alors dans la plaine de Hambourg, attendant le vice-roi d'Italie, qu'un combat inégal contre le général Wettgenstein obligeait à se replier sur le gros de l'armée.

Le dessein de Bonaparte était de s'emparer des ponts de Leipsick, pour couper la retraite à l'ennemi; mais celui-ci, qui s'en méfiait, le prévint, et s'avança prêt à livrer bataille.

Tout autre que Napoléon eût perdu la tête; mais ce tacticien consommé regarda cette catastrophe comme un simple coup d'échecs, changea ses dispositions, et, quoique dépourvu de cavalerie, marcha à l'ennemi dans les champs de Lutzen.

Le succès le plus complet couronna cette audacieuse entreprise; l'ennemi, battu sur tous les points, prit la fuite, en laissant 30,000 morts, au nombre desquels se trouvait le prince Léonard de Hesse-Hombourg.

Cette action coûta la vie au maréchal Bessières. Il fut emporté par un boulet de canon dans le commencement de l'action. Cette mort affecta sensiblement l'Empereur, qu'elle privait d'un général courageux et expérimenté (1).

(1) Quelque tems auparavant, le cheval du général

Le village de Kaya, à quelque distance de Lutzen, près duquel l'armée française était placée, avait été confié au maréchal Ney. Ce village fut disputé avec un acharnement sans exemple. Quoique percé de plusieurs coups, le général Gérard déclara vouloir rester à la tête de sa division ; Napoléon, de son côté, eut un cheval tué sous lui, et s'exposa comme le dernier des soldats ; mais ce qu'il y eut de plus glorieux pour lui dans cette affaire, fut notre extrême inégalité contre un ennemi pourvu d'une nombreuse cavalerie, et auquel l'Empereur, opposait, avec l'inconvénient d'un plan médité à la hâte, des soldats qui savaient à peine s'aligner, mais qui n'en combattirent pas moins vaillamment.

Le combat de Lutzen nous avait mis en possession de la capitale de la Saxe, et Napoléon avait fait jeter des ponts sur l'Elbe ; placé sur les hauteurs de Dresde, il chargeait le général Drouot de faire porter sur les remparts de Presnitz cent pièces de canon, quand un éclat de bois qu'un boulet avait fait sauter, vint le frapper à la tête ; il tomba raide, mais se relevant aussitôt, et examinant la forme du bois : *S'il m'eût touché le ventre*, dit-il, *c'était fini*.

Bessières ayant été tué sous lui, Napoléon lui avait dit : « Tu dois avoir de grandes obligations au boulet qui a tué » ton cheval, puisqu'il t'a fait connaître combien tu es » aimé de la garde, qui t'a pleuré comme mort. »

Le plus important résultat de la bataille de Lutzen fut l'impossibilité où se trouvèrent les alliés de se maintenir sur l'Elbe. Leur principal corps d'armée se retira à Bautzen, où ils avaient pris une forte position.

Napoléon alors marcha en personne pour l'en déloger, et quitta Dresde le 18 mai. Le 21, il alla reconnaître la position formidable des alliés, qui étaient placés en arrière de Bautzen, les attaqua vivement, et, après un combat opiniâtre, les força de reculer. Dans cette action, comme il examinait le dernier point sur lequel les Russes continuaient à résister, un boulet tua un soldat de son escorte à côté de lui. « Duroc, dit-il, la fortune a aujourd'hui de la rancune contre nous. » Cette rancune n'était pas encore épuisée.

Quelques instans après, tandis que l'Empereur et sa suite passaient dans un chemin creux, un boulet frappa un arbre près de lui, et blessa, du rebond, mortellement Duroc, à qui l'Empereur venait de parler. Une halte fut ordonnée, et pendant tout le reste du jour, Napoléon resta en face de sa tente.

Il alla voir le mourant, auquel il exprima son affection et ses regrets. Ce fut la seule occasion où il se montra absorbé par le chagrin, au point de refuser des détails militaires et de donner des ordres. « Tout cela pour demain, » répondait-il à ceux qui se hasardaient à lui demander des instructions (1).

Nous passerons sous silence une infinité d'engagemens particuliers, presque tous à l'avantage des Français, pour arriver à l'armistice du 4 juin, qui suspendit les hostilités. Cet armistice devait produire une négociation pour laquelle l'Autriche proposait sa médiation. Les prétentions de l'Autriche étaient successives : c'était du prix de toutes nos conquêtes qu'il fallait payer son alliance. Napoléon ne put y consentir. Il rencontra dans son beau-père un individu tout à la fois privé d'âme et de sentiment, et qui le payait de la plus noire ingratitude.

Les affaires ne firent que traîner au congrès de Prague, et y prirent une marche évasive. L'ouverture de ce congrès avait été fixée au 5 juillet, et il devait durer jusqu'au 10 août, afin qu'on eût le tems de s'entendre sur les propositions contestées. Mais le but de l'Autriche et des alliés était de manœuvrer pour gagner du tems et achever des préparatifs de guerre. Les propositions qui furent mises en avant au congrès n'étaient pas admissibles, et Napoléon ne pouvait les adopter sans nuire aux intérêts de la France et surtout à sa gloire personnelle.

(1) Napoléon perdit en Bessières et Duroc, deux de ses meilleurs officiers, deux de ses amis les plus dévoués.

Le 10 août, jour où finissait l'armistice, était arrivé, et la perfide Autriche, sous l'influence immédiate de Metternick, plus perfide encore qu'elle, s'était hâtée d'entrer dans la confédération des alliés.

Pendant la nuit du 10 au 11, des fusées volantes brillèrent dans les airs, de hauteur en hauteur, entre Prague et Tachemberg, quartier général de l'empereur de Russie et du roi de Prusse, pour annoncer à ces souverains que l'armistice était rompu.

Ainsi on s'était joué de Napoléon. Le congrès de Prague n'était qu'un piége; l'Autriche tournait ses armes contre le gendre de François II, qui deux fois l'avait pardonné.

Vers le milieu du mois d'août, les hostilités commencèrent partout. Napoléon poussa devant lui l'ennemi qui s'obstinait à refuser une bataille générale.

Le 21 août, tandis qu'il pourchassait Blücher en Silésie, il apprend que Dresde est menacée par Schwartzenberg, les souverains de la Russie et de la Prusse, et le général Moreau, descendus des hauteurs de la Bohême. Il ordonna aussitôt à la garde de retourner en Saxe; lui-même part en toute hâte.

Le général Saint-Cyr entra dans Dresde avec 20,000 hommes qu'il commandait, espérant bien le défendre jusqu'à l'arrivée de Napoléon.

Les alliés déployèrent devant Dresde leur

vaste armée divisée en quatre colonnes. Le 25, à quatre heures environ, ils attaquèrent avec mollesse et se virent repoussés honteusement.

Le 26, au point du jour, les alliés s'avancèrent en six colonnes sous un feu effroyable ; ils emportèrent plusieurs redoutes. Les Français étaient cernés ; les bombes et les balles commençaient à tomber dans les rues et sur les maisons de la ville. C'est dans ce moment de crise, lorsque Saint-Cyr et ses soldats croyaient la chute de Dresde inévitable, que des colonnes, se précipitant avec la rapidité d'un torrent, furent aperçues s'avançant sur Dresde, et entrant dans la ville presque réduite. On voyait Napoléon lui-même, au milieu de ses soldats, qui, loin de montrer de la fatigue, malgré une marche forcée depuis les frontières de la Silésie, demandaient à grands cris le combat.

Ney et Mortier firent alors deux sorties sous les yeux de Napoléon. Les Prussiens furent délogés d'un lieu public, appelé le Grand-Jardin; la fortune changea de bannière; les alliés furent chassés de toutes les positions qu'ils occupaient.

Le 27, la bataille continua sous des torrens de pluie, au milieu d'une tempête. Napoléon manœuvrant avec sa science et sa précision ordinaires, fit défiler ses troupes, s'élevant alors à près de deux cent mille hommes, hors de la ville, sur différens points, les colonnes divergeant, comme les branches d'un éventail déployé. Bientôt, secondé par l'orage, qui lui servait à cacher ses mouvemens, il commença l'attaque sur les deux flancs de l'ennemi. A gauche il obtint d'abord un brillant avantage.

Dans ce moment, au plus fort d'une canonnade épouvantable, un mouvement inconcevable se fit remarquer dans l'armée des alliés. On en conclut que quelque grand personnage avait été frappé. Un paysan apprit à Napoléon qu'un officier de distinction avait eu les deux jambes fracassées par un boulet; qu'on l'avait emporté hors du champ de bataille, sur un brancard formé avec des lances, et que l'Empereur de Russie et le roi de Prusse avaient paru très-affectés de la mort de cet individu.

C'était en effet le général Moreau, revenu d'Amérique pour combattre la France, sa patrie et ses frères d'armes. Il mourut le lendemain, après avoir subi une amputation très-douloureuse. Moreau avait imité Coriolan et le connétable de Bourbon. Le ciel fit justice, en lui faisant expier, comme à ses modèles, son parjure à la patrie, par une mort violente (1).

Bientôt l'armée alliée, enfoncée sur tous les points, se mit en déroute. L'ennemi, dans cette

---

(1) Avant de mourir, il écrivit à sa femme : *Ce coquin de Bonaparte est toujours le même*. Ce général était sans caractère; il suivait les conseils de sa femme qui avait pris sur lui un empire qui lui devint funeste.

journée, eut 30,000 morts; on lui fit 30,000 prisonniers, et on lui prit 40 drapeaux.

Napoléon retourna à Dresde. Il était resté à cheval depuis la pointe du jour. L'eau ruisselait de sa capote grise et de son chapeau.

Cette affaire fut, pour ainsi dire, le dernier avantage que nous obtînmes. Ce fut par le général Vandamme, auquel on avait confié un corps de 30,000 hommes que commencèrent les revers des armes françaises dans cette malheureuse campagne. Attaqué près de Culm par plus de 100,000 hommes, il résista vaillamment et se mit en retraite. Mais coupé par l'armée russe, Vandamme et deux autres généraux, Haxo et Guyot furent pris avec deux aigles et 7,000 prisonniers, outre un grand nombre de tués et de blessés.

La nouvelle du désastre de Vandamme ralentit les généraux français dans l'ardeur de leur poursuite. Napoélon reçut cette nouvelle avec le calme imperturbable qui était une de ses qualités distinctives. Le général Corbinau se présenta devant l'Empereur à qui il donna tous les détails de cette désastreuse affaire. « On devrait, » dit Napoléon, faire un pont d'or pour un en- » nemi en fuite, quand il est impossible, comme » dans le cas de Vandamme, de lui opposer un » rempart d'acier. »

Le reste de la campagne fut signalé par plusieurs échecs: les deux armées se rencontrèrent sur le champ de bataille de Leipsick; les Français étaient au nombre de 157,000 combattans, et avaient 600 pièces d'artillerie; mais les alliés présentaient 350,000 baïonnettes et 1,000 pièces de canon. Le 16 octobre on se battit avec fureur, et malgré la disproportion du nombre, l'armée française resta maîtresse du champ de bataille. Mais les alliés ayant reçu un immense renfort vinrent l'attaquer le 18. Les Français auraient encore été victorieux, sans la défection de l'armée saxonne qui passa à l'ennemi avec une batterie de 60 bouches à feu, qu'elle tourna contre l'armée française.

Ces deux terribles journées, que l'histoire appellera des journées de géants, coûtèrent aux alliés 150,000 hommes de leurs meilleures troupes, dont 50,000 tués sur le champ de bataille. La perte des Français s'éleva à 50,000 hommes. L'armée française se trouvant à bout de ses munitions, il fallut de nécessité ordonner la retraite (1). Elle commença dans la nuit sur Leipsick; au jour, les alliés assaillirent les Français, et pénétrèrent avec eux dans la ville; on se battit dans les rues. Les troupes de Saxe et de Bade,

---

(1) L'armée française, sous les ordres de Napoléon, n'était pas accoutumée à faire des retraites; aussi fit-elle celle-ci avec la plus grande confusion, ses généraux ne s'étant pas consultés pour l'opérer avec le moins de perte possible.

ayant passé à l'ennemi, tiraient sur les Français du haut du faubourg où Napoléon les avait placés pour arrêter les alliés.

L'affaire de Leipsick, incertaine dans son résultat, produisit cependant les plus grands désastres, et força l'armée française à battre en retraite sur Mayence, continuellement inquiétée sur ses derrières.

On a accusé Bonaparte d'avoir fait sauter le pont de Leipsick pour sauver sa personne; les mépris du monde entier ont, depuis long-tems, fait justice de cette calomnie. Napoléon avait chargé le général Dulau de faire sauter le pont dès que l'ennemi paraîtrait : celui-ci en confia l'exécution au colonel Monfort qui lui-même crut pouvoir en charger le caporal Lafontaine : tout est préparé, l'ennemi paraît, et le pont n'est plus.

Cette catastrophe interceptait la retraite des corps Macdonald et de Poniatowski, restés de l'autre côté de la rivière; les plus intrépides se précipitèrent dans le Pleiss et l'Elster pour échapper à l'ennemi. C'est là que périt l'illustre prince Poniatowski (1) créé maréchal de France peu avant cette retraite.

---

(1) Ce prince était un homme rempli d'honneur et de bravoure; c'était le vrai roi de Pologne; il en réunissait tous les titres, et il en avait tous les talens; il eût régné sur son pays sans les désastres de la guerre de Russie.

Après les malheurs du pont de Leipsick, malgré nos revers et l'état de découragement où les Français se trouvaient réduits par la défection des alliés, la campagne se termina le 30 octobre par un coup d'éclat : 70,000 Austro-Bavarois, sous le commandement du général Wrede, persuadés que l'armée française serait tout-à-fait prisonnière, s'ils parvenaient à l'acculer à l'angle que forment le Rhin et le Mein, l'attendaient à ces nouvelles Thermopyles; l'armée leur passa sur le ventre; et victorieuse au sein même des revers, elle rentra sur le territoire de la patrie pour en défendre les limites sacrées jusqu'alors.

L'armée continua son mouvement de retraite derrière le Rhin qu'elle repassa le 2 novembre.

Les souverains alliés, cependant, parvenus sur les bords du Rhin, cantonnèrent leur armée le long de ce fleuve; Napoléon alors avait perdu toutes les belles contrées dont il avait au prix de tant de sacrifices, agrandi son empire. Il avait à parer aux maux présens et aux dangers à venir.

Après avoir établi la ligne de défense de son armée, il partit des bords du Rhin et arriva à Saint-Cloud.

Le Sénat s'empressa encore de lui offrir les moyens de reconquérir sa gloire, et de défendre le sol sacré, en mettant à sa disposition une levée de 500,000 hommes. À la députation du

Sénat qui lui apportait ce decret, l'Empereur répondit :

« Toute l'Europe marchait avec nous, il y a
» un an ; toute l'Europe marche aujourd'hui
» contre nous. Nous aurions donc tout à re-
» douter sans l'énergie de la puissance de la
» Nation. La postérité dira que si de grandes
» circonstances se sont présentées, elles n'é-
» taient pas au dessous de la France et de
» moi. »

Cependant après la bataille de Hanau, il y eut des pourparlers de paix à un congrès assemblé à Francfort; mais ce congrès était une ruse mise en avant comme à celui de Prague.

Napoléon avait fait mettre sous les yeux du Sénat et du Corps-Législatif les pièces relatives aux négociations entamées avec les alliés. Il en fut fait un rapport qui, présenté à Napoléon, l'irrita vivement. Après avoir exprimé son mécontentement au Corps-Législatif, l'Empereur se rendit au conseil d'État où, après avoir parlé de la situation des affaires, et de la conduite du Corps Législatif, il ajouta :

« Toutefois, il faut prendre un parti : le Corps-
» Législatif au lieu de m'aider à sauver la France,
» concourt à précipiter sa ruine ; il trahit ses
» devoirs ; je remplis les miens, je le dissous.
» Tel est le décret que je rends, etc.....»

Après avoir fait tous les efforts que l'on devait

attendre du génie et de l'activité de Napoléon, pour réorganiser l'armée et donner l'élan aux populations, l'Empereur conféra pour la seconde fois la régence à l'Impératrice Marie-Louise, et se disposa à quitter Paris. En prenant congé des officiers de la garde nationale parisienne qu'il avait réunis, il leur adressa cette allocution :

« Je pars, leur dit-il, en leur présentant
» l'Impératrice et le roi de Rome, je vais com-
» battre nos ennemis. Je laisse à votre garde
» ce que j'ai de plus cher.... Vous m'avez élu,
» je suis votre ouvrage ; c'est à vous de me dé-
» fendre. »

Le 25 janvier Napoléon arriva aux avant-postes de son armée. C'est alors que commença cette campagne de France qui couvrira à jamais d'une gloire immortelle les armées françaises et le génie de Napoléon ; cette campagne où le Français, luttant dans une proportion absolument inégale, battit presque toujours l'ennemi, et arrosa les plaines de la Champagne et de la Brie du sang des légions hyperborées ; cette campagne, quoique funeste à Napoléon dans ses résultats, augmenta la réputation de ce général dans l'art de la guerre, et prouva qu'il était un des plus grands tacticiens que cite l'histoire. Jusque là on lui avait reproché d'ignorer absolument l'art des marches et des contre-marches : il prouva, d'une manière victorieuse, que cette opinion était erronée; nouveau Fabius, il tira de la disposition du terrain toutes les ressources qu'il présentait à son génie supérieur; et si la fortune, lasse de le favoriser, l'abandonna tout-à-coup, il montra du moins jusqu'au dernier instant, que ses revers tenaient à des obstacles qu'il ne pouvait surmonter, et ne quitta la partie, qu'après avoir épuisé tous les moyens, et prouvé à ses ennemis que son nom seul décidait souvent du sort d'une bataille; tant la terreur qu'il leur avait inspirée était profonde.

Nos frontières étaient envahies, et la France avait à combattre les trois quarts de l'Europe

L'Empereur arrivé à Châlons, se fit rendre compte de la position des alliés, et débuta par attaquer, dans Saint-Dizier, un corps de l'armée de Silésie, le mit dans une déroute complète, prit la ville le 27 janvier, et se porta sur Montierender.

Tous les avis indiquant que les Prussiens étaient aux environs de Brienne, déterminent l'Empereur à marcher sur Blücher, par les chemins les plus difficiles et que le mauvais tems avait rendus presqu'impraticables. En dépit de tant d'obstacles, l'armée française avance, et le matin du 29 elle atteint l'ennemi près du village de Maizières, à peu de distance de Brienne. Alors on commença à s'égorger avec un acharnement sans exemple. Ce combat effroyable dura jusqu'à la nuit, et Blücher manqua d'être pris dans le château. Quant à l'honneur de cette affaire, chacun se l'attribua, et, à parler juste, il serait difficile de décider le pour et le contre. Cependant nous demeurâmes les maîtres du champ de bataille, et l'ennemi se retira sur la Rothière. Des satyriques outrés ont reproché à Bonaparte d'avoir incendié l'asile de sa jeunesse : nous laissons le jugement d'un pareil reproche à la sagacité du lecteur.

Le général Sacken, près de s'emparer de la Rothière, fut repoussé par le général Duhesme, et poursuivi par les généraux Piré, Colbert et Guyot; mais après un rude choc, eux-mêmes, ramenés jusqu'à Brienne, la veille, laissèrent au pouvoir des Russes vingt-quatre pièces de l'artillerie de la garde. La Rothière fut alors emportée, et la division Duhesme prisonnière en grande partie.

Le 10 février, Napoléon se rendant de la Seine sur la Marne, ayant appris que Blücher avait laissé dans un isolement total le corps d'Alsufiew, il se porta vivement à Champ-Aubert, où s'engagea un vif combat dans lequel les Russes furent acculés à un bois et à un lac; les alliés se voyant sans retraite, leurs masses se mêlèrent; artillerie, infanterie, cavalerie, tout s'enfuit pêle-mêle dans les bois. Deux mille hommes se noyèrent dans le lac; trente pièces de canon, deux cent voitures, des généraux, des colonels et beaucoup de prisonniers restèrent au pouvoir des Français. Notre perte fut légère.

Les Français retrouvaient leur force en reprenant l'offensive. Napoléon, replacé comme eux dans sa vraie position, en calcula tous les avantages et les poursuivit avec son habileté ordinaire. *Acquirit vires eundo* Il marcha sur la ville de Montmirail, où Blücher concentrait les forces de son armée. Le plus violent combat signala cette rencontre. La garde impériale tailla en pièces, le 11 février, les corps de Saken et d'Iorck : c'en était fait des débris de ces deux corps, si les habitans de Château-Thierry eussent coupé leur pont : malgré cela l'ennemi éprouva encore une perte considérable au défilé des Caquerets.

Blücher croyant que Napoléon, dans la crainte d'être assailli par la grande armée, allait se replier sur Sézanne, reprit l'offensive contre le duc de Raguse; mais Napoléon, le 13 février, apparut comme l'éclair à Vauchamp, écrasa l'armée de Silésie, et lui fit couper la retraite par le maréchal Grouchy, tandis que le général Drouot achevait de la détruire en la foudroyant de trente bouches à feu.

Dans la journée de Vauchamp les alliés firent de grandes pertes : dix mille prisonniers, dix pièces de canon et dix drapeaux restèrent au pouvoir des vainqueurs.

Sans perdre de tems, Napoléon fondit sur

l'ennemi près de Montereau, et en fit un effroyable carnage : cette bataille nous mit à même de reconquérir la ville de Troyes que les alliés évacuèrent, et dans laquelle l'Empereur Alexandre faillit d'être fait prisonnier.

Bientôt se succédèrent rapidement les combats de Bar, de la Ferté, de Fère-Champenoise et d'Arcis-sur-Aube, où l'armée française eut presque toujours l'avantage : mais ses forces chaque jour s'épuisaient, et bientôt elle vit arriver le moment où ses efforts deviendraient tout à coup inutiles.

Les alliés avaient pris la résolution de marcher sur Paris, et avaient rassemblé trois cent mille hommes pour s'emparer de cette capitale. Les ducs de Raguse et de Trévise s'en approchèrent et cantonnèrent leurs troupes à Saint-Mandé, Vincennes, Charonne, Montreuil, Charenton, Conflans, Bercy et Picpus.

Le 30 mars se livra la bataille de Paris; sur tous les points on y combattit avec un acharnement qui tenait de la fureur. Cependant au plus fort de la bataille, les munitions manquèrent à nos artilleurs, par la trahison des agens du Gouvernement; les ducs de Raguse et de Trévise, qui s'entendaient avec les alliés, forcèrent nos troupes à capituler.

La postérité n'oubliera jamais le noble dévouement des jeunes gens de l'École Polytechnique et du Lycée Impérial. Cette brave jeunesse, l'orgueil de la patrie, donna, dans cette circonstance, une preuve de la plus rare intrépidité. Disparaissez Grecs et vous, Romains, venez contempler cette phalange valeureuse, expirante sur le sol de la Nation qu'elle vient de défendre et qui ne veut pas survivre à sa honte.

Le 29 mars, Marie-Louise et le lâche Joseph abandonnant les parisiens à leurs propres forces, se retirèrent à Blois avec l'égoïste Cambacérès et compagnie.

Napoléon qui ignorait ce qui se passait, précédant sa garde, se portait par Fontainebleau sur Paris, il s'arrêta dans l'auberge du hameau de la Cour-de-France, d'où il envoya quelques officiers à l'armée que commandait les maréchaux Mortier et Marmont. Impatient de connaître le résulta de ses ordres, l'Empereur se promenait à grands pas, tantôt dans l'auberge et tantôt sur la route de Villejuif. Enfin harassé de fatigue, il se met à table, soupe d'un grand appétit, malgré l'imminence des dangers qui l'entourent, et faisant étendre son lit d'ambulance, il s'y jette, et s'endort d'un sommeil tranquille. A minuit il s'éveille, et n'écoutant que son impatience, il s'élance dans une voiture et court au-devant de ses officiers d'ordonnance. Trois voitures remplies de ses généraux le suivaient avec peine. A quelque distance de la Cour-de-France, ils sont rencontrés par le général Belliard, qui accourait en poste rejoindre l'Empereur. Aussitôt

Napoléon, Berthier et Caulaincourt descendent de leurs voitures : ils rebroussent à pied vers la Cour-de-France, et c'est en marchant dans la boue, à travers les ténèbres d'une nuit profonde que l'Empereur apprend l'occupation de Paris par les troupes de la coalition, et la capitulation du duc de Raguse. Frappé comme d'un coup de foudre, il s'écrie : *J'aurais préféré qu'on m'eût percé le cœur d'un coup de poignard.*

Rentré à l'auberge de la Cour-de-France, Napoléon tint conseil avec le peu d'officiers qui étaient avec lui. L'armée était encore éloignée, la proximité des troupes ennemies était inquiétante, et il était à craindre d'être tout-à-coup surpris par la cavalerie russe ou prussienne. Alors il fut décidé, dans ce conseil nocturne, qu'on se retirerait à Fontainebleau.

Après l'entrée des troupes étrangères à Paris, le 2 avril 1814, le Sénat conservateur fut convoqué en séance extraordinaire, sous la présidence du prince de Bénévent (Talleyrand) (1). Un gouvernement présidé par ce prince, de la fabrique de Napoléon, et composé des sénateurs Beurnonville et Jaucourt, de l'abbé de Montesquieu, et du duc d'Alberg, créature de Talleyrand, fut provisoirement organisé, on s'arrangea sans le consentement de personne;

(1) Le coryphée des traîtres passés, présens et futurs.

le commandement de la garde nationale de Paris fut confié au général Dessoles.

Le 3 avril, le Sénat, de sa pleine puissance, décréta la déchéance de Napoléon Bonaparte.

Le 4, il délia, de sa pleine puissance et autorité, le peuple français du serment d'obéissance et de fidélité à ce prince, dont certes, lui, Sénat-Conservateur, n'avait pas à se plaindre.

Le 5, ces divers actes furent connus à Fontainebleau.

Le 6, Napoléon signa son abdication en ces termes :

« Les puissances alliées, ayant proclamé que
» l'Empereur était le seul obstacle au rétablisse-
» ment de la paix en Europe, l'Empereur, fidèle
» à son serment, déclare qu'il renonce pour lui
» et ses enfans au trône de France et d'Italie,
» et qu'il n'est aucun sacrifice, même celui
» de la vie, qu'il ne soit prêt à faire aux intérêts
» de la France. »

Signé Napoléon.

Le bruit de ce grand événement fut bientôt répandu dans Fontainebleau et dans l'armée. Les soldats restèrent à leur poste, les courtisans et la valetaille prirent la fuite.

La défection gagna tous les rangs, depuis Berthier, prince de Neufchâtel, jusqu'au valet de

chambre, Constant (1) et le mameluck Roustan. Le départ de Berthier (2), ce prétendu ami de cœur de Napoléon, doit être remarqué ; il demanda la permission de se rendre à Paris pour quelques affaires, disant qu'il reviendrait le lendemain. « Il ne reviendra pas, dit Napoléon avec
» calme au duc de Bassano. — Comment ! s'é-
» cria le Ministre, seraient-ce ses adieux ? Je
» vous dis qu'oui : il ne reviendra plus. »

Donec eris felix, multos numerabis amicos ;
Tempora si fuerint nubila, solus eris.

Une décision des souverains alliés assigna à Napoléon l'île d'Elbe en toute propriété, avec 2 millions de revenus en rentes sur le grand-livre de France, qui ne lui furent jamais payés. Quelques centaines de vieux guerriers dévoués, de son ancienne garde, obtinrent la permission de l'y suivre. Le départ de Napoléon, de Fontainebleau, fut accompagné des circonstances les plus attendrissantes Descendu le 20 avril

---

(1) Ce Constant a publié, il y a quelques années, des Mémoires. Quelle foi méritent les récits apocryphes de ce valet qui a fui son maître le jour même de sa chûte ?

(2) Berthier, qui devait tout à Bonaparte, alla se jeter aux genoux de Louis XVIII, qu'il accompagna ensuite jusqu'à Gand ; et de là il se retira dans une petite ville d'Allemagne avec sa famille, où il périt misérablement. On ignore quel a été son genre de mort.

dans les cours du château, il adressa individuellement aux officiers et sous-officiers les paroles les plus affectueuses ; puis s'avançant vers les troupes, il leur dit avec une émotion visible :

« Je vous fais mes adieux. Depuis vingt ans
» que nous sommes ensemble, je suis content
» de vous, je vous ai toujours trouvés sur le
» chemin de la gloire. Toutes les puissances
» de l'Europe se sont armées contre moi. Quel-
» ques-uns de mes généraux ont trahi leur de-
» voir ; la France, elle-même, m'a trahi. Avec
» vous et les braves qui me sont restés fidèles,
» j'aurais pu entretenir, pendant trois ans, la
» guerre civile en France. Soyez fidèles à votre
» nouveau roi, soyez soumis à vos chefs, et n'a-
« bandonnez pas votre patrie. Ne plaignez pas
» mon sort, je serai heureux lorsque je saurai que
» vous l'êtes vous-mêmes. J'aurais pu mourir,
« mais je veux suivre encore le chemin de la
» gloire ; j'écrirai ce que nous aurons fait. Je ne
» puis vous embrasser tous, mais j'embrasse vo-
» tre général. Venez, général, que je vous
» presse sur mon cœur ! Qu'on m'apporte
» l'aigle ! que je l'embrasse aussi ! Ah chère
» aigle, puissent les baisers que je te donne,
» retentir dans la postérité ! » Ici l'émotion de Napoléon devint extrême, il s'interrompit quelques instans, et prononça ces derniers mots avec un sentiment et une action qui arrachèrent

des larmes de tous les yeux. « Adieu, mes en-
» fans! adieu mes braves! Entourez-moi encore
» une fois! »

Remonté au château, des ordres furent donnés pour un prompt départ. Bientôt après, il monta en voiture, accompagné des commissaires des puissances alliées, d'un certain nombre de grenadiers de la garde, des lanciers polonais, des généraux Bertrand, Drouot, Cambronne et Lallemand.

Partout, sur son passage, il reçut d'abord les témoignages du respect et de l'admiration des habitans. Arrivé dans le midi, il trouva un tout autre esprit; les populations fanatisées le couvrirent d'imprécations. Depuis Montélimart et Avignon, jusqu'à la Calade, il courut même quelques dangers.

Arrivé à Saint-Rapheau, le 28 avril, il s'y embarqua sur une frégate anglaise. La traversée fut courte et heureuse, et le 4 mai, on fut en vue de Porto-Ferrajo. L'Empereur à son débarquement, fut reçu par le préfet, les magistrats de l'île, et par le général Duhesme, commandant français.

« Général, lui dit Napoléon, j'ai sacrifié mes
« droits aux intérêts de la patrie, et je me suis
» réservé la propriété et la souveraineté de
» l'île d'Elbe (1); faites connaître aux habitans,

(1) L'île d'Elbe est située en face de la côte de Tos-

» le choix que j'ai fait de leur île pour mon sé-
» jour, dites leur qu'ils seront pour moi l'objet
» de mon intérêt le plus vif. »

Le maire présenta les clés de la ville à Napoléon, qui choisit la mairie pour son palais.

Le premier soin de Napoléon fut de visiter son petit empire; il vit avec intérêt les mines de fer, et ayant appris qu'elles produisaient un revenu de 500,000 fr. « Cette somme m'appartient donc ? » dit-il. Mais comme on lui rappela qu'il avait donné ce revenu à la Légion-d'Honneur, il s'écria : « Qu'elle continue d'en jouir !
» les braves de la France recevront avec joie,
» ce dernier tribut de la reconnaissance de leur
» Empereur. »

Pendant son séjour dans l'île d'Elbe, Napoléon parut n'être occupé que des intérêts de ses nouveaux sujets. Il faisait exploiter des mines, planter des arbres, construire des maisons, et se livrait aux moindres détails de l'économie domestique; mais ses yeux et ses pensées étaient toujours tournés vers la France. Dès Fontainebleau, il avait prévu la possibilité de son retour en France. Il pensait déjà que, si les Bourbons s'obstinaient à vouloir continuer une troisième

---

cane, et peut avoir soixante milles de circonférence. L'air y est sain, le pays est montagneux, et la végétation, aussi belle qu'en Italie, lui donne en général un aspect pittoresque.

dynastie, l'empire ne tarderait pas à être regretté. Sa mère et sa seconde sœur, la princesse Pauline de Borghèse, vinrent passer quelque tems auprès de lui; mais il conservait un vif ressentiment contre sa troisième sœur, la reine Caroline de Naples, qu'il accusait d'avoir engagé le Roi son époux à se réunir à la coalition de l'année précédente.

Napoléon accueillait avec distinction tous les braves qui venaient le visiter; c'est en écoutant leurs récits, et en lisant chaque jour les papiers publics, que l'empereur s'instruisait de ce qui se passait en France et en Italie.

Cependant, aucun des engagemens pris par la France sous la garantie des alliés, ne s'exécutait; il en fit plusieurs fois porter des plaintes, elles ne furent point écoutées; à d'aussi justes sujets de mécontentemens, s'en joignirent de nouveaux, et de plus importans; car il est maintenant hors de doute, que dans les derniers mois de son séjour dans l'île, des renseignemens certains venus de Vienne, de Paris et de Naples, l'instruisirent que les plénipotentiaires français, soutenus par ceux de la Grande-Bretagne, avaient déjà présenté des notes au congrès pour obtenir sa translation à Saint-Hélène, et que ces notes, sans avoir été précisément accueillies, n'avaient cependant point été repoussées; il était d'ailleurs parfaitement instruit de l'état et des dispositions de la France. Il savait les fautes que le Gouvernement royal a franchement avouées depuis. Le sommeil du lion qu'on croyait abattu, devait bientôt cesser (1).

Le 29 février 1815, Napoléon débarqua au golfe Juan.

Le 1er mars, à trois heures, la flottille parut, à cinq heures, Napoléon mettait pied à terre. Une vive émotion s'empara de son cœur en revoyant cette France dont il venait faire la pacifique conquête. Le bivouac fut établi dans un champ d'oliviers. On y amena dans la soirée un courrier qui venait de Paris, précédant le prince de Monaco. Napoléon le questionna, et reçut de cet homme du peuple l'assurance que son nom était dans toutes les bouches, et qu'on le regrettait hautement partout. Il se plut aussi à interroger quelques paysans qui s'étaient approchés du bivouac; l'un d'eux, ancien militaire, voulut absolument suivre Napoléon; « Bon, dit en riant l'Empereur » au comte Bertrand, voilà déjà un renfort. »

Aussitôt parut cette fameuse proclamation dont les résultats déconcertèrent toutes les mesures prises pour s'opposer à son invasion, et

---

(1) On eut à se repentir d'avoir manqué à toutes les promesses; d'avoir trahi la foi jurée, à l'égard de Napoléon. Le bandeau était encore sur les yeux des Bourbons.

dans laquelle on trouve ces paroles prophétiques d'un homme à qui ses revers n'avaient rien ôté de sa grandeur et de son mâle courage.

« Soldats, venez-vous ranger sous les drapeaux de votre chef ! Son existence ne se compose que de la vôtre ; son intérêt, son honneur et sa gloire ne sont autres que votre intérêt, votre honneur et votre gloire. La victoire marchera au pas de charge. L'aigle avec les couleurs nationales volera de clocher en clocher : alors vous pourrez montrer avec honneur vos cicatrices ; alors vous pourrez vous vanter de ce que vous aurez fait ; vous serez les libérateurs de la patrie. Honneur à ces braves soldats, la gloire de notre pays, et honte éternelle aux Français criminels qui combattirent pendant vingt-cinq ans pour déchirer le sein de la patrie ! »

Le bivouac fut rompu au lever de la lune, et Napoléon se mit en marche pour Paris, à la tête de cinq cents hommes de sa garde, de deux cents chasseurs corses, et de cent lanciers polonais.

Napoléon ne s'arrêta pas à Cannes, il traversa la ville de Grasse le matin. Le soir il coucha au village de Carmon, après avoir fait vingt lieues. Le 3 mars, il arriva à Barême, le 4 à Digne, et le 5 à Gap.

Ce fut ce même jour que la nouvelle que

l'Empereur avait touché le sol français, arriva aux Tuileries. La terreur fut générale à la Cour. Le Ministère épouvanté se hâta de convoquer les Chambres ; il placarda aux murs de Paris, la proclamation suivante :

« Napoléon est déclaré traître et rebelle pour
» s'être introduit à main armée dans le départ-
» tement du Var. Il est enjoint à tous les gou-
» verneurs, aux commandans, aux gardes na-
» tionales, aux autorités, aux simples citoyens,
» etc., de lui courir sus, de l'arrêter, de le
» faire juger et exécuter immédiatement........
» Sont coupables des mêmes crimes et passibles
» des mêmes peines tous ceux qui lui porte-
» ront aide et assistance. »

Monsieur, comte d'Artois, partit à la hâte pour Lyon.

Reprenons l'itinéraire de Napoléon. Il quitta Gap à midi, et alla à Corps. A mesure qu'il avançait, toutes les populations se prononçaient. Toutefois, l'Empereur n'était pas sans inquiétude, il n'avait encore vu aucun soldat. Ce ne fut qu'entre Mure et Vizile, que le général Cambronne, marchant à l'avant-garde avec quarante grenadiers, rencontra un bataillon envoyé de Grenoble pour fermer le passage. Le chef de ce bataillon refusa de parlementer. Napoléon n'hésita pas ; il s'avança seul ; cent de ses grenadiers le suivaient à quelque distance, les armes renversées. La vue de l'Empereur, son chapeau, sa petite redingotte grise, firent un effet magique sur les soldats qui demeurèrent immobiles : Arrivé à quelques pas d'eux, il s'arrêta, effaça sa poitrine, et s'écria : « S'il est » parmi vous un soldat qui veuille tuer son gé-» néral, son empereur, il le peut : me voilà. » Le cri unanime de *vive l'Empereur !* fut leur seule réponse.

Napoléon alla droit alors à un vétéran dont le bras était chargé de chevrons, et le prenant rudement par la moustache, il lui demanda s'il aurait eu le cœur de tuer son Empereur. Le soldat, les yeux mouillés de larmes, mit la baguette dans son fusil, il n'était pas chargé. « Tiens, regarde si j'aurais pu te faire beau-» coup de mal : tous les autres sont de même. » L'Empereur commanda au bataillon un demi-tour à droite, et l'on marcha sur Grenoble. Bientôt après, le 7ᵉ de ligne, commandé par le colonel Labédoyère vint se joindre à Napoléon.

En continuant sa marche sur Grenoble, l'Empereur fut arrêté par un jeune négociant, officier de la garde nationale : « Sire, lui dit-il, » je viens offrir à Votre Majesté cent mille » francs et mon épée. — J'accepte l'un et l'au-» tre, lui répondit Napoléon ; restez avec nous. »

Napoléon arriva sous les murs de Grenoble à huit heures du soir. Devant cette ville, toute la garnison sur les remparts criait *Vive l'Empereur !* Mais on n'ouvrait pas, parce que les supérieurs l'avaient défendu (1). Il fallut que l'Empereur fît enfoncer les portes. Une fois dans Grenoble, Napoléon, devenu une véritable puissance, jugea que tout était décidé.

Le 9 mars, Napoléon se mit en route pour Lyon, où il entra bientôt aux cris de *Vive l'Empereur !*

A peine sorti de cette ville, Napoléon fit écrire au maréchal Ney, alors à Lons-le-Saunier avec ses troupes, qu'il eût à mettre ses armées en marche, et à venir le joindre. Ce maréchal était parti de Paris, tout au roi; mais au milieu de l'entraînement général, abandonné par ses soldats, frappé des proclamations de Napoléon, de la défection des troupes de Lyon, de l'élan des provinces voisines et des populations environnantes, Ney, l'enfant de la révolution, se livra au torrent, et publia son fameux ordre du jour.

Napoléon coucha à Macon, le 15, et le lendemain à Châlons; il entra le 17 à Auxerre, où le maréchal Ney arriva à huit heures du soir. L'Empereur lui sauta au cou, en l'appelant le *brave des braves*, et dès lors tout fut comme jadis.

(1) Une circonstance remarquable dans cette circonstance, c'est que les soldats ne manquèrent pas, jusqu'à un certain point, ni de discipline, ni d'obéissance envers leurs chefs. Seulement ils employèrent, pour leur compte, la force d'inertie, comme un droit qu'ils croyaient leur appartenir.

La marche de Napoléon jusqu'à Paris, fut un véritable triomphe : tout Français impartial dira qu'il arriva jusqu'au sein de la capitale, porté dans les bras de ceux à qui on avait appris à le regretter, et qu'il ne se trouva pas dans la nécessité de tirer un seul coup de fusil pour reconquérir un royaume qu'il avait élevé à un si haut degré de gloire.

A quatre heures du matin, le 20 mars (1), il était à Fontainebleau ; il partit de cette ville à 7 heures, et seulement après avoir appris que les Bourbons avaient quitté Paris, où il entra le même jour, à neuf heures et demie du soir et au moment où il était le moins attendu. Toute la population qui se trouvait en ce moment dans les rues qu'il traversa, se porta aux Tuileries où s'étaient déjà réunis un nombre prodigieux d'officiers de toute arme ; à peine lui fut-il possible de traverser cette multitude : « Mes amis, » s'écriait-il, non moins suffoqué par l'émotion qu'il éprouvait, que par la foule qui se pressait autour de lui, « mes amis, vous m'étouffez. » On se contint pendant quelques instans ; mais la foule augmentant sans cesse, toute précaution devint bientôt inutile ; et Bonaparte avait été entraîné jusqu'au pied du grand escalier, lorsque ses aides de camp, et les officiers dont il était entouré, l'ayant pris dans leurs bras, le portè-

---

(1) Jour anniversaire de la naissance de son fils.

rent, malgré sa résistance, jusque dans ses appartemens.

Dans la soirée il s'entretint avec le duc d'Otrante (Fouché) et les autres ministres et dignitaires de l'État ; tous montraient un merveilleux étonnement de son arrivée à Paris : Napoléon leur répétait sans cesse : « Ce sont les gens dé-
» sintéressés qui m'ont ramené dans la capitale :
» ce sont les sous-lieutenans et les soldats qui
» ont tout fait ; c'est au peuple, c'est à l'armée
» que je dois tout. »

Dès le lendemain matin, Napoléon s'occupa à réorgarniser le gouvernement impérial. Il choisit d'abord ses Ministres, et le conseil d'État fut réorgánisé sur l'ancien pied et composé à peu près des mêmes membres.

Par ses décrets de Lyon, Napoléon avait renversé la Chambre des Pairs et celle des Députés, entièrement dévouées à la dynastie des Bourbons, appelé les électeurs au champ de mai, aboli la noblesse féodale et déclaré que *le trône est fait pour la nation, et non point la nation pour le trône*. Par un nouveau décret de Paris, il rendit la presse libre ; il manifesta des intentions franches et loyales, et parut disposé à faire les concessions qu'on jugerait nécessaires à la Constitution française. Il annonça d'une manière formelle l'intention où il était de renoncer à tous projets de conquête et d'agrandissement.
« Nous ne voulons, dit-il, nous mêler des af-

» faires de personne, mais malheur à qui se
» mêlerait des nôtres! »

Napoléon ne perdit pas de vue la classe ouvrière qui l'avait surnommé le *grand entrepreneur;* les travaux commencés avant 1814, furent repris avec activité, et la capitale redevint un vaste atelier.

Les puissances alliées virent le retour de Napoléon avec un grand effroi; le congrès de Vienne n'étant pas encore dissous, tous ses membres jugèrent nécessaire, dans cette circonstance extraordinaire, de consigner les sentimens des alliés dans une déclaration par laquelle elles mettaient Napoléon hors la loi : cet acte appelait plutôt contre lui le poignard des assassins que le glaive de la justice.

En conséquence de cette déclaration, les puissances alliées se liguèrent de nouveau contre Napoléon; le nombre des troupes avec lesquelles elle se disposaient à entrer en France, était évalué à 1,011,000 soldats (1).

Quant à Napoléon, son courage sembla s'agrandir; seul contre l'Europe entière, il la défia et déploya, pour en triompher, toutes les ressources de son génie. L'armée se reforma comme

---

(1) Au 1er juin, l'effectif des troupes françaises, sous les armes, était de 559,000 hommes; ainsi, en deux mois, le ministère de la guerre avait levé 414,000 hommes, près de 7,000 par jour. Il n'avait pas perdu son tems.

par enchantement; il manquait de chevaux, des marchés furent passés; il prit ceux de la gendarmerie en les lui payant, et bientôt la cavalerie fut remontée. En peu de tems, l'artillerie et le matériel furent organisés; les ouvriers armuriers, serruriers, et tous ceux dont les professions ont du rapport avec l'art militaire, furent mis en réquisition, et en peu de tems Bonaparte se vit à même de recommencer la lutte.

Cependant l'acte additionnel aux Constitutions de l'empire fut publié le 22 avril; le mécontentement fut presque général. Quoi qu'il en soit, l'acceptation y fut proclamée au Champ-de-Mai. Peu de jours après, le 7 juin, eut lieu la cérémonie de l'ouverture du Corps-Législatif; le discours de Napoléon fut accueilli par le cri unanime de Vive l'Empereur; mais l'adresse de la Chambre, en réponse à ce discours, indiquait que les Députés ne regardaient pas la Constitution de l'empire et l'acte additionnel donné par l'Empereur, comme offrant assez de garantie à la liberté et à l'égalité du peuple français.

Napoléon partit de Paris le 12 juin pour son armée rassemblée sur les frontières de la Belgique (1). Le 13 il était arrivé à Anvers, et le lendemain il fit mettre à l'ordre du jour la proclamation suivante:

(1) Elle se montait à 80,000 hommes qu'il devait opposer à l'ennemi de ce côté.

« Soldats !

» C'est aujourd'hui l'anniversaire de Marengo et de Friedland, qui décida deux fois du destin de l'Europe. Alors, comme après Austerlitz, comme après Wagram, nous fûmes trop généreux ; nous crûmes aux protestations et aux sermens des princes que nous voulions laisser sur le trône ; aujourd'hui, cependant, coalisés contre nous, ils en veulent à l'indépendance et aux droits les plus sacrés de la France ; ils ont commencé la plus injuste des aggressions : marchons donc à leur rencontre, eux et nous, ne sommes-nous plus les mêmes hommes ?

» Soldats ! à Iéna, contre ces mêmes Prussiens, aujourd'hui si arrogans, vous étiez un contre trois, et à Montmirail, un contre six ; que ceux d'entre vous qui ont été prisonniers des Anglais, vous fassent le récit de leur pontons et des maux affreux qu'ils ont soufferts.

» Les Saxons, les Belges, les Hanovriens, les soldats de la confédération du Rhin gémissent d'être obligés de prêter leurs bras à la cause des princes ennemis de la justice et des droits de tous les peuples.

» Les insensés ! un moment de prospérité les aveugle. L'oppression et l'humiliation du peuple français sont hors de leur pouvoir ; s'ils entrent en France, ils y trouveront leur tombeau.

» Soldats, nous avons des marches forcées à
» faire, des batailles à livrer, des périls à cou-
» rir; mais avec de la constance, la victoire sera
» à nous; les droits, l'honneur et le bonheur de
» la patrie seront reconquis.

Pour tout Français qui a du cœur, le moment
» est arrivé de vaincre ou de périr. »

Cette proclamation fut accueillie par des cris de joie et des transports unanimes.

Dans la nuit notre armée, dont Napoléon Bonaparte avait eu soin de dérober la présence, devait se mettre en marche; rien n'annonçait que l'ennemi eût prévu notre irruption, et tout nous promettait de grands résultats, lorsque Napoléon apprit que le général Bourmont, chef d'état-major du 4ᵉ corps, les colonels Clouet et Villoutreys et deux autres officiers, venaient de déserter à l'ennemi.

Il avait su par le maréchal Ney, que M. de Bourmont, lors des événemens de Besançon, avait montré de l'hésitation, et il ne s'était pas soucié de l'employer: mais M. de Bourmont ayant donné sa parole d'honneur au général Gérard de servir loyalement l'Empereur, et ce général, dont Napoléon faisait un grand cas, ayant répondu de Bourmont, l'Empereur consentit à lui accorder du service; comment aurait-il pu supposer que cet officier, qui s'était couvert de gloire en 1814, voudrait en 1815 passer à l'ennemi, la veille d'une bataille?

En apprenant cette lâche désertion qui avait jeté de l'inquiétude dans l'esprit du soldat, Napoléon s'écria : « Leurs noms seront en exécration, tant que le peuple français formera une nation. »

L'Empereur fit sur-le-champ à son plan d'attaque les changemens que cette trahison inatendue rendait nécessaires, et se porta de suite en avant.

Le 15, à une heure du matin, il était de sa personne à Jumignan-sur-l'Eure.

A trois heures, son armée se mit en mouvement sur trois colonnes et débusqua promptement par Beaumont, Maubeuge et Philipeville.

Un corps d'infanterie du général Ziéten voulut disputer le passage de la Sambre; le quatrième corps de chasseurs, soutenu par le neuvième, l'enfonça à coups de sabre, et lui fit 300 prisonniers. Les sapeurs et les marins de la garde, envoyés à la suite de l'ennemi pour réparer les ponts, ne lui laissèrent point le tems de les détruire. Ils les suivirent en tirailleurs, et pénétrèrent avec lui dans la place; le valeureux Pajol arriva bientôt avec sa cavalerie, et Charleroi fut à nous; les habitans, heureux de voir les Français, les saluèrent par des cris de joie unanimes et long-tems prolongés.

Le général Pajol mit sur-le-champ les hussards du général Clary à la poursuite des Prussiens ; et ce brave régiment termina sa journée, en prenant un drapeau, et en détruisant un bataillon qui avait osé résister.

Pendant ce combat, le deuxième corps passait la Sambre à Marchiennes, et culbutait tout ce qui se trouvait devant lui ; les Prussiens, étant parvenus à se rallier, voulurent lui opposer quelque résistance ; le général Reille les fit enfoncer par sa cavalerie légère, leur prit deux cents hommes, et tua ou dispersa le reste. Battus de toutes parts, ils se rejetèrent sur les hauteurs de Fleurus, qui vingt ans auparavant avaient été déjà si fatales aux coalisés contre la France.

Napoléon, d'un coup d'œil, reconnut le terrain ; nos troupes s'élancèrent sur les Prussiens, qui furent enfoncés, anéantis : mais ils nous vendirent cher la victoire.

Cette journée peu importante par ses résultats, puisqu'elle ne coûta à l'ennemi que 5 pièces d'artillerie, et 3,000 hommes tués ou prisonniers, produisit sur l'armée les plus heureux effets.

Le 16, Napoléon fit opérer un changement de front à l'armée. A trois heures, le 3ᵉ corps aborda Saint-Amant et parvint à s'en emparer. Les Prussiens ramenés par Blücher reprirent le village ; les Français, retranchés dans le cimetière, s'y défendirent avec opiniatreté ; mais accablés par le nombre, ils allaient succomber, lorsque le général Drouot s'élança au galop avec quatre batteries de la garde, prit l'ennemi à revers, et le força de s'arrêter.

Le maréchal Blücher, sentant que la position de Ligny nous rendait maîtres du sort de la bataille, revint à la charge avec des troupes d'élite, et commença un combat qui peut être considéré comme l'un des plus acharnés dont l'histoire fasse mention.

Enfin, après bien des avantages et des pertes, éprouvées de part et d'autre, le duc de Wellington se retira en bon ordre dans la nuit à Jemmapes.

Le maréchal Ney dut à la grande bravoure de ses troupes et à la fermeté de ses généraux, l'honneur de n'avoir pas été forcé d'abandonner ses positions.

La perte des Prussiens, rendue terrible par le feu de notre artillerie, fut de 25,000 hommes. Blücher renversé de cheval par nos cuirassiers ne leur échappa que par miracle.

La perte des Anglais et des Hollandais fut de 4,500 hommes.

Notre perte à Ligny, fut évaluée à 6,500 hommes.

Il n'est pas sans intérêt de dire que, pendant cette affaire, une foule de faux rapports arrivaient de toutes parts à Napoléon. En même tems plusieurs officiers s'efforçaient de jeter le découragement parmi les soldats, en donnant des détails exagérés sur les forces de l'ennemi, et annonçant à tout instant que l'on était tourné.

Ces faits ne permettent pas de douter qu'il existât dans l'armée un système de trahison organisé, et cette opinion, qui était presque générale parmi les soldats, jetait une grande confusion dans l'exécution des ordres.

La nuit du 17 juin au 18 fut affreuse, et semblait présager les malheurs de la journée. Une pluie violente et non interrompue ne permit point à l'armée de goûter un seul moment de repos. Le mauvais état des chemins retarda l'arrivée des vivres. Cependant les soldats supportèrent gaîment cette double disgrace, et à la pointe du jour ils annoncèrent, à Napoléon, par des acclamations multipliées qu'ils étaient prêts à voler à une nouvelle victoire.

Le 18 juin, l'armée française forte seulement de soixante-sept mille hommes, et de deux cent-quarante bouches à feu, se trouva en présence de l'armée Anglo-Hollandaise, qui, appuyée sur la forêt de Soignes, comptait quatre-vingt cinq mille combattans, et deux cent-cinquante bouches à feu. A midi, les premiers coups de canon partirent des lignes de l'armée française, et le feu commença à s'engager. Nos attaques multipliées firent perdre du terrain aux ennemis; mais nous n'obtînmes aucun avantage réel. L'artillerie faisait des ravages épouvantables dans les rangs; sept heures du soir étaient arrivées, et rien n'était décidé encore, quand, impatient d'obtenir un résultat quelconque, Napoléon forma une quatrième colonne d'attaque, presque entièrement composée de sa garde, et se dirigea, presque au pas de charge, sur le mont Saint-Jean ; la colonne de granit se précipite, mais en vain, partout ces efforts sont repoussés, et ces vieux guerriers reçoivent la mort sans trembler ; ils s'éclaircissent, et bientôt l'élite des soldats de l'Europe va disparaître sous le feu de la mitraille, quand le général anglais, saisi d'admiration, leur crie : *Braves guerriers, rendez-vous ! — La garde meurt et ne se rend pas !* répondit Cambronne, colonel de cette garde. Un lâche folliculaire a osé lui contester cette sublime réponse.

Tandis que l'armée française éprouvait ce revers au centre, une terreur panique se répandit à l'aile droite, aussitôt qu'on y eût appris que la garde avait été repoussée ; bientôt, il ne fut plus possible de maintenir les fuyards, et les Prussiens de Bulow, que Napoléon avait pris pour le corps du maréchal Grouchy, étant survenus pour nous accabler, toute l'armée prit la fuite. Jamais on ne vit pareille déroute.

Pendant ce désastre, on ne savait ce qu'était devenu Napoléon. On prétend que frappé d'une morne stupeur, il n'était susceptible de rien ordonner, de rien entendre, et qu'un officier-général venant à passer : « Où en est l'affaire, lui « dit l'Empereur ? — Sire, tout est perdu. —

» Voilà pourtant, répliqua-t il, comme on joue
» les empires. »

Sans ajouter foi à l'assertion précédente, nous dirons que Napoléon ayant perdu tout espoir, voyant déjà l'ennemi sur la chaussée de Charleroi à Bruxelles, et n'ayant autour de lui que trois ou quatre de ses officiers, prit la route de Charleroi. Ce fut dans cette dernière position que, ne pouvant plus songer à rallier les fuyards, il chargea le général Gourgaud de mettre en batterie quelques pièces qui se trouvaient là, et de tirer sur la cavalerie anglaise qui s'avançait rapidement. Un moment après, et presque entouré par les ennemis, il fit former en carré un bataillon de la garde, et commanda le feu lui-même. Il était décidé à ne pas survivre au désastre de cette journée; il entrait dans le carré, lorsque le duc de Dalmatie (Soult), qui était tout près de lui, lui dit : « Ah! Sire, les ennemis sont déjà assez heureux! » et en même tems, il poussa le cheval de Napoléon sur la route de Charleroi.

Ainsi finit cette bataille, qui décida du sort du monde, et fut, pour Napoléon, ce que dix-huit siècles auparavant, celle d'Actium, avait été pour Antoine.

La perte totale des Français, en tués, blessés qui restèrent au pouvoir de l'ennemi, et prisonniers dans les journées, de Ligny, des Quatre-Bras et de Waterloo, a été de trente-six mille neuf cent quarante hommes; et celle des alliés, d'aprè leur propre déclaration, de cinquante-huit mille hommes.

« J'aurais dû mourir à Waterloo, a dit Napoléon; mais le malheur veut que lorsqu'on cherche la mort, on ne puisse la trouver. Il y a eu des hommes tués autour de moi, devant, derrière, de tous les côtés, mais pas un boulet pour moi. »

Le 20 juin à neuf heures et demie du soir, Napoléon, accompagné du duc de Bassano (Maret), et des généraux Bertrand, maréchal du palais, Drouot, Bernard, Labédoyère et Gourgaud, ses aides-de-camp, arriva à Paris, et descendit au Palais de l'Elysée, non moins préoccupé de l'accueil qu'il allait y recevoir, et des dispositions de la Chambre des représentans, que du désastre qu'il venait d'éprouver. Son intention était de ne passer que quarante-huit heures à Paris, et de retourner à Laon se mettre à la tête de l'armée.

Le 21, Napoléon convoqua un conseil des Ministres. On y discuta les mesures à prendre dans les circonstances où l'on se trouvait. Pendant cette discussion, la fermentation la plus grande se manifestait dans la Chambre des représentans.

Vers midi on reçut le message par lequel cette Chambre déclarait sa permanence, et proclamerait traître à la patrie quiconque oserait la suspendre. Quelques instants après, un message de la Chambre des Pairs, annonça qu'elle venait de suivre l'exemple de celle des représentans. A ces nouvelles, tout changea de face, trois partis furent proposés à Napoléon.

1°. De se rendre le 22, au point du jour, au château des Tuileries; d'y convoquer toutes les troupes de ligne qui se trouvaient encore à Paris, les six mille hommes de la garde impériale, les fédérés, la garde nationale, le conseil d'État, les Ministres, et de prononcer l'ajournement des Chambres.

2°. De laisser les Chambres s'emparer de l'autorité, et négocier directement avec les souverains alliés sans son intervention;

3°. D'abdiquer en faveur de son fils, en remettant librement l'autorité entre les mains des Chambres.

Napoléon rejeta d'abord le second parti; délibéra entre le premier et le troisième et s'arrêta à ce dernier.

Dans cette même journée du 22 juin, une scène étrange se passa au Sénat, le Gouvernement avait reçu la nouvelle que le maréchal Grouchy, demeuré le jour de Waterloo sur les bords de la Dyle, près de Wavres, et qui continua à soutenir le combat contre Thielman, auquel il était opposé, jusqu'au milieu de la nuit, avait, en apprenant la perte de la bataille de Waterloo, opéré habilement sa retraite par

Namur, qu'il s'était défendu contre plusieurs attaques, et qu'il avait enfin réussi à gagner Laon.

Encouragé par ces bonnes nouvelles, Carnot, l'un des membres du Gouvernement provisoire fit l'exposé de la situation des affaires militaires, et des ressources que l'on pouvait encore tirer de nos armées. Le maréchal Grouchy était à la tête d'une armée intacte de près de soixante mille hommes. Soult rassemblait vingt mille de la vieille garde à Mézières; dix mille hommes de nouvelle levée allaient être dirigés de l'intérieur sur ce point.

Ce rapport produisait une vive sensation sur les sénateurs, lorsque Ney, le cœur ulcéré de la manière avec laquelle il avait été traité par Napoléon dans ses deniers bulletins, se leva tout à coup, et contredit vivement les assertions peut-être exagérées de Carnot. Dans le discours de Ney, il régnait une colère, une violence, qui tenaient du désespoir (1).

« Ce rapport est faux, s'écria-t-il, faux de
» tous les points. Grouchy ne peut avoir sous
» ses ordres que vingt à vingt-cinq mille hom-
» mes. Si son corps eût été plus nombreux, il
» aurait pu couvrir la retraite, et l'Empereur

---

(1) Il est, à peu près, démontré que ce maréchal, à la bataille de Waterloo, ou par maladresse, ou par mauvaise volonté n'avait point obtempéré aux ordres que Napoléon lui avait fait transmettre.

» aurait encore une armée à commander sur
» les frontières. Il n'y a plus un seul homme à
» rallier, ajouta-t-il : c'est moi qui la comman-
» dais, et je l'ai vu massacrer tout entière avant
» de quitter le champ de bataille; il n'en reste
» plus rien ; l'ennemi est à Nivelles avec qua-
» tre-vingt mille hommes, il peut être à Paris
» dans six jours. Il n'y a d'autre salut pour la
» France, que de faire à l'instant des proposi-
» tions de paix. »

Le général Flahaut veut le contredire; mais Ney reproduit son exposé sinistre avec encore plus de véhémence, et, enfin, abordant tout d'un coup le sujet que tous avaient sur les lèvres, mais qu'aucun n'avait osé entamer, il dit d'une voix basse mais distincte : « Oui, je le répète, vous
» n'avez d'autre voie que la négociation ; il faut
» que vous rappeliez les Bourbons. Quant à
» moi, je me retire aux États-Unis. »

Revenons maintenant à l'abdication de Napoléon. Quoi qu'on puisse penser des considérations d'intérêt général et personnel qui portèrent Napoléon à abdiquer dans un moment où la chance des armes lui offrait encore de grands avantages à côté de grands dangers, il n'est pas douteux que la guerre civile ne fut alors entre ses mains, et que cette guerre ne pût, en peu de tems, acquérir un tel degré d'enthousiasme, d'énergie et d'étendue, dans une grande partie de la France, qu'elle eût pu donner lieu, entre

les alliés et lui, à des négociations qui eussent rendu sa condition meilleure. Le 20 juin, à la suite d'un comité présidé par Napoléon, et dans lequel il avait fait connaître, avec le sentiment d'une émotion profonde, le parti auquel il venait de s'arrêter, on rendit publique la déclaration par laquelle ce prince faisait connaître son abdication au peuple français ; la voici : Français, en commençant la guerre pour sou-
» tenir l'indépendance nationale, je comptais
» sur la réunion de tous les efforts, de toutes
» les volontés, et le concours de toutes les au-
» torités nationales; j'étais fondé à en espérer
» le succès, et j'avais bravé toutes les déclara-
» tions des puissances contre moi. Les circons-
» tances me paraissent changées. Je m'offre
» en sacrifice à la haine des ennemis de la
» France. Puissent-ils être sincères dans leurs
» déclarations, et n'en avoir réellement voulu
» qu'à ma personne! Ma vie politique est ter-
» minée, et je proclame mon fils, sous le titre
» de Napoléon II, Empereur des Français. Les
» ministres actuels formeront provisoirement le
» Conseil du Gouvernement. L'intérêt que je
» porte à mon fils m'engage à inviter les Cham-
» bres à organiser sans délai la régence par une
» loi. Unissez-vous tous pour le salut public, et
» pour rester une nation indépendante.

» *Signé* Napoléon. »

Une discussion s'engagea entre les sénateurs, lors de la lecture d'abdication. Lucien Bonaparte aborda la question de la succession au Trône et insista pour qu'aux termes de la Constitution, Napoléon II fût reconnu à l'instant. Le comte de Pontécoulant interrompit l'orateur, en demandant de quel droit Lucien, un étranger, un prince romain se permettait de donner un souverain à la France, lorsque lui-même n'était pas naturalisé Français. Cette objection était au moins étrange, sortant des mêmes lèvres qui, vingt-deux jours avant prêtaient serment à une Constitution par laquelle Lucien était reconnu non-seulement comme citoyen, mais même comme prince du sang impérial. Lucien répondit qu'il était Français par ses sentimens et en vertu des lois. Pontécoulant présenta alors une autre objection en disant qu'il était impossible de reconnaître pour souverain un enfant qui résidait dans un royaume étranger (1).

A ces mots, Labédoyère, colonel du septième de ligne, se leva avec véhémence, et il aborda la question avec franchise :

« L'Empereur, s'écrie-t-il, n'a abdiqué qu'en
» faveur de son fils. Son abdication est nulle,
» si son fils n'est proclamé à l'instant. Et quels
» sont ceux qui s'opposent à cette résolution
» généreuse? Les mêmes hommes qui étaient

(1) Le Roi de Rome était alors à Vienne.

» aux pieds de l'Empereur dans sa prospérité,
» et qui sont déjà impatiens de porter le joug
» des étrangers.

» Oui, continua-t-il, en couvrant de sa voix
» retentissante, les murmures de l'assemblée,
» si vous refusez de faire reconnaître Napo-
» léon II, il faut que l'Empereur tire de nou-
» veau l'épée; il faut que de nouveau le sang
» commence à couler : à la tête des braves
» français couverts de blessures qu'ils ont reçues
» pour le défendre, nous nous rallierons autour
» de lui, et malheur aux généraux perfides qui,
» peut être, dans ce moment même, méditent
» de nouvelles trahisons. Je demande qu'ils
» soient poursuivis et condamnés comme dé-
» serteurs du drapeau tricolore ; que leurs noms
» soient notés d'infamie, leurs maisons rasées,
» leurs familles proscrites et exilées. Nous ne
» souffrirons pas de traîtres parmi nous. Napo-
» léon, en abdiquant la Couronne pour sauver
» la Nation, a fait ce qu'il devait à lui-même ;
» mais la Nation n'est pas digne de lui, puis-
» qu'elle l'a une seconde fois forcé à l'abdica-
» tion, elle qui avait juré de le défendre dans
» la prospérité comme dans les revers. »

Les cris *à l'ordre!* partis de tous les coins de la salle, couvrirent la voix de Labédoyère, qui cependant ne faisait qu'exprimer les sentimens d'une grande partie de l'armée française.

Comme les sénateurs, les représentans

avaient éludé de reconnaître formellement Napoléon II. Les deux Chambres procédèrent à la nomination des membres du gouvernement provisoire. Ce furent Carnot, Fouché, Caulaincourt, Grenier et Quinette. Une armée fut rassemblée sous les murs de Paris. Le maréchal Davoust fut mis à sa tête pour s'opposer à l'ennemi qui s'avançait sur Paris. Sa conduite équivoque dans cette conjoncture, fit soupçonner avec raison que ce maréchal n'agissait pas comme un bon Français.

Dans une adresse à l'armée que la Commission du Gouvernement et les Chambres avaient exigée de Napoléon, on remarqua quelques expressions qui prouvent que l'Empereur sentait vivement la contrainte qui lui était imposée. Après avoir exhorté les soldats à suivre toujours la carrière de l'honneur, et les avoir assurés qu'il ne cesserait jamais de s'intéresser à leurs exploits, il leur dit :

« Vous et moi nous avons été calomniés, des
» hommes incapables d'apprécier nos travaux
» ont vu dans les marques de l'attachement que
» vous m'avez données, un zèle dont j'étais seul
» l'objet. Que vos succès futurs leur apprennent
» que c'était la patrie avant tout que vous ser-
» viez en m'obéissant, et que si j'avais quelque
» part à vos affections, je la devais à mon ar-
» dent amour pour la France, notre mère com-
» mune. »

Napoléon se retira alors à la Malmaison, où il fut bientôt entouré de la police de Fouché.

Les troupes alliées approchaient alors rapidement de Paris. Au moment où la capitale allait se voir entourée de nouveau d'armées ennemies, un sentiment honorable, joint à des considérations politiques, pouvait faire espérer à Napoléon que les représentans seraient disposés à laisser de côté toute animosité personnelle, pour recourir à ses talens extraordinaires et à son influence sur l'esprit des troupes et des fédérés, qui seuls pouvait défendre Paris, et qu'ils le solliciteraient de reprendre de nouveau l'épée pour protéger la capitale.

Napoléon offrit alors de commander l'armée pour son fils en qualité de général en chef, ou de coopérer à la défense comme simple citoyen.

Les chefs du Gouvernement provisoire et les Chambres ne jugèrent pas à propos d'accepter ses offres, attendant avec désir l'entrée des puissances coalisées (1).

Depuis que Napoléon était retiré à la Malmaison, le général Becker, d'après les instructions qu'il recevait du gouvernement provisoire, le pressait de quitter la Malmaison pour se rendre à Rochefort, lui faisant entendre que son départ était indispensable, et qu'à cette condi-

(1) Nous en excepterons Carnot et plusieurs membres des deux Chambres, qui se montrèrent dignes d'être Français.

tion seule, les alliés se décideraient à traiter avec la France.

Résigné et plein de grandeur d'âme, Napoléon fit ses adieux à tous ceux de sa garde qui l'entouraient; les officiers du palais avaient déjà ôté les aigles des voitures, pour pouvoir s'échapper avec plus de mystère.

Le 29 juin, l'ex-Empereur partit de la Malmaison, et arriva le 5 juillet à Rochefort. Le général Becker l'accompagna, et il n'arriva rien de remarquable pendant le voyage. Partout les troupes le recevaient au cris de *Vive l'Empereur !* Les habitans respectèrent les malheurs d'un grand homme, et ne pouvant applaudir, ils gardaient le silence.

Le Gouvernement provisoire, cependant, avait envoyé des commissaires auprès du duc de Wellington (1) demander des passe-ports pour Napoléon, afin qu'il pût se rendre aux États-Unis. Le général anglais répondit qu'il n'avait aucune autorisation de son Gouvernement pour en accorder.

Napoléon passa plusieurs jours à Rochefort, attendant avec inquiétude les passe-ports qui devaient lui être envoyés de Paris pour l'Amé-

---

(1) Ce duc de Wellington, dont les talens militaires sont très-douteux, est regardé, en Angleterre, comme un des premiers généraux de son siècle. Louis XVIII, qui aimait beaucoup mieux les Anglais que les Français, le créa maréchal de France, avec les émolumens pécuniaires attachés à ce grade.

rique. Un navire marchand fut destiné à l'y transporter. Le capitaine, dit-on, avait conçu le projet de le sauver, lorsqu'il se trouvait dans ce port. À cet effet, il avait fait matelasser intérieurement quelques tonneaux, dans lesquels il eût, au besoin, caché l'ex-Empereur et sa suite. Il avait à bord toutes les provisions nécessaires pour le voyage destiné en apparence, pour Kiel: il eût, après avoir gagné la haute mer, fait voile pour New-Yorck. Qui fit avorter ce plan? L'impatience de Napoléon, à ce qu'on prétend. Mais il ne faut pas oublier que Fouché président de la Commission du Gouvernement provisoire, qui surveillait très-activement l'ex-Empereur, le força, pour ainsi dire, de se livrer aux Anglais. Mais n'anticipons pas sur les événemens.

Napoléon dépêcha le comte de Las-Cases, auprès d'un croiseur anglais. Celui-ci l'informa qu'il avait reçu de son Gouvernement l'autorisation de conduire Napoléon et sa suite en Angleterre, s'il jugeait à propos de s'y rendre. A la réception de cette réponse, ce prince prit la résolution d'accepter l'offre qui lui était faite.

De Rochefort, il écrivit le 13 juillet 1815, au prince régent d'Angleterre la lettre suivante:

« Altesse Royale,

» En butte aux factions qui divisent ma patrie et aux hostilités des puissances de l'Europe, j'ai dû terminer ma carrière politique, et je viens comme Thémistocle, m'asseoir sur les foyers du peuple britannique. Je me place sous la protection de ses lois, et en réclame la sauve-garde de votre Altesse Royale, comme du plus puissant, du plus constant et du plus généreux de mes ennemis.

Signé Napoléon. »

Le lendemain 14, le comte de Las-Cases se rendit sur le Bellerophon. Il était chargé d'annoncer que Napoléon lui-même se rendrait le jour suivant sur ce vaisseau. Le général Gourgaud qui l'accompagnait était porteur de la lettre qu'on vient de lire; ce général avait en outre l'ordre verbal de communiquer au prince régent le désir de Napoléon de débarquer en Angleterre sous le nom du colonel Duroc, et de pouvoir s'établir dans quelque province où sa santé serait le moins exposée.

Le 15 juillet, à quatre heures du matin, Napoléon, revêtu de l'uniforme de colonel des chasseurs de son ancienne garde, s'embarqua sur le brick l'*Epervier*, armé en parlementaire, et se rendit à la croisière anglaise où les vents contraires et la marée ne lui permirent d'arriver qu'à huit heures. Il y fut reçu avec honneur et respect : sa contenance était ferme. « Le sort m'amène chez mon plus cruel ennemi, dit-il, mais je compte sur sa loyauté. » Bientôt après, on appareilla. Napoléon et sa suite concevaient les plus heureuses espérances pendant le trajet des côtes de France à Plymouth. Mais leur illusion fut promptement détruite. Le 26 juillet le *Bellerophon* mouilla à Plymouth.

La curiosité s'empara de toutes les classes. Une foule immense de la province et de Londres accourut dans ce port pour voir Napoléon, quoique l'on sût très-bien qu'il ne descendrait pas à terre, et qu'on ne permettrait à personne de se rendre à bord du vaisseau.

Le Gouvernement anglais décida, d'après le consentement des puissances alliées, que Bonaparte serait transporté à Sainte-Hélène sur le vaisseau amiral le *Northumberland*, et on ne permit qu'à un certain nombre de personnes (1) et de domestiques de l'accompagner. Sir Lowe fut nommé gouverneur de Sainte-Hélène.

Ce fut lord Keith qui fut chargé le 8 août de porter à Napoléon la décision du Gouvernement. L'ordre était en anglais. Ce dernier pria le porteur de le lui traduire, et trouvant qu'il ne s'expliquait pas d'une manière assez claire, il le lui arracha des mains, et le remit à lord Townbrigge, en lui disant avec vivacité: « Vous saurez peut-être mieux traduire. »

Après avoir entendu la lecture, et avoir mé-

---

(1) Parmi les personnes qui associèrent leur sort à celui de Napoléon, étaient le général Bertrand et son épouse, le comte et la comtesse de Montholon, le comte de Las-Cases, le général Gourgaud, douze domestiques, etc., etc.

dité quelques instans, il répondit à peu près en ces termes :

» Je procure au prince-régent, la plus bril-
» lante page de son histoire, en me mettant
» ainsi à sa discrétion. Je vous ai fait la guerre
» pendant vingt ans, et je vous donne la plus
» haute preuve de confiance, en me plaçant
» volontairement dans les mains de mes enne-
» mis les plus invétérés et les plus constans.
» Souvenez-vous de ce que j'ai été, et quelle
» était ma place parmi les souverains de l'Eu-
» rope. *Celui-ci* sollicitait ma protection, *celui-*
» *là* me donnait sa fille ; *tous* recherchaient mon
» amitié et mon alliance. J'étais reconnu Em-
» pereur par toutes les puissances de l'Europe,
» la Grande-Bretagne exceptée, et elle m'avait
» reconnu comme premier Consul. Votre Gou-
» vernement n'avait aucun droit de me nommer
» *général Buonaparte* (1)... Je suis prince ou
» Consul, je dois être traité comme tel, et pas
» autrement. Quand j'étais à l'Ile-d'Elbe, j'é-
» tais pour le moins reconnu aussi bien souve-
» rain de cette île que Louis de France. Nous
» avions tous deux notre pavillon respectif,
» notre flotte, notre armée. Celle-ci (dit-il avec
» un sourire), était sur une beaucoup plus pe-

(1) Le Gouvernement anglais, par une bizarrerie singulière, ou par un amour-propre ridicule, affecta de ne le
désigner que sous le nom de *général français*.

» tite échelle; j'avais 600 soldats, et lui 200,000.
» A la fin je lui fis la guerre, le battis, le dé-
» trônai; mais il n'y avait rien en cela qui dût
» me faire perdre mon rang parmi les souverains
» de l'Europe....

» J'avais l'intention de m'établir en Angle-
» terre; j'y désirais une résidence à trente lieues
» de la mer; je veux me faire naturaliser ici...
» Je sais qu'il faut plusieurs années de résidence
» pour y parvenir; mais je prouverai par ma
» conduite que je suis digne de devenir Anglais,
» alors je donnerai ma parole de ne plus me
» mêler des affaires politiques.

» Si les Anglais ne veulent pas me recevoir,
» j'irai chez mon beau-père, ou chez mon an-
» cien ami Alexandre. L'Angleterre pourrait tout
» au plus me traiter en prisonnier de guerre,
» puisque le drapeau tricolore flottait encore à
» Nîmes, à Bordeaux, lorsque je me suis rendu.
» D'ailleurs je ne me suis pas rendu comme
» prisonnier ni à discrétion : J'aurais fait des
» conditions, j'en pouvais faire. On les eût ac-
» ceptées, ou au moins débattues : je suis venu
» demander l'hospitalité au peuple anglais, et
» me mettre sous la garantie de son Gouverne-
» ment.

» Je ne consentirai jamais à passer à l'île
» Sainte-Hélène, parce que le climat m'est con-
» traire, et que j'ai l'habitude, pour ma santé,
» de faire vingt lieues par jour.

» Si on me force d'y passer, je périrai avant
» trois mois et alors l'Angleterre sera respon-
» sable de mon assassinat.

» J'aurais pu faire en France une longue
» guerre de partisans, puisque avec six cents
» hommes j'ai détrôné le roi de France, qui
» avait une armée de 300,000 hommes.

» Waterloo perdu par les alliés eût causé leur
» ruine; pour moi, ce n'était qu'un échec qui
» replaçait la campagne dans l'assiette la plus
» favorable pour moi, la plus périlleuse pour
» eux. Avant le 15 juillet, il me revenait 130,000
» hommes sur l'Aisne, entre Laon et Soissons.
» Mon abdication, faite au besoin de la con-
» corde, enhardit les alliés, au point que, mal-
» gré l'armée rassemblée sous Paris, ils mar-
» chèrent par la vallée de Montmorency, et ar-
» rivèrent à Saint-Germain et à Versailles, lais-
» sant leur flanc gauche entièrement à décou-
» vert et exposé à l'armée française. Quand je
» connus cette imprudence, à laquelle la timi-
» dité de votre Wellington ne permettait pas
» d'abord de croire, je demandai à me mettre
» comme général à la tête de l'armée française.
» Je tombais, avec toutes ces forces, sur le flanc
» et sur les derrières de l'ennemi ; je sauvais,
» pour le moment, la capitale, et prévenais une
» capitulation où rien n'a été stipulé, ni pour
» les droits de la Nation, ni pour les garanties
» de l'armée.... Dans ces circonstances, je le

» répète, je me suis présenté volontairement
» pour passer en Angleterre, comme son hôte,
» et ne puis, sans violer tous les droits, être
» regardé ni traité comme prisonnier. »

Le Ministère anglais, d'après le rapport du lord Keith, crut devoir faire officiellement connaître à Napoléon sa détermination, en lui adressant la pièce suivante :

« Il serait peu consistant, avec notre devoir
» envers notre pays et les alliés de Sa Majesté,
» si le général Bonaparte conservait le moyen
» ou l'occasion de troubler de nouveau la paix
» de l'Europe. C'est pourquoi il devient absolu-
» ment nécessaire qu'il soit restreint dans sa
» liberté personnelle, autant que peut l'exiger
» ce premier et important objet.
» L'île de Sainte-Hélène a été choisie pour
» sa future résidence, son climat est sain, et
» sa situation locale permettra qu'on l'y traite
» avec plus d'indulgence que partout ailleurs...
» On permet au général Bonaparte de choisir
» parmi les personnes qui l'ont accompagné en
» Angleterre, à l'exception des généraux *Savary*
» et *Lallemand*, trois officiers, lesquels, avec
» son chirurgien, auront la permission de l'ac-
» compagner à Sainte-Hélène. »

On conçoit l'indignation que dut éprouver Napoléon à la lecture de cet arrêté du Ministère anglais; il y répondit par la protestation suivante, qu'il remit à l'amiral, et qui fut à l'instant rendue publique.

« Je proteste solennellement ici, à la face du
» ciel et des hommes, contre la violation de
» mes droits les plus sacrés, en disposant, par
» la force, de ma personne et de ma liberté. Je
» suis venu librement à bord du *Bellérophon* ;
» je ne suis pas prisonnier : je suis hôte de
» l'Angleterre.

» Aussitôt assis à bord du *Bellérophon*, je
» fus sur le foyer du peuple britannique. Si le
» Gouvernement, en donnant des ordres au
» capitaine du *Bellérophon* de me recevoir
» ainsi que ma suite, n'a voulu que me dresser
» une embûche, il a forfait à l'honneur et
» flétri son pavillon.

» Si cet acte se consommait, ce serait en vain
» que les Anglais voudraient parler à l'Europe
» de leur loyauté et de leurs lois, de leur li-
» berté. La foi britannique se trouvera perdue
» dans l'hospitalité du *Bellérophon*.

» J'en appelle à l'histoire. Elle dira qu'un
» ennemi qui fit vingt ans la guerre au peuple
» anglais, vint librement, dans son infortune,
» demander un asile sous ses lois ; est-il une
» preuve plus éclatante de sa confiance ? Mais
» que répondit-on en Angleterre à tant de ma-
» gnanimité ? On feignit de tendre à cet ennemi
» une main hospitalière, et quand il se fut
» livré de bonne foi, on l'immola. »

Cette protestation ne fit aucune impression sur le ministère anglais. Il avait résolu la captivité et la mort de Napoléon (1), et, en conséquence, il crut ne devoir pas répondre à la protestation, et de presser les préparatifs du départ.

Le 4 août, le *Bellérophon* mit à la voile ; le lendemain matin, il rencontra le *Northumberland*, ainsi que l'escadre destinée pour Sainte-Hélène, et le *Tonnant* sur lequel flottait le pavillon du lord Keith.

Le lundi, 7 août, à onze heures, la chaloupe du *Tonnant*, s'approcha du *Bellérophon* pour recevoir Napoléon et sa suite. A peine y fut-il descendu, qu'il ôta son chapeau et salua l'équipage du vaisseau qu'il quittait. Un profond silence régnait sur le *Bellérophon*. Un nommé Maingaud, chirurgien de Napoléon, et le docteur O'Méara, chirurgien de ce vaisseau, homme d'un talent distingué et d'un noble caractère, obtinrent de lord Keith, la permission de passer sur le *Northumberland*, qui fut joint vers midi par la chaloupe du *Tonnant*. Le comte Bertrand mit le premier le pied sur le pont ; Napoléon le suivit, et monta l'échelle du vaisseau avec la vivacité d'un marin. La garni-

---

(1) La justice, la bonne foi, sont-elles comptées pour quelque chose dans l'idiôme actuel du cabinet britannique!

son était sur le pont, et lui rendit les honneurs dus à un général. Il ôta son chapeau, et s'avançant vers sir Cockburn : « Je suis à vos ordres, » lui dit-il. Il se retira ensuite dans sa cabine, qu'on avait meublée avec une grande élégance.

Enfin, après quelques jours, pendant lesquels il n'avait cessé de se montrer affable et communicatif, l'escadre sortit, le 11 août, du canal, pour se rendre à l'île de Sainte-Hélène. Au moment où elle traversa la Manche, Napoléon était sur le pont avec toute sa suite. En apercevant la pointe du cap de la Hogue, il étendit la main vers les côtes de la France, et s'écria d'une voix altérée : « Adieu, terre des
» braves ! Quelques perfides (1) de moins, et la
» grande nation serait encore la maîtresse du
» monde ! » A cette exclamation, dont il nous est impossible de ne pas admirer la grandeur, les officiers généraux manifestèrent la plus vive émotion : les femmes fondirent en pleurs, et Napoléon, couvrant son visage, se retira dans sa cabine, d'où il ne sortit plus qu'on n'eût gagné la haute mer.

A bord du *Northumberland*, l'Empereur employait ses matinées à lire et à écrire, et ses

---

(1) Ces *perfides* qui vivent encore, sont nombreux. Ils encombrent les anti-chambres de Louis-Philippe, et dominent dans les salons de la capitale. La trahison est bonne à quelque chose!

soirées, à se promener, et à jouer aux cartes. Son jeu favori était le 21; mais lorsque ce jeu le fatiguait, il y substituait les échecs. Quelque grand tacticien que fut Napoléon, il n'était pas fort à ce jeu militaire, et ce n'était pas sans peine que le comte de Montholon son antagoniste, évitait de battre l'Empereur.

La fête de Napoléon, qui était aussi son jour de naissance, arriva pendant la traversée; c'était le 15 d'août, jour pour lequel le pape avait exprès canonisé un saint, et maintenant, étrange révolution! il célébrait sa fête à bord d'un vaisseau de guerre anglais, qui le conduisait dans le lieu de son exil, qui devait être aussi le lieu de sa tombe. Cependant, Napoléon parut gai et content pendant toute la journée, et vit avec plaisir qu'il était heureux au jeu, ce qui lui sembla de bon augure.

Le 15 octobre 1815, le *Northumberland* arriva en vue de Sainte-Hélène, dont l'aspect affreux glaça d'horreur l'illustre banni. Napoléon monta sur le pont, et se servit de sa lunette marine pour l'observer.

Le 16 octobre, soixante-dix jours après avoir quitté l'Angleterre, et cent-dix jours après son départ de Paris, Napoléon posa le pied sur le rocher africain qu'il ne devait plus quitter (1).

(1) Sainte-Hélène est la plus malsaine des colonies de la Grande-Bretagne. Son climat meurtrier agit avec une vio-

Trois coups de canon annoncèrent le débarquement, et soudain tous les insulaires se répandirent sur la côte ; la garnison, en grande tenue, borda la haie depuis l'hôtel jusqu'à l'aiguade : le gouverneur, son lieutenant et son état-major se rendirent au bord de la mer, sur une esplanade voisine de la grande batterie.

Quelques minutes après, la chaloupe, le yacht et un canot se dirigèrent vers le rivage, tandis que le reste des embarcations filait sur la même route à une légère distance : dans le yacht était Bonaparte, sir G. Cokburn, le capitaine du vaisseau et deux lieutenans ; dans le canot, le général Bertrand, le général Gourgaud, le comte de Montholon, le comte de Las-Cases, la comtesse Bertrand, la comtesse de Montholon et quatre enfans ; dans la chaloupe, douze domestiques, dont trois femmes, dans les autres embarcations, le cinquante troisième régiment de ligne et une compagnie d'artillerie. Pendant ce court trajet, une salve d'artillerie fut tirée de la côte et de tous les vaisseaux. Napoléon avait un habit bleu, revers et paremens rouges, sans épaulettes, veste et culotte blan-

---

lence et une rapidité effrayantes sur les Européens qui s'y arrêtent quelques jours. La vie la plus longue des indigènes n'excède pas quarante-cinq ans. Tel était le lieu où l'Angleterre déportait l'ennemi vaincu qui s'était venu placer sous la protection de sa loyauté et de ses lois.

ches, des bas de soie, l'étoile de la Légion-d'Honneur, avec la cocarde tricolore.

A l'instant où il mit pied à terre, le tambour battit, et la troupe présenta les armes. Il se découvrit, il salua le gouverneur auquel il adressa quelques paroles, et fut à l'hôtel du Gouvernement où l'attendait un dîner splendide. Dès le lendemain, lui et sa suite prirent provisoirement possession d'une partie de l'habitation de sir Balcombe, négociant anglais ; celle qu'on lui destinait dans le district de Longwood, à l'orient de Jamestown, ne pouvait être prête qu'en janvier 1816. Le jour suivant, l'amiral accompagna Napoléon dans l'intérieur de l'île, afin de lui faire connaître la résidence qui lui était destinée. Il revint le même jour à l'habitation de M. Balcombe. Cette habitation connue sous le nom de *the Briars* (les Ronces), est située sur un terrain tellement uni, que, placé sur une montagne aussi escarpée, on le croirait aplani par la main de l'homme. Suspendue sur un abîme au milieu des rochers menaçans, elle est couverte d'arbres fruitiers, arrosée par un courant d'eau qui entretient une belle végétation et occupe à peu près deux arpens de terre. A une distance de cinquante pas de la maison, s'élève sur une éminence un bâtiment gothique ayant une chambre en bas, et deux en haut. C'est là que Napoléon établit sa demeure, jusqu'à ce que Longwood fût achevé. Il occupait le rez-de-chaussée, tandis que M. de Las-Cases, son fils et un valet de chambre étaient logés au-dessus.

Pendant sa demeure à Briars, Napoléon, à moins qu'il ne fut accompagné d'un officier anglais, n'avait la permission de se promener que dans le petit jardin de la cabane, le reste du terrain était gardé par des sentinelles.

Il ne recevait presque personne, passait ses matinées dans le jardin, et jouait le soir au whist, avec M. Balcombe, le propriétaire et sa famille. Le comte Las-Cases était le principal compagnon de ses études et de ses récréations du matin.

Après deux mois de séjour aux Ronces, Napoléon prit possession de Longwood avec une partie de sa maison. Cette maison qui était originairement une ancienne ferme appartenant à la Compagnie des Indes-Orientales, offre une habitation d'autant plus malsaine, que, d'une part, les bâtimens ont été élevés avec une précipitation qui n'a pas permis d'apporter un grand soin à leur construction; et que de l'autre, il a fallu s'y établir à l'instant même où les maçons cessaient leur travail. On eût pu facilement donner à Napoléon une résidence plus convenable; il s'en trouvait plusieurs dans l'île; mais soit qu'on les ait jugées moins sûres pour la garde du prisonnier; soit que le gouverneur n'ait pas voulu se dessaisir de celle d'entre elles (plantation house) qui eût pu réunir tous les avantages de la sûreté à ceux de la salubrité, toutes les demandes faites, à cet égard, par Napoléon et sa suite, sont restées sans réponse, et il fut forcé de se résigner à ne plus quitter Longwood, dont les environs sont misérables, où il n'y a ni eau ni ombrage, et dont la maison construite dans une enceinte de trente arpents, dans laquelle il était permis à Napoléon de se promener seul ou avec sa suite, ne présente aucune des commodités qu'offrent en Europe les habitations des plus simples particuliers.

Pendant les premiers mois du séjour de Napoléon à Sainte-Hélène, son gardien, sir Georges Cockburn, concilia souvent l'exercice d'un devoir rigoureux avec les lois de l'honneur et de l'humanité; mais dans le courant d'avril 1816, sir Hudson-Lowe vint prendre le gouvernement de Sainte-Hélène; le ministère anglais fut dès lors dignement représenté dans l'île.

Napoléon éprouva une horreur involontaire à l'aspect de son geôlier. « J'amais, dit-il, dans » toute ma vie, je n'ai vu un homme si repous- » sant; il a le crime empreint sur la figure. » Une autre fois, il dit: « Il est affreux, c'est une » mine patibulaire. »

Hudson-Lowe était un personnage mince, grêle, maigre et sec; son visage était rouge, sa chevelure rousse, son aspect plat et vil, ses yeux louches, ses sourcils blonds donnaient à sa physionomie une allure hideuse.

Parvenu par l'intrigue et la bassesse à un grade élevé, il paraissait au milieu de l'armée anglaise un vivant témoignage d'une vile politique. Sa carrière militaire n'était ni longue ni brillante. A son début, il avait été chargé d'organiser des bandes de brigands italiens, que la seule approche des Français mit en fuite; plus tard, employé à l'état-major du prussien Blücher, il avait rédigé ces bulletins mensongers qui exaltaient les opérations des armées prusso-anglaises.

Une idée profondément enracinée dans l'esprit de Napoléon, c'est qu'on voulait l'assassiner ou l'empoisonner; son imagination en était frappée; il vit en Hudson-Lowe, le sicaire ou l'empoisonneur, dépêché par le ministère anglais pour accomplir et mettre à exécution ces projets de mort. Napoléon ne savait que trop que la morale des cabinets n'était pas la morale des chaumières, et que se défaire d'un souverain, dont la vie et les projets importunent et embarrassent, n'avaient jamais été un cas de conscience pour la politique anglaise. Trop d'exemples (1) étaient devant lui, évidens, incontestables, et consignés au long dans les pages de l'histoire, ou enveloppés à peine d'un

---

(1) Il avait eu un exemple récent dans le meurtre de Paul Ier; le ministère anglais fut soupçonné d'y avoir coopéré d'une manière astucieuse.

doute diaphane; il ne pouvait se fier à la consigne politique du cabinet anglais.

Pour motiver ce que nous avons dit des terreurs de Napoléon, nous citerons les traits suivans :

Un jour, Hudson-Lowe s'étant rendu à Long-wood, fut admis dans la chambre de Napoléon; celui-ci avait devant lui, sur un guéridon, une tasse de café qu'il allait prendre; le gouverneur s'assit sur le sopha, en face de cette table, et du côté de Napoléon; ce dernier poussa la table, et n'y toucha plus. De tems en tems, il jetait sur Hudson des regards défians : on eût dit qu'il voulait interroger la conscience de son geôlier, le frapper de terreur et lire un funeste dessein sur son visage. Une idée horrible s'était emparée de Napoléon, et dès que Hudson fut parti; il jeta lui-même la tasse de café par la fenêtre, en disant : « Je ne sais,
» mais cet homme me paraît capable de tout,
» *mais de tout* ! Il était assis devant la table et
» peut-être....et vraiment, c'est à ne pas prendre une tasse de café devant lui. »

Un autre jour, comme Hudson le pressait d'accepter les services de son médecin; il le refusa avec un air de méfiance, et un ton de voix qui exprimaient clairement ses soupçons. « — Mais trouvez bon; au moins, disait l'Anglais, que je vous envoie ce médecin; dans

» un climat comme celui-ci, dans une contrée
» aussi meurtrière, ses conseils vous seront
» utiles. — Non, Monsieur, répondit-il vive-
» ment, je n'accepterai jamais un médecin
» envoyé par un gouverneur anglais, je devine
» trop bien les.... » Là, il s'arrêta en se mordant les lèvres, et en faisant un signe significatif.

« Je sais qu'on veut me tuer, répétait-il :
» eh bien ! qu'on en finisse le plus tôt possible ;
» qu'on m'envoie promptement un bourreau et
» un linceuil, et que ce soit fait. Je sens que
» ma vie embarrasse fort les souverains
» de l'Europe ; qu'ils me l'ôtent donc, je n'y
» tiens plus ! Quand on a, comme moi, passé
» par toutes les vicissitudes de la fortune et du
» malheur ; quand on est arrivé de rien à tout,
» de la rue sur un trône, et qu'on est tombé
» sous les coups de l'Europe entière, quand on
» a épuisé la gloire et ses bonheurs et ses tour-
» mens, qu'importe la vie sur un rocher. »

Napoléon croyait avec quelque raison devoir à Wellington sa détention à Sainte-Hélène, et il s'exprimait sur ce sujet avec cette indignation profonde que tant d'indignes traitemens lui devaient inspirer.

« N'est-ce pas, disait-il, une chose infâme et
» bien peu digne d'un général qui souvent s'est
» mesuré avec moi, que de m'avoir envoyé pri-

» sonnier en cet horrible séjour (1). Mais rien
» ne doit m'étonner de la part de ce Welling-
» ton, qui n'a jamais eu ni grandeur d'âme ni
» générosité ; j'ai eu en mon pouvoir, moi,
» tous les rois de l'Europe, et je vous le de-
» mande, les ai-je confinés et emprisonnés
» ainsi ? Je les ai laissés dans leurs palais et sur
» leurs trônes ; il est vrai que j'en porte ici la
» peine, et que ma punition est cruelle ; mais
» jamais, non jamais, je ne me fusse avili
» jusqu'à ensevelir une tête couronnée dans un
» sépulcre comme celui-ci. L'Angleterre et
» Wellington étaient seuls capables de pareille
» infamie. Au fait, qu'ai-je à m'étonner et à me
» plaindre, c'est ici une répétition des pontons ;
» puisque les soldats ont été si horriblement
» tourmentés, pourquoi le général n'aurait-il
» pas sa part du martyre. Mon ponton, mon
» cachot, mon tombeau, c'est Sainte-Hélène,
» c'est Longwood, et c'est Wellington qui m'y
» a jeté ; cela lui fera un grand honneur dans
» la postérité ; on devrait faire graver ce der-
» nier trait de gloire d'Achille, sur le piédestal
» de sa statue à Hyde-Park. »

Napoléon ne cessait de se plaindre de la misérable habitation de Longwood et de tous ses in-
convéniens. Plaintes inutiles et superflues ! Le

(1) Certes, quand Wellington envoyait Napoléon à
Sainte-Hélène, il savait bien qu'il n'en reviendrait pas.

gouvernement anglais faisait la sourde oreille, et Hudson-Lowe y était insensible.

L'appartement de Napoléon était au rez-de-chaussée ; il se composait d'une chambre à coucher fort obscure, où l'on avait encastré une baignoire. Cette chambre n'avait environ que trois mètres et demi de longueur, sur trois de largeur, sa hauteur était de deux mètres et demi. Les portraits de Marie-Louise, du roi de Rome, de Joséphine embellissaient la cheminée. A côté d'elle était le réveil matin du Grand Frédéric, pris à Potzdam.

Dès le 8 juin, les commissaires envoyés par les puissances étaient arrivés à Sainte-Hélène : la Russie était représentée par le comte de Balmaine (1), l'Autriche par le baron Sturmer (2), et la France par le marquis de Montchenu (3).

---

(1) Le comte de Balmaine était un homme froid et réservé, qui remplissait sa mission avec toutes les formes d'un diplomate consommé.

(2) Le baron Sturmer, personnage assez liant, s'amusait beaucoup aux dépens du marquis de Montchenu.

(3) Ce marquis se vantait beaucoup d'être un homme de *la vieille roche*. Infatué de sa personne et de sa toilette, qui était pour lui une affaire d'importance, il exagérait les ridicules de la vieille noblesse. Il ne cessait de parler de son ancien crédit à la cour de Louis XVI, et des campagnes de Brunswick. Coblentz remplissait tous ses souvenirs. Napoléon en parlant de lui, l'honorait toujours de quelques vives plaisanteries. « C'est une honte pour la » France, dit-il un jour au commissaire autrichien Stur-

Les motifs qui déterminèrent les souverains alliés, furent de surveiller les démarches du gouverneur anglais, non dans l'intérêt de son prisonnier, mais dans celui de la Sainte-Alliance, qui tremblait de voir l'Angleterre, dans les calculs de sa politique machiavélique, se servir un jour de Napoléon pour épouvanter une seconde fois l'Europe.

Les instructions que Hudson-Lowe avait reçues de son gouvernement, à l'égard de la détention de Napoléon, parurent au gouverneur trop douces; il crut devoir les dépasser, par un sot esprit d'orgueil et de méchanceté. Il serait trop long d'entrer dans les détails de toutes les contrariétés et de toutes les vexations qu'il fit subir à Napoléon et à ses compagnons d'infortune. Il employait tous ses moyens pour empêcher les Français de communiquer avec qui que ce fût; il voulait les parquer et les emprisonner dans la détestable demeure de Longwood, et la convertir en un tombeau où ils fussent ensevelis à tout jamais.

Napoléon s'irritait parfois des entraves et des mesures que sir Hudson inventait pour resser-

» mer, d'avoir envoyé un pareil homme parmi des An-
» glais. » Presque tous les agens des Bourbons, à cette époque, étaient des personnages tarés ou ridicules, des aventuriers ou des espions, en un mot des êtres d'une immoralité profonde.

rer de plus en plus ses prisonniers. « Ce gouver-
» neur, disait-il, est un vrai imbécile, *è un vero*
» *imbecite*. Il nous séquestre du monde entier,
» il nous condamne au silence et à l'isolement
» de la mort. Que n'achève-t-il plus tôt sa be-
» sogne. Un bourreau et un linceuil, et que ce
» soit fini de celui qui les tourmente tant. Ah !
» mes pauvres amis, vous qui m'avez suivi dans
» mes malheurs et mon exil, qui avez tout quitté
» et abandonné, combien vous souffrez pour
» l'amour de moi; mais aussi songez que vous
» acquérez ici une renommée immortelle, et
» que cette consolante idée vous rende ces
» peines supportables : moi ! je ne puis rien faire
» pour vous que de vous lier à jamais à mon
» nom, et vous emmener avec moi dans la pos-
» térité. »

Chaque jour de misérables difficultés s'élevaient entre le gouverneur et les Français; il en
vint à leur rationner les vivres. Napoléon ne
put contenir l'expression de son indignation :
« N'est-ce pas, s'écria-t-il, une atroce et in-
» fâme barbarie, que d'en venir jusqu'à compter
» les morceaux de pain qu'on jette dans mon
» cachot; eh bien ! je me le fournirai ce pain.
» Ils m'ont enlevé mes trésors, qu'ils me les
» rendent, qu'ils fassent dégorger ces misérables
» qui se sont enrichis de mes dépouilles !.... Ils
» m'ont fait occuper de légumes et d'office, à
» l'instar de Charlemagne qui tenait registre des

» dépenses et des recettes de ses jardins pota-
» gers et de ses fermes.... »

Les Français qui avaient accompagné Napoléon à l'île Sainte-Hélène, poussaient leur respect et leur attachement pour l'Empereur jusqu'au culte religieux.

M. de Las-Cases, dans une conversation avec Hudson-Lowe, exprimait avec énergie la pensée de ses compagnons d'exil; l'Anglais contestait à Napoléon le titre de souverain. « Que parlez-
» vous d'idées de souveraineté, monsieur le
» Gouverneur, répondit Las-Cases, c'est bien
» plus encore de notre part, c'est du culte. Oui,
» c'est un culte que nous professons pour Na-
» poléon. Nous faisons mieux que l'honorer
» comme notre Empereur, comme notre maître
» et seigneur en cette terre; l'Empereur à nos
» yeux et dans nos sentimens, n'est plus de ce
» monde. Nous le voyons dans les nuées, dans
» le firmament, dans le ciel; et quand vous nous
» laissez des choix en opposition avec sa gloire,
» avec son honneur, avec notre fidélité, c'est
» le choix des martyrs auxquels on disait : *Renoncez à votre culte ou mourez.* Eh-bien !
» nous ici, nous n'avons qu'à mourir; nous
» mourrons, s'il le faut, pour Napoléon. »

La vie de l'Empereur, à Sainte-Hélène, était très-simple et très-uniforme. L'heure de son lever était la seule qui ne fut pas fixe; tantôt il se levait à trois heures, tantôt il ne se levait qu'à sept heures; mais rarement il dépassait cette heure au lit. Lorsqu'il se levait dans la nuit, il se mettait à lire ou à écrire, jusqu'à six ou sept heures; alors si le tems était beau, il montait à cheval, et allait se promener suivi de quelques-uns de ses officiers.

Il déjeunait tantôt seul, dans sa chambre, et alors on lui servait son déjeuner entre neuf et dix heures; tantôt avec ses officiers, et dans ce cas, on servait à onze; c'était toujours un déjeuner à la fourchette.

Après ce repas, il se mettait ordinairement à dicter pendant quelques heures à MM. Montholon, Bertrand, Gourgaud ou Las-Cases.

A trois heures, il recevait les visites des personnes qui avaient obtenu la permission de se présenter. La réception durait jusqu'à quatre heures, alors il montait à cheval ou en calèche. A son retour, il dictait ou il lisait, quelquefois il remplissait ces occupations par une partie d'échecs (1).

Le dîner était servi ensuite; rarement il durait plus de vingt minutes ou d'une demi-heure. Napoléon mangeait fort vite, et généralement avec beaucoup d'appétit, il n'aimait que les mets simples et peu épicés; ses deux plats fa-

---

(1) Napoléon n'était pas fort à ce jeu; mais, grâce à la complaisance du comte Bertrand, il gagnait assez souvent, ce qui lui faisait beaucoup de plaisir.

voris étaient un gigot de mouton rôti et des côtelettes de mouton. Il ne buvait jamais plus d'une demi-bouteille de vin de Chambertin, encore le mêlait-il avec une forte quantité d'eau.

Un des reproches qu'il adressait ordinairement aux Anglais, c'était de trop aimer à boire. « Vos Anglais, répétait-il souvent, préfèrent
» la bouteille à tout ; ils laissent les plus belles
» femmes pour un pot de porter, pour une bou-
» teille de vin d'Espagne ou de France. Nos
» Français ne sont point ainsi ; la gloire, l'a-
» mour, le patriotisme se partagent leurs affec-
» tions. »

Après son dîner, il prenait une très-petite tasse de café ; les domestiques se retiraient alors. Quelquefois, il jouait au whist, d'autres fois, il faisait alors la conversation avec mesdames Montholon et Bertrand et les personnes de sa suite ; puis il congédiait tout le monde, et se retirait vers les dix ou onze heures, dans sa chambre à coucher.

C'étaient les campagnes d'Italie qui faisaient souvent le sujet de la conversation de Napoléon. Il en parlait toujours avec le plus grand enthousiasme ; il aimait assez s'en faire lire les diverses relations imprimées, qui composaient sa bibliothèque. Madame Bertrand ayant ouvert un de ses livres, tomba par hasard sur ce passage : La première bataille que l'Empereur livra : fut celle du *Pont-de-Lodi* ; il montra un grand courage, et fut parfaitement secondé par le général Lannes qui passa le pont après lui....

« Avant, s'écria Bonaparte avec force, avant
» moi ! Lannes passa le premier sur le pont, et
» je n'ai fait que le suivre. Il faut rectifier cela
» sur-le-champ. » Il dit et l'on prit la plume.
La note marginale écrite, madame Bertrand ferma le livre, et Bonaparte continua l'entretien que nous allons rapporter.

« A la bataille d'*Arcole*, dit-il, Augereau
» seul décida entièrement l'affaire en arrachant
» un drapeau des mains de l'enseigne qui le
» portait, et criant d'une voix de Stentor : « *Que*
» *tous les braves me suivent* ! Mais il n'avait pas
» besoin de crier si fort, les braves ne sont pas
» sourds, il le lui ont prouvé tout de suite. Dans
» ces deux batailles, plus de vingt mille Prus-
» siens, qui étaient dans l'armée autrichienne,
» mirent bas les armes ; je les fis sur-le-champ
» enrôler dans l'armée française, et ils for-
» mèrent une légion dont le commandement
» fut donné au général polonais *Dombrowski*,
» attaché à mon état-major. Dombrowski se
» porta sur Modène. Le prince, qui n'était pas
» en guerre avec la France, fut obligé de payer
» une contribution pour racheter ses états du
« pillage. Le quartier-général avait été établi au
» palais ducal, le duc étant en fuite ; deux
» jours après, j'attaquai les Autrichiens, je don-

» nai et gagnai la bataille de *Roveredo*. Le
» traité de *Léoben* suivit, et j'envoyai le géné-
» ral Clarke à *Vienne* pour continuer la négo-
» ciation. Par ce traité, *Venise* fut cédée à
» l'Autriche, et je fis donner vingt-quatre mil-
» lions au Gouvernement français...... Pendant
» mes campagnes d'Italie, ajouta-t-il, le Di-
» rectoire clabaudait, il essayait des remon-
» trances; je lui envoyais des millions et des
» *Madones* d'argent massif; il se taisait, et mon
» armée poussait sa pointe. »

Il rappela, à cette occasion, la riche *Madone* noire, en pied, que Marmont, après la prise de Mantoue, avait enlevée à Notre-Dame-de-Lorette, et lui avait envoyée. De toutes les richesses qu'on avait trouvées à Notre-Dame-de-Lorette, la *Madone* fut le seul objet que Bonaparte envoya au Directoire exécutif. Barras donnait ce jour-là un grand dîner; la vierge noire fut apportée sur la table; le directeur dit en riant : « Le général nous a envoyé la statue miraculeuse, mais il a eu grand soin de garder ses vêtemens. » Masséna reprend : « Vous seriez bien étonnés, Messieurs, si la *Madona* allait s'enlever pour retourner à *Loretto*. » Les directeurs plaisantèrent un moment sur le compte du général, mais on voyait déjà que les *cinq sires* le craignaient. Je connais Bonaparte, disait Barras, je l'ai étudié, il veut ce qu'il veut ; peut-être un jour voudra-t-il nous soumettre, et nous dira-t-il, à l'exemple de

Cromwell : « Vous n'êtes plus un Directoire,
» m'entendez-vous ? Je vous déclare que vous
» n'êtes plus un Directoire ; retirez-vous, faites
» place à d'autres, le Seigneur a choisi d'autres
» instrumens..... » Alors il nous fera chasser en
masse par ses soldats, fermera les portes du
Luxembourg, et en fera déposer les clés au
château des Tuileries ; pour les remettre un
peu plus tard à un Sénat conservateur qui n'aura
pas le talent de se conserver lui-même..... . »
Cette anecdote du dîner de Barras, dont la
vierge de Lorette couronna le dessert, fut racontée par le prisonnier de Sainte-Hélène, l'hiver
dernier ; elle le mit en bonne humeur pendant
quelques instans. Il rappela, en souriant, la
motion d'un député de la Convention nationale,
qui proposa, à cette époque, de lui donner le
surnom *d'Italique*.

M. le comte de M...., lui disant qu'il faudrait
la plume de Voltaire pour écrire l'histoire de
Napoléon, il répondit : « Oui, mais je ne vou-
» drais pas qu'il l'écrivît comme il a fait le
» *Siècle de Louis XIV*, par chapitres déta-
» chés, ayant en tête chacun un sommaire ;
» cela me produit l'effet d'une grande place
» publique sur laquelle on voit posées par terre
» les pierres toutes taillées et numérotées qui
» doivent composer la bâtisse d'un palais. »

Un habile courtisan disait à Louis XIV : Faites
de M. de Catinat un chancelier, un général,

tout ce que vous voudrez, excepté un major. — Bonaparte disait : « Faites de l'Angleterre une nation belliqueuse, une nation commerçante, tout ce que vous voudrez, excepté une grande nation. »

Les tragédies de Corneille étaient la lecture favorite de Napoléon ; il admirait ce grand poète par-dessus tous les auteurs français ; souvent il le louait avec enthousiasme. « C'est à Corneille, disait-il, que la France fut redevable de quelques-unes des plus belles et des plus glorieuses actions qui honorent les derniers tems de son histoire. J'ai remarqué cette influence des nobles et patriotiques sentimens si poétiquement et si énergiquement mis en action par Corneille. Si Corneille eût vécu de mon tems, s'écria-t-il un jour en s'arrêtant sur le sublime *qu'il mourût* des Horaces, je l'aurais fait prince. »

Il parlait souvent de la tragédie de Cinna, dont il admirait la belle simplicité. Quelqu'un lui ayant fait remarquer que le second acte n'avait que deux scènes : « c'est vrai, dit-il, mais elles contiennent tant de choses !... » Il a dit plusieurs fois : « J'ai fait plus d'ingrats qu'Auguste, que ne suis-je comme lui en situation de leur pardonner !... »

On sait que les jours où madame Bertrand devait lire une tragédie au prisonnier de Sainte-

Hélène, il disait en souriant : « Nous allons ce
» soir aux Français. »

Sous prétexte de prévenir l'exécution de tout projet tendant à enlever son prisonnier, projet dont la chimère est démontrée à quiconque connaît le rocher de Sainte-Hélène, Hudson-Lowe réussit, à force de persécutions, à éloigner de son prisonnier ceux dont l'affection et le dévouement pouvaient adoucir les rigueurs de l'isolement. De ce nombre fut le comte de Las-Cases dont l'enlèvement motiva une lettre pleine de sensibilité et de noblesse, que lui adressa Napoléon, lettre que nous croyons devoir transcrire ici tout entière.

« Mon cher Las-Cases,

» Mon cœur ressent vivement ce que vous endurez. Depuis quinze jours qu'on vous a arraché d'auprès de moi, on vous a mis au secret, et sans vous permettre de recevoir ni de donner de vos nouvelles, sans vous laisser communiquer avec qui que ce soit, Anglais ou Français, en vous privant même d'un domestique de votre choix. Votre conduite à Sainte-Hélène a été, comme votre vie, sans reproche ; j'aime à vous le répéter. Votre lettre à une dame de vos amies, à Londres, n'a rien en elle-même de répréhensible ; vous y épanchez votre cœur dans le sein de l'amitié. Cette lettre est comme les huit ou dix autres que vous avez écrites à la même personne, et que vous avez envoyées décachetées. Le commandant de cette place ayant eu l'indélicatesse de chercher à connaître les expressions que vous confiez à l'amitié, vous a fait des reproches. Dernièrement il vous a menacé de vous renvoyer de cette île, si vos lettres contenaient encore quelques plaintes contre lui. En agissant ainsi, il a violé le premier sentiment de l'honneur ; il vous a, dès-lors, autorisé à chercher les moyens de faire parvenir l'effusion de vos sentimens dans le sein de vos amis, et de leur faire connaître la conduite coupable du commandant. Mais comme vous avez été sans artifice, il a été facile d'en imposer à votre confiance. On ne voulait qu'un prétexte pour saisir vos papiers ; car votre lettre ne contenait ni complot ni mystère ; elle ne renfermait que l'expression d'un cœur noble et plein de franchise. La conduite illégale et précipitée qu'on a tenue dans cette occasion porte le cachet de la haine personnelle la plus basse. Dans les pays les moins civilisés, les exilés, les prisonniers, et même les criminels sont sous la protection des lois et des magistrats. Les personnes commises à leur garde, soit dans l'ordre administratif, soit dans l'ordre judiciaire, ont des chefs qui les surveillent. Sur ce rocher, l'homme qui fait les règlemens les plus absurdes, les exécute avec violence, transgresse toutes les lois ; et rien ne met un frein à ses déportemens. On enveloppe Longwood d'un mystère, qu'on voudrait rendre impénétrable, afin de cacher une conduite coupable. N'est-ce pas une raison suffisante de soupçonner les intentions les plus criminelles? On a cherché, par quelques bruits artificieusement répandus, à prévenir les officiers, les étrangers, les habitans, et même les agens que l'Autriche et la Russie entretiennent dans cette île. Sans doute, on aura abusé de la même manière le Gouvernement anglais, en lui faisant des rapports fallacieux. Vos papiers parmi lesquels on savait qu'il s'en trouvait à moi, ont été saisis sans aucune formalité, tout près de mon appartement, et avec une joie féroce et affectée. J'en fus témoin. Quelques momens plus tard, je regardai par la fenêtre et je vis qu'on s'emparait de vous. Une nombreuse escorte paradait autour de la maison, et il me semblait voir quelques sauvages de la mer du Sud, dansant autour des prisonniers qu'ils allaient dévorer. Votre société m'était bien nécessaire; vous seul lisiez, parliez et entendiez l'anglais. Combien de nuits n'avez-vous point passées auprès de moi, pendant les accès de ma maladie. Cependant je vous engage, et, s'il en est besoin, je vous ordonne de requérir le commandant de cette place de vous renvoyer sur le continent. Il ne peut s'y refuser, puisqu'il n'a aucun droit sur vous, que par l'acte volontaire que vous avez signé. Ce sera pour moi une grande consolation de savoir que vous êtes en chemin pour des contrées plus heureuses. A votre retour en Europe, si vous allez en Angleterre, ou si vous retournez dans vos foyers, perdez le souvenir de tous les maux qu'on vous a fait endurer; mais glorifiez-vous de la fidélité que vous m'avez-montrée, et de la grande affection que je vous porte. Si vous voyez un jour ma femme et mon fils, embrassez-les. Depuis deux ans, je n'ai point entendu parler d'eux, ni directement ni indirectement. Il est venu, il y a environ six mois, dans cette île, un botaniste allemand, qui les avait vus dans les jardins de Schœnbrun, quelques mois avant son départ; les barbares ont mis tous leurs soins à l'empêcher de me donner de leurs nouvelles! Mon corps est au pouvoir de la haine de mes ennemis; ils n'oublient rien de ce qui peut assouvir leur vengeance. L'insalubrité de ce climat dévorant, le manque des choses nécessaires à la vie mettront bientôt, je le sens, fin à cette existence, dont les derniers momens seront un opprobre pour le caractère de la nation anglaise, et l'Europe signalera un jour avec horreur, cet homme perfide et cruel, que tout véritable Anglais désavouera pour un enfant d'Albion. Comme il n'y a pas de raison de croire qu'on vous permette de me voir avant votre départ, recevez mes embrassemens et l'assurance de mon estime et de mon amitié. Soyez heureux.

« Ce 11 décembre 1816.

NAPOLÉON. »

Napoléon parlait sans cesse de son fils et de Marie-Louise; il les aimait passionnément. « On a dit que l'amour et l'affection s'affaiblissent et s'effacent par l'absence, c'est une grande erreur, disait l'ex-Empereur : quand on aime bien, l'amour acquiert plus d'intensité par la privation de l'objet de cet amour.... Quant à moi, ajoutait-il en soupirant, j'aime ma bonne Louise (1) et après cinq ans d'absence, je l'aime plus encore que je ne l'eusse peut-être jamais aimée, si nous eussions restés ensemble aux Tuileries.... Et mon fils, ah! mais ceci est une affection que ni le tems, ni la présence, ni l'éloignement n'affaiblissent, que rien au monde ne peut réfroidir; l'amour d'un père dure comme la vie; tant qu'il y

(1) On peut dire que Napoléon avait affaire à une ingrate; car cette *bonne* Louise l'a lâchement abandonné dans son malheur, n'ayant tenté aucune démarche pour se rapprocher de lui, pas même pour savoir de ses nouvelles.

» aura une pulsation dans ce cœur, elle sera
» pour mon fils..... »

A cette époque une circonstance singulière vint donner un nouveau degré de force à ces élans d'amour paternel et à ces plaintes sur le sort de celui qui en était l'objet.

Le maître cannonnier du vaisseau *Le Baring* arrivé à Sainte-Hélène au mois de juin 1817, avait apporté un buste en marbre blanc, représentant le fils de Napoléon.

Le capitaine du vaisseau se trouvant à dîner, le lendemain de son arrivée, chez quelqu'un de l'île, parla de ce buste, et demanda quel était le meilleur moyen à prendre pour le faire parvenir à Napoléon : on lui dit qu'il devait s'adresser à sir Thomas Reade, et c'est ce qu'il fit. Celui-ci lui demanda comment il avait pu se charger d'une pareille commission, dont il était impossible de s'acquitter sans enfreindre les règlemens de l'île; puis, il lui recommanda le plus grand secret et le plus profond silence à l'égard de tout le monde sur cette affaire.

Mais déjà le bruit s'en était répandu dans l'île, et Napoléon savait que le buste de son fils était arrivé, Hudson-Lowe le savait aussi. Ce dernier donna l'ordre de jeter le buste à la mer. Il paraît que cet ordre ne fut pas exécuté; quinze jours après l'arrivée du bâtiment, Hudson-Lowe fit porter le buste à Long-Wood. Napoléon, en le recevant, fit éclater les plus vifs transports de joie (1). Il le plaça sur la cheminée de son salon, puis il appela ses amis, ses officiers et toute sa suite.

« Regardez cela, leur dit-il, regardez cette
» figure. N'est-ce pas qu'il faudrait être bien
» barbare, bien cruel, bien tigre, pour vouloir
» briser une aussi belle figure. L'homme qui est
» capable de le faire ou de l'ordonner, est ca-
» pable de tous les crimes ; celui qui a pu com-
» mander de briser cette image, plongerait un
» couteau dans le cœur de mon enfant, s'il
» était là : oui ; il le ferait, il l'a dit (2). »

Cependant, on s'inquiétait de savoir à Longwood, si le buste venait de Marie-Louise, ou bien si c'était seulement une spéculation particulière faite sur la tendresse de Napoléon pour son fis. La conduite de Marie-Louise, à l'égard de son époux, ne peut faire présumer que l'envoi du buste ait été fait par elle. De qui venait-il enfin ? C'est ce qu'on ignore encore.

L'étude et la lecture étaient les principales

---

(1) Le buste était en marbre blanc, de grandeur naturelle, assez bien exécuté, et portant cette inscription : *Napoléon François-Charles-Joseph*, etc. Le sculpteur l'avait décoré de la grande croix de la Légion-d'Honneur.

(2) Lowe avait dit, à propos du buste : « On devrait
» étrangler le jeune Bonaparte, ce serait au moins une
» affaire terminée avec le père et le fils, et tout serait
» tranquille. »

occupations de Napoléon, indépendamment de la rédaction de ses mémoires. Dans un accès de mélancolie, il jeta au feu un livre intitulé : *Esprit de madame Necker, extrait des cinq volumes tirés de ses manuscrits, publiés en 1798 et en 1801*. On présume qu'il se défit de ce recueil, parce que plusieurs des pensées qu'il renferme étaient émargées de ses observations, et notamment ce passage.

« Le passé n'est plus en notre puissance ; l'a-
» venir n'est connu que de Dieu ; le présent est
» notre domaine; il faut donc s'arranger avec les
» circonstances, sa fortune, son esprit et sa
» mémoire, sa santé, son âge et ses malheurs,
» sans penser que nous étions mieux partagés,
» autrefois à tous égards. Tirons meilleur parti
» de ce que nous possédons, le reste ne doit
» pas entrer dans l'ordre de nos souvenirs. Ces
» remords de nos fautes, et le regret que nous
» donnons aux personnes qui nous sont chères,
» sont la seule relation qu'il soit raisonnable de
» soutenir avec le passé. »

On distingua plusieurs autres passages émargés de sa main :

« L'imagination est l'optique de la parole.
» Newton même n'aurait point fait de décou-
» vertes, s'il n'avait point pressenti d'avance,
» par l'imagination, les vérités dont ensuite il a
» donné la preuve. Il faut distinguer deux

» genres d'imagination, l'une qui ne travaille
» que sur des êtres absolument fantastiques ;
» l'autre qui réunit des vérités connues à des
» vérités inconnues, et qui s'appuient les unes
» par les autres. C'est l'imagination qui produit
» les systèmes. C'est un beau don de la Provi-
» dence fait à l'homme, pour qui tout est obs-
» curité, et qui est obligé de suppléer sans cesse
» par sa pensée à ce qu'il ne saurait voir. Il
» ne peut même rien connaître au dehors de
» lui que par l'imagination. C'est cette belle fa-
» culté qui nous élève jusqu'à l'Etre-Suprême,
» qui fait l'alliance du ciel avec la terre, qui
» nous fait connaître les choses que l'œil n'a
» point vues et que l'oreille n'a point enten-
» dues. C'est elle qui recule les bornes de notre
» entendement ; vouloir nous restreindre au
» petit nombre de vérités dont nous avons la
» preuve démonstrative et rigoureuse, c'est
» nous réduire à deux ou trois idées. »

Madame Bertrand lui témoigna les regrets qu'elle avait de lui voir brûler un livre dans lequel il y avait tant de choses écrites par lui; elle lui rappela, à ce sujet, l'acquisition faite, il y a quarante ans, par un sieur Dutems, qui acheta la petite bibliothèque de Jean-Jacques Rousseau, d'environ cinq cents volumes, avec des notes marginales, et lui dit que le livre de *l'Esprit d'Helvétius*, entre autres, couvert des critiques du philosophe de Genève, avait été vendu un prix exorbitant. Napoléon répondit qu'il avait donc tranché du *Jean-Jacques* sans le savoir, sur un livre dont l'auteur avait parfois singé **Helvétius** sans s'en douter. Ce court entretien ne le rendit point repentant du sacrifice qu'il venait de faire; il dit, au contraire, qu'il était bien aise d'avoir brûlé tout ce fatras, afin qu'il n'en restât aucune bribe.

On ne conçoit pas comment Napoléon avait pu trouver le tems de lire assez pour savoir une infinité de choses qu'il n'était pas strictement nécessaire qu'il connût, soit comme général, soit comme consul, soit comme empereur. Il était très-instruit; on a peine à concilier, d'après cela, les études constantes qu'il était obligé de faire pour acquérir tant de vastes connaissances, et les choses frivoles qu'il ne dédaignait pas de retenir. Il n'était étranger à aucune espèce d'instruction, à aucun genre d'entretien. Plusieurs voyageurs de la plus haute distinction, retournant en Europe, ayant relâché à Sainte-Hélène, lui firent demander la permission d'aller le saluer. Il consentit à recevoir leur visite, et charmé de leur conversation, il leur envoya le lendemain une invitation à dîner. Son maître-d'hôtel fit du mieux qu'il lui fût possible les apprêts de ce repas, et, malgré tous ses efforts, il y eut une lacune assez longue entre le premier et le second service. L'illustre amphytrion voyant cela, dit à madame Bertrand, de l'air le plus aimable : « Allons, madame, encore une histoire, le rôt nous manque. » Personne ne se rappela dans le moment, l'anecdote à laquelle ce mot faisait allusion, ce qui le mit dans la nécessité de la raconter lui-même, à peu près en ces termes : « Madame de Maintenon n'étant encore que madame Scarron, sa maison était le rendez-vous de ce que la cour et la ville avaient de plus aimable et de plus distingué : le duc de Vivonne ; les comtes de Grammont et de Coligny, Charleval, Pélisson, Hesnault, Marigny, s'y réunissaient. Les dîners de madame Scarron, malgré leur simplicité presque frugale, étaient cités dans Paris : elle y racontait des anecdotes avec tant d'esprit et d'intérêt, que l'appétit et l'attention des convives étaient pour ainsi dire enchaînés. Un jour qu'elle était dans une position à peu près semblable à la nôtre, son maître-d'hôtel vint lui dire à l'oreille : « Madame, encore une histoire, le rôt nous manque. »

Quelqu'un lui ayant rapporté qu'à la suite d'une de ses batailles, un soldat mal enterré laissait passer son bras mort, comme une plante qui sortait de dessous terre, il cita le trait de l'équipage du capitaine Marion, qui fit ensevelir tous les sauvages qu'il avait tués, en leur laissant une main hors de terre. On trouva cette image terrible et épouvantable. « Il voulait

» montrer; dit Napoléon que les Européens ne
» mangeaient pas les cadavres. »

Lady Lowe lui demanda un jour plaisamment s'il y avait une dédicace à ses Mémoires; il répondit par ce mot de Furetière, qui disait que l'inventeur des dédicaces fut un mendiant. Cette réponse amena naturellement la conversation sur Bélisaire. « Oui, dit-il, ce général
» romain fut une illustre victime de l'ingrati-
» tude, et en effet..... » Il n'acheva pas; il resta pensif et se retira dans son cabinet.

Le conseil de l'amirauté avait nommé le docteur Barry O'Méara, pour remplacer dans les fonctions de chirurgien de Napoléon, le chirurgien français qui n'avait pu suivre son ancien souverain à Sainte-Hélène.

Hudson-Lowe voulut exiger que M. O'Méara lui fournît des rapports sur l'intérieur de Long-Wood, où il était admis familièrement, et se fît délateur de Napoléon qui l'honorait de toute sa confiance. Le docteur, indigné, rejeta avec énergie ces honteuses propositions, et, animé des plus beaux sentimens d'honneur, il donna brusquement sa démission (1). Le docteur Baxter fut nommé pour le remplacer; mais Napoléon

(1) Ce chirurgien, dit-on, avait été soupçonné d'être le canal par lequel Bonaparte correspondait en Europe. On visita ses papiers; il paraît qu'on n'y trouva pas ce qui pouvait légitimer un pareil soupçon.

refusa obstinément de le recevoir, sachant que ce docteur était une personne entièrement dévouée à Hudson-Lowe; il resta sans médecin pendant plusieurs mois.

Les Commissaires de la Russie et de l'Autriche, effrayés de la responsabilité qui se rattachait à leurs fonctions, dans ce moment critique, exigèrent, au nom de leurs cours, que Napoléon fut pourvu promptement d'un médecin.

Le gouverneur invita donc le docteur Stokoë, à aller visiter le prisonier, mais il s'y refusa, ou plutôt Napoléon ne voulut point le recevoir. Hudson fut donc forcé de rappeler O'Méara, et de l'engager à reprendre son service auprès de Napoléon.

Mais bientôt de nouvelles exigences d'Hudson forcèrent O'Méara à partir pour l'Europe. Napoléon lui fit les plus touchans adieux, et ce fut toujours avec une expression d'estime et de regret qu'il parla du seul Anglais qui lui eût donné des preuves véritables de loyauté et d'affection.

Telle était effectivement la confiance sans bornes que Napoléon avait mise dans le docteur O'Méara, qu'il le chargea verbalement, lors de son départ pour l'Europe, de retirer des mains de son frère Joseph, un paquet contenant des lettres confidentielles qu'il avait reçues pendant son règne des empereurs et des autres souve-

rains de l'Europe. « Vous les publierez, lui di-
» sait-il. Je vous prie de prendre cette mesure,
» et si vous entendez parler de calomnies ré-
» pandues contre moi par le Ministère anglais
» et par les soins de cet horrible Lowe, mon
» odieux geôlier et mon bourreau, sur ce qui
» a eu lieu pendant le tems que vous avez passé
» auprès de moi, et que vous puissiez dire,
» sans mentir à votre conscience; j'ai vu de mes
» propres yeux, et je puis dire, *cela n'est pas
» vrai.* Dites-le, dites-le courageusement pour
» ma mémoire!......»

A son retour en Europe, O'Méara fit toutes les démarches nécessaires pour recouvrer les pièces importantes dont il est question. Le comte de Survilliers (Joseph Napoléon), lui fit savoir que prêt à s'embarquer pour les Etats-Unis, craignant d'être arrêté, il avait jugé prudent de remettre le dépôt précieux que lui avait confié son frère, entre les mains d'un tiers sur la probité duquel il croyait pouvoir compter (1).

Mais quelque tems après, ces lettres furent apportées à Londres par une seconde personne, probablement un émissaire du dépositaire in-

(1) Ce Joseph Napoléon ne fit jamais que des sottises dans tout le cours de sa vie. Ce fut un de ceux qui, lors de la première invasion, déterminèrent Marie-Louise à sortir de Paris, et à se rendre à Blois, où il l'accompagna, laissant les Parisiens livrés à leurs propres forces.

fidèle, et qui en demanda 750,000 fr. à lord Castlereagh. Ce prix parut probablement exorbitant à Mylord, car il se contenta seulement de faire l'acquisition de celles qui concernaient son Gouvernement. Les Ministres des autres puissances s'arrangèrent, chacun de son côté, avec l'escroc qui s'était rendu maître de ce trésor, et l'on dit que l'ambassadeur d'Alexandre, paya 250,000 fr., les seules lettres de son maître à Napoléon. Il fallait que ces fiers potentats eussent terriblement compromis leur dignité dans cette correspondance avec le prétendu usurpateur français, pour payer ces lettres au poids de tant d'or. La négligence ou la trop fatale confiance de Joseph Napoléon, est bien certainement blâmable; car c'est une perte pour la postérité, que la perte du recueil de ces lettres authentiques, et pour la plupart autographes, dans lesquelles ces puissances *légitimes*, qui, plus tard, se liguèrent pour abattre *l'Ogre de Corse*, ne manquaient pas sans doute de lui prodiguer alors les noms les plus flatteurs, et s'honoraient de l'appeler *mon frère*, ou *mon cousin*.

Napoléon, espérait toujours de voir arriver le terme de son exil. Sa captivité lui semblait une mesure demandée par les exigences passagères de la politique; mais il croyait en entrevoir le terme. « Je pense que mon séjour à Sainte-Hélène, disait-il, ne sera pas long : aussitôt que

» les affaires seront arrangées en France, que
» tout y sera tranquille, que les nations de
» l'Europe seront façonnées à leur nouveau Gou-
» vernement, je n'en ai nul doute, l'Angleterre
» me rendra ma liberté, et me laissera retour-
» ner dans cette Europe que je regrette tant...(1)
» Voulez-vous que le Gouvernement anglais
» pousse la folie jusqu'à dépenser huit millions
» tous les ans pour garder un fantôme de roi,
» surtout quand ce fantôme n'épouvantera per-
» sonne. »

Napoléon se berçait d'illusions; il n'aurait pas dû ignorer qu'il avait fait trop de peur aux puissances alliées, pour qu'elles se déterminassent à lui rendre la liberté, et qu'elles étaient résolues à lui creuser son tombeau dans Sainte-Hélène. Mais espérer c'est jouir. Hudson lui ravit tout, jusqu'à l'espérance. Il lui manda donc qu'il s'était fait beaucoup de mal par ses plaintes, par ses tracasseries et par les lettres qu'il avait adressées au ministère; il lui fit dire que s'il se fut conduit plus paisiblement pendant quelque tems, le ministère aurait pu croire à sa sincérité.

D'après ces observations de Hudson Lowe, il

---

(1) Napoléon devait pourtant connaître le machiavélisme du ministère anglais, qui ne lâche pas ainsi sa proie, lorsqu'elle est sous ses griffes. Il en avait fait déjà une première expérience sur le *Bellerophon* et le *Northumberland*.

comprit bien qu'il n'y avait plus rien à espérer des puissances alliées, et qu'il devait se résigner à voir finir ses jours à Sainte-Hélène, ce qui ne l'empêcha pas de revenir quelquefois à la douce idée de son retour en Europe.

» Le tems le plus heureux de ma vie, disait-il
» un jour à ses confidens, a été depuis seize ans
» jusqu'à vingt; c'est le seul tems que je regrette.
» Quel charme que celui que j'éprouvais en ma
» vie de semestre, lorsque vivant économique-
» ment, couchant dans une chambre à quinze
» francs par moi, dînant tantôt chez un restau-
» rateur, tantôt chez un autre, sans autre souci
» que celui de mes études et de mes livres, je
» jouissais de tous les délices de l'indépendance.
» Non, jamais, sur le trône, je n'ai eu un jour
» comparable à ces jours de tranquillité et de
» bonheur. »

C'est à peu près à cette époque qu'il reçut plusieurs journaux français; un d'entre eux portait, sous la rubrique, *Annonce de nouveautés*, qu'on venait de mettre en vente chez les marchands de musique, à Paris, un hymne guerrier avec musique d'un de nos célèbres compositeurs. Ces mots, d'*hymne guerrier*, lui firent éprouver une sensation; mais il fut vivement ému en lisant le titre de cette production, c'était: *La garde meurt, elle ne se rend pas*.....

« Braves soldats français! dit-il en soupirant,
» quels hommes!... ils se sont rendus tous im-

» mortels ! Toute l'armée sera mentionnée dans
» les annales de la France; mais ce n'est pas
» assez; chacun d'eux devrait occuper, seul,
» une page dans l'histoire. »

Lorsque le capitaine anglais, Poppleton, prit congé de Napoléon à Sainte-Hélène, ce dernier lui offrit une tabatière enrichie de diamans, en lui disant : « Adieu, mon ami, voilà la seule ba-
» gatelle qui me reste. Je vous la présente, afin
» que vous puissiez faire voir après ma mort
» ce gage de ma reconnaissance. »

Plusieurs personnes pour lesquelles Napoléon avait de l'estime et de la considération, l'ayant engagé à recevoir la visite de quelques amis du gouverneur sir Hudson Lowe, il accompagna son refus de ses paroles remarquables : « Les gens qui sont dans un tombeau, ne re-
» çoivent pas de visites. »

Il avait à Longwood deux petits tableaux parallèles auprès desquels il s'arrêtait en les contemplant avec une sorte d'attendrissement: l'un représentait son couronnement avec Joséphine, sa première épouse; l'autre avec Marie-Louise.

Dans ses conversations, Napoléon revenait de tems à autre, sur les désagrémens de Sainte-Hélène, de son climat, de ses pluies, de ses brouillards, de son affreux aspect, de son éloignement de l'Europe : il disait que, puisqu'il lui fallait absolument une prison, on aurait dû choisir l'île de Malte pour forteresse.

« Malte m'aurait assez convenu, ajoutait-il ;
» je m'en serais satisfait pendant quelques an-
» nées. Son climat m'eût rappelé l'Afrique et
» l'Italie, deux théâtres de mes victoires; la
» langue qu'on y parle m'eût fait croire que
» j'étais dans ma patrie, en Corse. Le Gouver-
» nement anglais aurait dû faire avec moi un
» accord, une convention, quelque espèce de
» traité par lequel je me serais engagé à ne pas
» quitter Malte pendant un certain tems, et
» c'eût été la seule manière honorable d'en agir
» avec moi. Maintenant même, si l'on avait
» quelqu'égard pour moi, pour ma vie, pour les
» saintes lois de l'hospitalité, on me transfé-
» rerait à Malte. Et, d'ailleurs il y aurait en
» cela, pour l'Angleterre, économie et hon-
» neur. »

Cependant les plaintes de Napoléon et de ses compagnons d'infortune provoquèrent, enfin, une enquête dans le parlement britannique, sur le traitement personnel de l'ex-Empereur. La question fut soumise à la Chambre des Lords le 18 mars 1817. Mais il en fut de cette enquête, comme de toutes celles qu'on fait dans le parlement anglais, elle n'aboutit à rien de favorable pour Napoléon, et sa position ne fut point changée.

Il fut encore question de lui par la suite dans la Chambre des Communes, mais seulement d'une manière accidentelle, le 12 juillet 1819.

Ce fut à l'occasion d'une discussion sur l'état des finances. M. Hutchinson dit, dans son discours, que dépenser un demi-million sterling par an, pour détenir Napoléon à Sainte-Hélène, c'était prodiguer inutilement l'argent public. M. Jos. Hume parla dans le même sens. Le chancelier de l'échiquier prit la parole pour répondre, et il prétendait que la dépense n'excédait pas le cinquième de cette somme (1).

Les chefs de l'opposition ne parurent prendre aucun intérêt à la question. Lorsque cette fatale nouvelle parvint à Sainte-Hélène, Napoléon qui s'était flatté de l'espoir que l'opposition s'entremettrait vivement en sa faveur, fut frappé d'accablement; dès lors l'espoir qui le soutenait encore l'abandonna.

Cependant l'état de santé de Napoléon devenait de jour en jour plus inquiétant. Depuis le départ forcé d'O-Méara il avait négligé de prendre aucun soin capable d'arrêter les progrès du mal qui le consumait.

Hudson-Lowe offrit alors d'envoyer à Longwood le docteur Baxter; mais Napoléon rejeta cette offre, parce qu'il y voyait une offense nouvelle. Il présumait, peut-être avec raison, que le gouverneur voulait lui faire adopter son médecin, afin d'être plus sûrement maître de sa vie. Hudson se vit alors forcé d'écrire en Italie

(1) Il eût été facile de prouver le contraire.

pour faire venir un chirurgien de réputation de quelque université de ce pays.

L'Empereur témoigna aussi le vif désir d'avoir auprès de lui un prêtre catholique. La demande en fut faite au Gouvernement papal par le cardinal Fesch. Sa Sainteté envoya à Sainte-Hélène deux prêtres du couvent des Missions. L'un d'eux, le père *Bonavita* était un vieillard accablé d'infirmités, et usé par un séjour de vingt-six ans au Mexique. Une attaque d'apoplexie lui avait frappé la langue, dont il avait à peine conservé l'usage. Son titre de recommandation pour la place qu'il allait remplir, était d'avoir été aumônier de Madame, mère de Napoléon. Il avait pour compagnon un jeune abbé nommé Vignani. La tâche de ces deux ecclésiastiques était facile à remplir. Il n'y avait du reste ni argumens à combattre, ni controverse à soutenir. Napoléon avait déclaré sa résolution de mourir dans la religion de ses pères. « Je ne » suis, disait-il, ni un incrédule, ni un phi- » losophe (1). »

Le même vaisseau qui amena le P. Bonavita et son compagnon à Sainte-Hélène, le 18 septembre 1819, apporta en même tems le docteur

---

(1) « Voltaire, disait-il encore, au lit de la mort, » s'est jeté dans les bras de la Religion. Qui sait si je n'y » prendrai pas goût moi-même, et si je ne deviendrai » pas dévot ?... »

Antomarchi, professeur d'anatomie à l'hôpital de Sainte-Marie-Neuve à Florence, et attaché à l'Université de Pise. Le docteur était appelé à remplir auprès de Napoléon la place occupée auparavant par O'Méara. Il continua de s'acquitter des mêmes fonctions jusqu'à la mort de Bonaparte (1).

Le docteur Antomarchi fut d'autant plus favorablement accueilli par le prisonnier de Sainte-Hélène, qu'il était né dans l'île de Corse. Il lui apportait aussi des nouvelles de sa famille.

La princesse Pauline Borghèse avait offert de venir le rejoindre. « Qu'elle reste où elle est, » dit Napoléon, je ne voudrais pas qu'elle fût » témoin de l'état d'humiliation où je suis réduit, et des insultes auxquels je suis exposé. »

C'est à cette époque que se rapportent divers projets dont le but était la délivrance de Napoléon ; nous n'en citerons qu'un seul qui pouvait réussir.

Un nommé Johnstone, l'un des plus hardis contrebandiers qui aient jamais existé, et dont la vie n'avait été qu'un tissu d'entreprises déses-

---

(1) La *Relation des derniers momens de Napoléon*, par Antomarchi, en deux volumes, quoique moins piquante, et rédigée avec moins de finesse et d'esprit que celles de Las-Cases et d'O'Méara, n'est cependant pas sans intérêt et sans utilité, en ce qu'elle se rapporte aux derniers jours d'un homme si extraordinaire, et qu'elle fait le complément de son histoire.

pérées, fut un des premiers agens d'un complot d'une nature très-singulière pour tirer Napoléon de Sainte-Hélène.

Un bâtiment *sous-marin*, c'est-à-dire construit de manière à ce qu'il pût s'enfoncer sous l'eau pendant un certain tems, et être remis à flot à volonté, en jetant une certaine quantité de lest, devait servir à effectuer cette hardie entreprise. On espérait que ce navire, s'enfonçant sous l'eau pendant le jour, échapperait à la surveillance des croiseurs anglais, et que remis à flot la nuit, il pourrait approcher de Sainte-Hélène sans être découvert. Le bâtiment fut effectivement commencé dans l'un des chantiers de la Tamise; mais la singularité même de la construction ayant éveillé les soupçons, il fut saisi par le gouvernement anglais.

La santé de Napoléon s'altérait de plus en plus, et il répugnait à prendre aucune espèce de potion, comme sentant intérieurement que tous les efforts de l'art étaient inutiles. Il disait à ce sujet en combattant les raisonnemens du docteur Antomarchi : Docteur, pas de drogues ; je
» vous l'ai dit bien des fois, nous sommes
» une machine à vivre, nous sommes organisés
» pour cela, c'est notre nature. N'entravez pas
» la vie, laissez-la à son aise; qu'elle puisse se
» défendre, elle fera mieux que vos médicamens.
» Notre corps est une montre qui doit aller un
» certain tems; l'horloger n'a pas la faculté de

» l'ouvrir, il ne peut la manier qu'à tâtons et
» les yeux bandés; pour une fois qu'il l'aide et
» qu'il la remonte, à force de la tourmenter
» avec ses instrumens tortus, il l'endommage
» dix, et finit par la détruire. »

La maladie prenant chaque jour de nouveaux accroissemens, l'esprit de Napoléon prenait une teinte plus sombre; la moindre circonstance la plus indifférente redoublait ses ennuis. Faute d'autres moyens de distraction, il avait pris quelque intérêt à faire creuser au milieu du jardin de Longwood un bassin qu'il peupla de petits poissons. Un mastic à base de cuivre dont on avait revêtu le bassin, corrompit l'eau, et les pauvres poissons dont il aimait à admirer l'agilité, furent saisis de vertige et périrent l'un après l'autre. Il en fut profondément affecté et dit avec un accent de mélancolie profonde:
» Tout ce que j'aime, tout ce qui m'attache, est
» aussi frappé : le ciel et les hommes se réunis-
» sent pour me poursuivre. »

Dans d'autres momens, il se plaignait de n'avoir plus ni force ni énergie. « Le lit, disait-il,
» est devenu pour moi un lieu de délices; je ne
» l'échangerais pas pour tous les trônes du
» monde. Combien je suis déchu ! moi dont
» l'activité était sans bornes, il faut que je fasse
» un effort lorsque je veux soulever mes pau_
» pières. »

Il se rappela qu'il dictait souvent à quatre ou

cinq secrétaires à la fois : « Mais alors, dit-il, j'é-
» tais Napoléon; aujourd'hui je ne suis plus rien;
» mes forces, mes facultés m'abandonnent; je
» végète, je ne vis plus. »

Il ne voulait recevoir la visite d'aucun médecin ni chirurgien anglais, dans l'appréhension que leur art ne tournât contre lui, et il ne permettait pas au docteur Antomarchi de communiquer avec Hudson Lowe.

On prétend que le prince régent, bien différent de ses ministres, prenait un vif intérêt au sort du prisonnier, et qu'il chercha à donner à Napoléon des secours et des consolations. A l'appui de cette assertion, on cite une dépêche adressée par lord Bathurst à Hudson Lowe, datée du 16 février 1821, et conçue en ces termes :

« Je sais qu'il est très-difficile de faire au gé-
» néral une communication qui ne soit pas su-
» jette à de fausses interprétations; et cepen-
» dant, s'il est réellement malade, ce peut être
» quelque consolation pour lui de savoir que les
» derniers bulletins qui ont été envoyés sur sa
» santé n'ont pas été reçus avec indifférence.
» Vous communiquerez donc au général Bona-
» parte la grande part que Sa Majesté a prise à
» la nouvelle de son indisposition, et le désir
» qu'elle éprouve de lui procurer tous les adou-
» cissemens dont sa position est susceptible.

» Vous assurerez le général Bonaparte qu'il
» n'est point de soulagement qu'il ne puisse es-
» pérer de nouvelles consultations, point de
» demandes compatibles avec la sûreté de sa per-
» sonne (car Sa Majesté ne peut le flatter de
« l'espoir d'un changement), que sa Majesté
» ne s'empresse et ne désire lui accorder. Vous
» ne réitérerez pas seulement l'offre qui a été
» déjà faite plusieurs fois de lui procurer tous
» les secours de l'art que peut offrir l'île de
» Sainte-Hélène, mais vous lui proposerez de
» faire venir quelque médecin du Cap, où il y
» en a un, surtout, qui jouit d'une grande ré-
» putation ; et au cas que le général paraisse le
» désirer, vous êtes autorisé à écrire au Cap, et
» à prendre telle mesure que vous jugerez con-
» venable pour appeler immédiatement auprès
» de lui la personne qu'il aura désignée. »

Malgré cette dépêche, nous doutons que le prince régent s'interressât beaucoup à Napoléon. Car s'il eût témoigné le moindre désir d'améliorer son sort, nous croyons que la position du prisonnier eût été changée.

Napoléon était attaqué d'une hépatite ou maladie de foie chronique, alors arrivée à son plus haut période d'intensité, et très-souvent elle est mortelle sous le climat de Sainte-Hélène. L'Empereur se croyait attaqué d'un squirre au pylore, maladie qui conduisit son père au tombeau.

Hudson Lowe, au moment où il restait peu d'espoir de sauver Napoléon, lui fit faire l'offre de le faire tranférer dans le nouveau bâtiment que l'on avait construit pour lui, et dont les appartemens étaient beaucoup plus aérés, moins étouffans, et par conséquent moins incommodes que ceux de Longwood; mais le docteur Antomarchi s'y opposa, en disant que le transport de l'Empereur d'une habitation à l'autre serait fatal. Hudson alors fit offrir du lait de chèvre fort rare dans l'île : l'Empereur répondit avec ironie que du lait ne convenait guère à un mourant.

Vers la fin de février, sa maladie prit un caractère plus alarmant, et le docteur Antomarchi témoigna le désir de faire une consultation avec quelques-uns des médecins anglais. L'aversion de Napoléon pour leurs services, fut encore augmentée par une offre du Gouverneur qui le fit prévenir qu'il était arrivé dans l'île un médecin célèbre, et qu'il le mettait à la disposition du général Bonaparte.

Cette proposition, comme toutes les avances faites par Hudson Lowe, fut regardée comme une insulte préméditée : « Il veut abuser l'Eu- » rope par de faux bulletins, dit Napoléon; je » ne veux pas d'homme qui communique avec » lui. »

A la fin, cependant, l'Empereur consentit que le docteur Antomarchi eût une consultation

avec le docteur Arnott, chirurgien du 20ᵉ régiment (1) : mais l'opinion réunie des deux médecins ne put triompher de l'aversion de Napoléon pour les médicamens : « *Quod scriptum,*
» *scriptum;* tout ce qui arrive est écrit, notre
» heure est marquée; nul d'entre nous ne peut
» prendre sur le tems une part que lui refuse la
» nature. »

Le terme fatal était arrivé. Le général Montholon annonça cette nouvelle à Napoléon, il l'entendit avec calme et s'écria : « Ah! puisque
» je devais périr sur ce misérable rocher d'une
» manière si cruelle, pourquoi le canon m'a-t-
» il si souvent épargné!... »

De ce jour, il s'occupa, aidé de Montholon et de Bertrand, à mettre ordre à ses affaires.

Du 15 avril au 25, il consacra une partie de ses journées à régler ses dispositions testamentaires. Le 25, il parut éprouver une grande fatigue d'avoir écrit, et plusieurs symptômes annoncèrent un redoublement de fièvre. Ce qui ne l'empêcha pas de faire mettre le buste de son fils au pied de son lit, et ses yeux restèrent fixés dessus jusqu'à son dernier soupir. Il paraissait

---

(1) Dans un moment où M. Arnott était auprès de lui, il fit avec un canif un N sur une tabatière, et lui en fit présent pour témoigner sa reconnaissance des soins qu'il avait pris de sa personne; il légua semblablement à ce médecin 500 Napoléons. (Voyez le testament ci-après.)

avoir un bien vif attachement pour cet enfant.

Le 28 avril, Napoléon donna à Antomarchi les instructions suivantes : il voulait qu'après sa mort on fît l'ouverture de son cadavre, mais qu'aucun médecin anglais ne portât la main sur lui, à moins qu'Antomarchi n'eût besoin de quelqu'un, auquel cas il lui permettait d'employer le docteur Arnott. Il exprima le désir que son cœur fût envoyé à Parme, à Marie-Louise, et recommanda surtout au docteur de bien examiner son estomac, et d'en faire un rapport détaillé qu'on enverrait à son fils.

Le 1er mai, la maladie annonça qu'il n'y avait presque plus d'espoir de le sauver; le 2 elle empira; le 3 on désespéra de sa vie; c'est alors que d'intolérables souffrances arrachèrent à l'Empereur cette imprécation devenue si célèbre :

» C'en est fait; le coup est porté, je touche à
» ma fin; l'Angleterre réclame mon cadavre, et
» l'infâme Hudson a été l'exécuteur des hautes-
» œuvres du ministère anglais! Je lègue l'op-
» probre et l'horreur de ma mort à la famille
» royale. »

Le 4 l'Empereur alla un peu mieux, après avoir pris quelques rafraîchissemens.

Pendant le jour, on faisait des signaux de Longwood, de deux heures en deux heures; ils portaient en substance : « *Toujours de même,* » *point de changement.* »

Bonaparte, sentant la mort s'approcher, ré-

gla lui-même le détail des cérémonies de ses funérailles avec l'abbé Vignani. Il pensait souvent à sa mère dans son exil; à l'approche de ses derniers momens, le souvenir des tendres soins qu'elle avait prodigués à son enfance, se représentait plus vivement encore à sa mémoire, et l'attendrissait jusqu'aux larmes. Touché de l'empressement affectueux de ses amis, il leur en témoignait la plus vive reconnaissance, et ne pouvait s'empêcher d'ajouter avec un soupir; « tout cela, cependant, n'est pas la solli-
» citude maternelle. »

Napoléon, durant le cours de sa cruelle et longue agonie, avait dû quelque soulagement à l'usage d'une eau pure et fraîche puisée à une lieue de Longwood ; il se rappelait avec délices cette source si fraîche, son site si gracieux ; près d'expirer, il dit à ses amis qui l'entouraient, plongés dans un morne désespoir :

» Si la destinée voulait que je me rétablisse,
» j'éleverais un monument dans le lieu où jaillit cette eau. Je couronnerais la fontaine en
» mémoire du soulagement qu'elle m'a donné.
» Si je meurs, et que l'on proscrive mon cadavre comme on a proscrit ma personne; si
» l'on me refuse un peu de terre, je souhaite
» qu'on m'inhume dans la cathédrale d'Ajaccio,
» auprès de mes ancêtres. S'il ne m'est pas permis de reposer dans le lieu où je naquis, eh

» bien! qu'on m'ensevelisse là, où coule cette
» eau si douce et si pure. »

La nuit du 4 au 5 mai, on n'eut plus d'espoir. Le samedi à trois heures du matin, le malade perdit connaissance; deux heures après, les extrémités étaient froides, il n'y avait presque plus de pouls.

L'amiral, le marquis de Montchenu et son aide-de-camp, informés de l'état désespéré du malade, se rendirent immédiatement à sa résidence, pour être témoins, comme on le suppose, de sa mort prochaine. Les dernières paroles qu'il prononça depuis qu'il avait perdu connaissance, furent : « Mon Dieu et la Nation fran-
» çaise!... Tête armée!... » On ne peut savoir quelle liaison ces deux mots tête armée, pouvaient avoir dans son esprit; mais on les lui a entendu prononcer distinctement, vers sept heures du matin, le jour de sa mort; ce furent ses dernières paroles. Il rendit son dernier soupir le samedi 5 mai, à six heures moins dix minutes du soir.

Ainsi mourut Napoléon, sur un sol étranger, sur un rocher au bout du monde, séparé par l'immensité des mers, de son épouse, de son fils, de sa patrie et de ses amis!... Ainsi disparut comme un astre que la nuit vient voiler à nos yeux cet amant passionné de la gloire, ce héros qui, par l'énergie de sa volonté, a su, pendant quinze ans, communiquer son âme et son génie à une nation entière, à une nation dont il connaissait la bravoure et la vaillance, et à laquelle il ne doutait pas de faire illusion en l'appelant à parcourir avec lui les vastes champs de la gloire et de l'honneur.

On peut dire que Bonaparte est mort héroïquement, car la douleur que lui occasionait sa maladie a dû être vive, et il n'a jamais prononcé la moindre plainte. Dès qu'il eût expiré, il avait l'air d'être endormi. Sa figure était calme, il était facile d'y reconnaître quelque chose de noble, elle était, quatorze heures après sa mort, une des plus imposantes qu'on pût envisager.

Napoléon, dans un écrit que l'on ouvrit immédiatement après sa mort, disait :

« Je désire que mes cendres reposent sur les
» bords de la Seine, au milieu du peuple français
» que j'ai tant aimé. »

Sir Hudson Lowe informé de ce dernier vœu d'un mourant le repoussa durement : Ce n'était pas assez de la mort pour tant de haine, sa fureur aspirait à s'acharner sur un cadavre. Il le réclama au nom de l'Angleterre, et déclara qu'elle ne s'en dessaisirait pas. Vainement on s'abaissa jusqu'aux supplications, rien ne put le fléchir.

Réduits à choisir sur le rocher de Sainte-Hélène, la place de la dernière demeure de Napoléon, ses amis désignèrent les bords de cette source, dont les eaux salutaires avaient du moins calmé quelquefois ses douleurs. Sa tombe, ombragée par des saules, est devenue un objet de vénération.

Le capitaine Maryal, de la marine royale, le dessina à la prière de sir Hudson Lowe, et avec la permission du comte Montholon et du général Bertrand. On assure que la ressemblance est frappante. Le capitaine Maryal a dessiné aussi le tombeau et la procession du convoi de Napoléon.

Comme Bonaparte avait manifesté le désir que l'on ouvrît son corps, et que les autorités le désiraient aussi, pour que l'on connût le véritable état de sa maladie, l'ouverture eut lieu le lendemain de sa mort, 6 mai, à deux heures, en présence des docteurs Hort, Arnott, Burton du soixante-sixième régiment anglais, et Livingstone, médecin au service de la Compagnie des Indes. Le professeur Antomarchi assistait à la dissection, M. le général Bertrand et M. le comte de Montolon étaient aussi présens à l'opération.

L'opération terminée, on habilla le corps; on le revêtit de l'uniforme vert à paremens rouges, que Bonaparte portait souvent, et de toutes les étoiles et décorations de ses ordres.

Quant à l'exposition du corps, et à l'admission générale des habitans pour le voir, sir Hutchinson, gouverneur de l'île, s'en rapporta absolument à MM. Bertrand et Montholon, qui, non seulement y consentirent, mais désirèrent même que cette cérémonie eût lieu.

Son aumônier et ses domestiques lui ayant rendu les devoirs prescrits par la religion catholique, on le plaça, revêtu de son uniforme vert, sur ce petit lit de camp en fer qui lui servait jadis dans ses campagnes, et qui cette fois lui tint lieu de lit de parade. Il avait entre autres décorations, l'étoile d'or sur le côté.

Le prêtre qui se trouvait là, lui avait mis un crucifix d'argent sur la poitrine. Il avait sous son corps le manteau de drap bleu brodé en argent qu'il portait à la bataille de Marengo.

Sa chambre était tendue de drap noir. A la tête du corps était l'autel, le prêtre, le maréchal Bertrand et le comte de Montholon. Tous ses domestiques étaient aussi présens.

Ce qu'il y avait de plus touchant, c'était madame Bertrand qui était dans une chambre voisine, d'où on l'entendait pleurer amèrement. Quelqu'un ayant dit à cette dame que le chagrin avait peut-être hâté la mort de Napoléon, elle répondit qu'elle connaissait assez bien sa maladie pour assurer le contraire, et qu'il en serait mort même à Austerlitz, au milieu de toute sa gloire.

Il resta exposé le 6 et le 7, et pendant ces deux jours, une foule immense vint le voir. C'était pour tout le monde un spectacle des plus frappans, de voir, pour ainsi dire, au milieu des rochers, le corps inanimé d'un homme qui avait commandé à l'Europe, et fait trembler les rois. Les derniers du peuple, en contemplant cette figure muette et pâle, semblaient voir dans une fin si indigne d'un pareil personnage, une leçon terrible pour les grands de la terre.

Le 8 mai on l'embauma et on l'ensevelit. On remarqua qu'il avait le plus beau corps qu'il fût possible de voir ; ses mains étaient plus blanches que la cire ; molles, malgré qu'il y eût trois jours que le frisson de la mort les eût touchées et flétries.

On remarqua aussi une légère blessure à la tête, qu'il avait reçue de la hallebarde d'un sergent anglais à Toulon ; au dessus du genou, une seconde blessure reçue à Ratisbonne par le choc d'une balle morte, et enfin une troisième à la cheville du pied, reçue en Italie.

Son crâne n'a pu procurer aux cranalogistes la satisfaction qu'ils attendaient. Les docteurs Mitchell et Burton se sont donnés beaucoup de peine pour avoir la forme de sa figure, mais le gypse dont ils se servirent était si mauvais que tous leurs efforts furent absolument inutiles.

Le corps, revêtu de son uniforme et de ses décorations, a été renfermé dans un cercueil de plomb qu'on a remis ensuite dans un autre cercueil d'acajou, dont la partie supérieure et les côtés extérieurs étaient simples ; les bords étaient garnis d'ébène noir, et des vis d'argent s'élevaient sur le couvercle.

Une loi du parlement d'Angleterre avait défendu, dès le commencement de sa captivité, de lui donner d'autre titre que celui de général. La pompe de ses funérailles ne laissa rien à désirer, eu égard aux lieux où elles se firent. Son enterrement eut lieu depuis le 8 jusqu'au 9 mai. On lui rendit, avec toute la magnificence possible, les honneurs dus à un officier général du plus haut rang. Voici l'ordre qu'on observa dans cette cérémonie funèbre. Napoléon Bertrand, fils du maréchal; le prêtre revêtu de ses habits sacerdotaux; le docteur Arnott, du vingtième régiment anglais; le médecin de Bonaparte; le corps dans une voiture de deuil, attelée de quatre chevaux; douze grenadiers, pour descendre le corps au bas d'une colline, où la voiture ne pouvait aller, le cheval de l'ex-Eempereur, conduit par deux domestiques.

Le comte de Montholon et le maréchal Bertrand portaient les coins du drap mortuaire; c'était le manteau bleu qui venait de lui servir de lit de parade. L'épée de Napoléon était placée sur son cercueil.

Madame Bertrand et sa fille suivaient dans une voiture découverte et très-simple.

Des domestiques des deux côtés et derrière. Les officiers de marine et de l'état-major;

les membres du conseil; le général Coffin; le marquis de Montchenu; l'amiral et le gouverneur; lady Lowe et sa fille, en grand deuil, dans une voiture découverte. Les dragons, les volontaires de Sainte-Hélène, le régiment de Sainte-Hélène, l'artillerie de terre, le 66e régiment anglais et les soldats de marine; le corps a été reçu à sa sortie de Longwood par trois mille hommes de troupes, et quatre détachemens de musiciens rangés le long de la route.

Après le passage du corps, les troupes le suivirent et s'arrêtèrent au dessus de l'endroit où il devait être déposé, occupant la route qui longe la vallée, tandis que le cortége descendait par une route pratiquée exprès.

Le corps fut alors enlevé par douze grenadiers, et porté au tombeau, où il reçut la bénédiction du prêtre. Il a été descendu dans une chambre pratiquée dans un vaste caveau en pierre. Une grande pierre recouvre le tombeau; et l'espace intermédiaire est rempli de maçonnerie renforcée et mêlée de fer.

On a pris toutes les précautions nécessaires pour empêcher l'enlèvement du corps : une garde d'officiers est chargée de veiller sur le tombeau.

Le cœur de Napoléon, que MM. Montholon et Bertrand désiraient rapporter en Europe, a été remis dans le cercueil; il est dans une coupe d'argent remplie d'esprit de vin. Son chirurgien désirait garder l'estomac; mais il est également conservé dans un vase d'argent.

Onze salves d'artillerie ont été tirées pendant la durée de la cérémonie.

Le 11, tous ses effets ont été exposés aux regards du public; on ne vit jamais rien de plus mal composé que sa garde-robe; de vieux habits, des chapeaux, des pantalons qu'un garde-marine voudrait à peine porter. Il était extrêmement difficile de lui faire mettre quelque chose de neuf. Après l'avoir porté une heure ou deux, il le rejetait et reprenait ses vieux habits.

L'ecclésiastique chargé d'assister des consolations de la religion les restes de Bonaparte, se borna à réciter des prières pour le repos de son âme. Mort sous la pourpre, dans tout l'éclat de sa propérité, les plus grands orateurs chrétiens auraient disputé de savoir et d'éloquence pour lui faire une oraison funèbre : il vient d'expirer dans l'exil, proscrit et malheureux; nul ne consolera son ombre de quelques paroles saintes, nul ne viendra dans ces temples qu'il a relevés, au pied des autels qu'il a réédifiés, faire retentir la chaire pastorale du récit de ses vertus héroïques !.... Mais quel nouveau Bossuet, quel Fléchier moderne seraient dignes de tirer de la vie de l'ex-Empereur ces sublimes leçons que sauraient y trouver, en les ornant de la morale évangélique, l'évêque de Nîmes et le pontife de Meaux?.. Qui saurait, comme eux aujourd'hui, parmi nos Cicérons de l'Église, peser d'une main équitable, les vertus de son héros au poids de la vertu, et s'écrier avec l'onction des patriarches : « O France ! revêts tes longs habits de deuil, celui qui t'a fait la première nation du monde, n'est plus !... »

Relégué sur un rocher lointain, par des ennemis auxquels il avait fait l'honneur de les croire grands et généreux, on eût dit que Napoléon avait cessé d'exister : à présent qu'il n'est plus, cette idée semble le faire revivre ; son trépas rappelle le souvenir de sa vie ; et la Nation française, qu'il a élevée au plus haut degré de gloire, n'a pu apprendre avec indifférence la fin de cet illustre malheureux. Bien qu'on sache que tout homme, de quelque rang qu'il soit, doit un dernier tribut à la nature, on est toujours étonné, en apprenant la mort d'un grand personnage ; et celle de Napoléon Bonaparte étant, pour ainsi dire, inattendue, a fait une plus vive sensation.

Nous croyons devoir rapporter ici les détails suivans sur le tombeau de Napoléon ; ils sont empruntés à la préface d'un petit poëme plein d'intérêt, publié par M. Marius Villers, sous le titre de *Pélerinage de Sainte Hélène*. Cette peinture animée et brillante, tracée avec toute l'émotion du sentiment, en présence de la pierre qui recouvre l'illustre prisonnier, complète l'histoire de sa captivité.

« Il fallut, avant de sortir de la ville, en demander l'autorisation au major de la place : cette formalité est de rigueur. On ne peut d'ailleurs se rendre au tombeau sans être accompagné d'un officier anglais, et, si l'on désire cueillir une branche du saule pleureur, il est nécessaire d'être muni d'une permission du gouverneur lui-même. Il y a des imprimés à cet usage, et il ne fait jamais aucune difficulté pour en délivrer.

Cette mesure est salutaire ; car l'avidité des étrangers à emporter quelque souvenir de Sainte-Hélène avait déjà compromis l'existence de cet arbre.

» Enfin, toutes les formalités remplies, je pris le chemin de Longwood. En parcourant ces côteaux et ces ravins arides, j'éprouvais un sentiment de mélancolie que je ne pouvais surmonter : « C'est-ici, dis-je, qu'il a vécu sept an-
» nées! lui!... Que dis-je! il n'avait qu'une partie
» de cette île sauvage, et la plus affreuse encore !

» Nous arrivâmes. Notre guide nous montra la demeure du proscrit de Sainte-Hélène. Il nous eût été difficile sans cela de reconnaître le dernier asile de Napoléon. Rien n'est comparable en effet à la mesquinerie de cette masure. Nous entrâmes dans une première pièce qui lui servait de salon de compagnie. Plus loin était une petite chambre où se trouvaient entassés de la paille et du foin : « C'est ici qu'il
» est mort, nous dit tranquillement notre

» guide; son corps fut exposé pendant trois
» jours à la curiosité publique; le premier jour
» fut réservé aux Gentlemen et aux ladys de
» Sainte-Hélène qui vinrent lui toucher la main
» ou la baiser en signe d'adieux; le second fut
» pour la population anglaise; le troisième pour
» les Chinois qui sont en grand nombre dans
» cette île, et qui ont toujours été enthousiastes
» de Napoléon. »

» L'Anglais nous donnait tous ces détails avec un calme vraiment britannique, et moi, tout occupé des derniers momens du grand homme, je maudissais les barbares qui avaient osé profaner ce lieu consacré par une grande infortune, quand je fus distrait de ma rêverie par la voix du guide qui nous montrait sa chambre à coucher : c'était une écurie !....

» Je sortis... Nous traversâmes une partie du bois où il allait chasser quelquefois; il pouvait s'y promener seul. Hors de là, il ne pouvait marcher qu'accompagné d'un officier anglais attaché auprès de lui pour ce service.

» Se promenant un jour à cheval, ainsi escorté, il voulut gravir un côteau fort escarpé, son compagnon lui fit observer qu'il ne pouvait pas l'y suivre. « Tant pis pour vous, lui dit le
» prisonnier, votre devoir est de le faire. » Aussitôt il lança son cheval, et alla se promener en liberté.

» Mais il était trop bien gardé pour en profiter; outre les nombreux soldats et l'artillerie formidable qui entouraient l'île, un canon d'alarme était placé sur le sommet le plus élevé, et dès qu'il manquait quelqu'un de sa suite, le signal retentissait dans toute l'étendue de l'île Sainte-Hélène.

» Nous nous rendîmes ensuite à la demeure du comte Bertrand. C'était une petite maison d'une apparence très-simple, dont le maréchal avait lui-même donné le plan. La vue s'étendait de là sur la mer. Napoléon y allait souvent passer l'après-midi, et s'amusait à reconnaître, avec sa longue vue, les navires qui arrivaient à Sainte-Hélène. On nous fit voir trois trous ronds qu'il avait de ses propres mains creusés pour cet usage dans les persiennes. De cette manière il pouvait satisfaire sa curiosité sans être fatigué de celle de autres.

» Nous vîmes près de là la seconde maison qu'on lui avait élevée. Dès que vous arrivez dans l'île, les Anglais ne manquent pas de vous la vanter comme un palais; mais, hélas! elle était bien loin encore d'être digne du prisonnier de Sainte-Hélène.

» Un dernier devoir nous restait à remplir; nous prîmes le chemin du tombeau. Il est au fond d'un vallon très-étroit, où nous fûmes étonnés de rencontrer quelques traces de végétation. C'était le seul endroit où Napoléon pût trouver un peu de verdure et d'ombrage. Il venait souvent s'y reposer avec madame Bertrand, dont l'habitation était située au haut du ravin. Il s'asseyait près d'elle sous le saule pleureur, et sa compagne lui faisait la lecture. Près de là était une source d'une eau très-fraîche et très-limpide dont il aimait à s'abreuver. Il y envoyait même chercher, de Longwood, toute celle qu'il buvait. Quelques fleurs croissaient près du ruisseau, et un gazon assez frais en tapissait les bords. Ce lieu plaisait à Napoléon, et un jour il exprima le désir d'y être inhumé, s'il venait à mourir à Sainte-Hélène (1). Sa volonté a été accomplie.

» Sa cendre repose sous le saule pleureur qui l'a si souvent ombragé pendant sa vie. Trois larges pierres sans ornemens, sans inscription, recouvrent sa modeste tombe; pas une lettre n'indique quel est celui qui dort sous ce mausolé. Une grille en fer l'entoure; une autre en bois forme autour de celle-ci une enceinte de 12 à 15 pieds de diamètre. Nous y fumes introduits, en soulevant un des barreaux de la balustrade en fer, crainte de fouler aux pieds la pierre

---

(1) Contre toutes les probabilités, Napoléon nourrissait l'espérance de sortir de cette île; il revenait sans cesse sur cette idée, qu'il aurait dû abandonner du moment même où il mit le pied dans l'île. Mais espérer, c'est jouir.

du tombeau (1). Je cueillis quelques branches du saule, que je garde encore comme un souvenir précieux de Sainte-Hélène ; des rejetons vivans ont même été apportés et plantés en France par mes amis et moi.

» Après avoir bu à la source qui avait si long-tems désaltéré Napoléon, nous sortîmes de l'enceinte funéraire. Près de là, dans une guérite à cet usage, est un registre où ceux qui veulent laisser un témoignage de leur passage à Sainte-Hélène, signent leur nom, et écrivent même des vers que leur inspire le lieu. Il y en avait beaucoup, tant en anglais qu'en français. Je fis comme les autres. J'y en laissai quelques-uns, et, après avoir dit un dernier adieu à la tombe et à tous les objets qu'on avait signalés à notre religieuse curiosité, je repris le chemin de James-Town. »

Voici maintenant le testament de Napoléon.

(1) La description du tombeau de Napoléon par le pèlerin voyageur, n'est point conforme à celles que nous avons lues dans plusieurs histoires de l'Empereur. Quelle est la plus vraie ? nous l'ignorons.

TESTAMENT ET CODICILLES
DE NAPOLÉON.

Cejourd'hui 15 avril 1821, à Longwood, île de Sainę-Hélène.

Ceci est mon testament, ou acte de ma dernière volonté.

Art. I. 1° Je meurs dans la religion apostolique et romaine, dans le sein de laquelle je suis né il y a plus de cinquante ans.

2°. Je désire que mes cendres reposent sur les bords de la Seine au milieu de ce peuple français que j'ai tant aimé.

3°. J'ai toujours à me louer de ma très-chère épouse Marie-Louise. Je lui conserve, jusqu'au dernier moment, les plus tendres sentimens : je la prie de veiller pour garantir mon fils des embûches qui environnent encore son enfance.

4°. Je recommande à mon fils de ne jamais oublier qu'il est né prince français, et de ne jamais se prêter à être un instrument entre les mains des triumvirs qui oppriment les peuples de l'Europe. Il ne doit jamais combattre ni nuire en aucune manière à la France : il doit adopter ma devise : *Tout pour le Peuple français.*

5°. Je meurs prématurément, assassiné par l'oligarchie anglaise et son sicaire. Le peuple anglais ne tardera pas à me venger.

6°. Les deux issues si malheureuses des invasions de la France, lorsqu'elle avait encore tant de ressources, sont dues aux trahisons de M*****, A******, T********* et L******. Je leur pardonne. Puisse la postérité française leur pardonner comme moi !

7°. Je remercie ma bonne et très-excellente mère, le cardinal, mes frères Joseph, Lucien, Jérôme, Pauline, Caroline, Julie, Hortense, Catherine, Eugène, de l'intérêt qu'ils m'ont conservé. Je pardonne à Louis le libelle qu'il a publié en 1820. Il est plein d'assertions fausses et de pièces falsifiées.

8°. Je désavoue le Manuscrit de Sainte-Hélène et autres ouvrages sous le titre de *Maximes*, *Sentences*, que l'on s'est plu à publier depuis six ans : ce ne sont pas là les règles qui ont dirigé ma vie. J'ai fait arrêter et juger le duc d'Enghien, parce que cela était nécessaire à la sûreté, à l'intérêt et à l'honneur du peuple français, lorsque....... entretenait, de son aveu, soixante assassins à Paris. (Dans de semblables circonstances j'agirais de même.)

Art. II. 1°. Je lègue à mon fils les boîtes, ordres et autres objets, tels que l'argenterie, le lit de camp, armes, selles, éperons, vases de ma chapelle, livres, linge qui a servi à mon corps et à mon usage, conformément à l'état annexé, coté (A). Je désire que ce faible legs lui soit cher, comme lui retraçant le souvenir d'un père dont l'univers l'entretiendra.

2°. Je lègue à lady Holland le camée antique que le pape Pie VI m'a donné à Tolentino.

3°. Je lègue au comte Montholon deux millions de francs, comme une preuve de ma satisfaction des soins filials qu'il m'a rendus depuis six ans, et pour l'indemniser des pertes que son séjour à Sainte-Hélène lui a occasionées.

4°. Je lègue au comte Bertrand cinq cent mille francs.

5°. Je lègue à Marchand, mon premier valet de chambre, quatre cent mille francs : les services qu'il m'a rendus sont ceux d'un ami : je désire qu'il épouse une veuve, sœur ou fille d'un officier ou soldat de ma vieille garde.

6°. *Idem* à Saint-Denis, cent mille francs.

7°. *Idem* à Novarre, cent mille francs.

8°. *Idem* à Peyron, cent mille francs.

9°. *Idem* à Archambeau, cinquante mille francs.

10°. *Idem* à Corsors, vingt-cinq mille francs.

11°. *Idem* à Chandeli, *Idem*.

12°. A l'abbé Vignale cent mille francs. Je désire qu'il bâtisse sa maison près de Ponte-Novo de Rostino.

13°. *Idem* au comte de Las-Cases, cent mille francs.

14°. *Idem* au comte Lavallette, cent mille francs.

15°. *Idem* au chirurgien en chef Larrey, cent mille francs. C'est l'homme le plus vertueux que j'ai connu.

16°. *Idem* au général Brayer cent mille francs.

17° *Idem* au général Lefèvre-Desnouëttes, cent mille francs.

18°. *Idem* au général Drouot, cent mille fr.

19°. *Idem* au général Cambronne, cent mille francs.

20°. *Idem* aux enfans du général Mouton-Duverney, cent mille francs.

21°. *Idem* aux enfans du brave Labédoyère, cent mille francs.

22°. *Idem* aux enfans du général Gérard, tué à Ligny, cent mille francs.

23°. *Idem* aux enfans du général Chartrand, cent mille francs.

24°. *Idem* aux enfans du vertueux général Travot, cent mille francs.

25°. *Idem* au général Lallemand l'aîné, cent mille francs.

26°. *Idem* au comte Réal, cent mille francs.

27°. *Idem* à Gasta de Bastica, en Corse, cent mille francs.

28°. *Idem* au général Clauzel, cent mille francs.

29°. *Idem* au baron Manevalle, cent mille francs.

30°. *Idem* à Arnoult, auteur de *Marius*, cent mille francs.

31°. *Idem* au colonnel Marbot, cent mille fr. Je l'engage à continuer à écrire pour la défense de la gloire des armes françaises et confondre les calomniateurs et les apostats.

32°. *Idem* au baron Bignon, cent mille francs. Je l'engage à écrire l'histoire de la diplomatie française de 1792 à 1815.

33°. *Idem* à Poggi de Talaro, cent mille fr.

34°. Au chirurgien Emmery, cent mille fr.

35°. Ces sommes seront prises sur les six millions que j'ai placés en partant de Paris, en 1815, et sur les intérêts, à raison de 5 pour cent, depuis 1815 : les comptes seront arrêtés avec le banquier, par les comtes Montholon, Bertrand et Marchand.

36°. Tout ce que ce placement produira au-delà de la somme de 5,600,000 francs, dont il a été disposé ci-dessus, sera distribué en gratifications aux blessés de Waterloo, et aux officiers et soldats du bataillon de l'île d'Elbe, sur un état arrêté par Montholon, Bertrand, Drouot, Cambronne et le chirurgien Larrey.

37°. Ces legs, en cas de mort, seront payés aux veuves et enfans, et à défaut de ceux-ci, rentreront à la masse.

Art. III. 1°. Mon domaine privé étant ma propriété, dont aucune loi française ne m'a privé, que je sache, le compte en sera demandé au baron de la Bouillerie, qui en était le trésorier. Il doit se monter à plus de 200,000,000 francs, savoir : 1° le porte-feuille contenant les économies que pendant quatorze ans j'ai faites sur ma liste civile, lesquelles se sont élevées à plus de 12,000,000 par an : j'ai bonne mémoire ; 2° le produit de ce porte-feuille ; 3° les meubles de mes palais tels qu'ils étaient en 1814. Les palais de Rome, Florence, Turin, compris : tous ces meubles ont été achetés des deniers revenus de la liste civile ; 4° la liquidation de mes maisons du royaume d'Italie, tels qu'argent, bijoux, meubles, écuries : les comptes en seront donnés par le prince Eugène, et l'intendant de la couronne Compagnoni.

2°. Je lègue mon domaine privé, moitié aux officiers et soldats qui restent des armées françaises qui ont combattu depuis 1792 jusqu'à 1815, pour la gloire et l'indépendance de la Nation. La répartition en sera faite au prorata des appointemens d'activité. Moitié aux villes et campagnes d'Alsace, de Lorraine, de Franche-Comté, de la Bourgogne, de l'Ile de France, de

Champagne, Forez, Dauphiné, qui auraient souffert par l'une et l'autre invasion. Il sera de cette somme prélevé un million pour la ville de Brienne et un million pour la ville de Méry.

J'institue les comtes de Montholon, Bertrand et Marchand, mes exécuteurs testamentaires.

Le présent testament, tout écrit de ma propre main, est signé et scellé de mes armes.

Signé NAPOLÉON.

Etat A *joint à mon Testament.*

I. 1°. Les vases sacrés qui ont servi à ma chapelle à Longwood.

2°. Je charge l'abbé de Vignale de les garder et de les remettre à mon fils quand il aura seize ans.

II. 1°. Mes armes, savoir : mon épée, celle que je portais à Austerlitz, le sabre de Sobieski, mon poignard, mon glaive, mon couteau de chasse, mes deux paires de pistolets de Versailles.

2°. Mon nécessaire d'or, celui qui m'a servi le le matin d'Ulm, d'Austerlitz, d'Iéna, d'Eylau, de Friedland, de l'île de Lobau, de la Moskowa, de Montmirail. Sous ce point de vue, je désire qu'il soit précieux à mon fils. (Le comte Bertrand en est le dépositaire depuis 1814.)

8°. Je charge le comte Bertrand de soigner et et de conserver ces objets ; et de les remettre à mon fils quand il aura seize ans.

III. 1°. Trois petites caisses d'acajou contenant, la première, trente-trois tabatières ou bonbonnières ; la deuxième, douze boîtes aux armes impériales, deux petites lunettes et quatre boîtes trouvées sur la table de LOUIS XVIII, aux Tuileries, le 20 mars 1815 ; la troisième, trois tabatières ornées de médailles d'argent à l'usage de l'Empereur : et divers effets de toilette conformément aux états numérotés : I, II, III.

2°. Mon lit de camp, dont j'ai fait usage dans toutes mes campagnes.

3°. Ma lunette de guerre.

4°. Mon nécessaire de toilette. Un de chacun de mes uniformes, une douzaine de chemises, et un objet complet de chacun de mes habillemens, et généralement de tout ce qui sert à ma toilette.

5°. Mon lavabo.

6°. Une petite pendule qui est dans ma chambre à coucher de Longwood.

7°. Mes montres et la chaîne de cheveux de l'Impératrice.

8°. Je charge Marchand, mon premier valet

de chambre, de garder ces objets et de les remettre à mon fils lorsqu'il aura seize ans.

IV. 1°. Mon médaillier.

2°. Mon argenterie et ma porcelaine de Sèvres, dont j'ai fait usage à Sainte-Hélène: états, *b* et *c*.

3°. Je charge le comte Montholon de garder ces objets et de les remettre à mon fils quand il aura seize ans.

V. 1°. Mes trois selles et brides, mes éperons qui m'ont servi à Sainte-Hélène.

2°. Mes fusils de chasse au nombre de cinq.

3°. Je charge mon chasseur Novarre de garder ces objets, et de les remettre à mon fils quand il aura seize ans.

VI. 1°. Quatre cents volumes choisis dans ma bibliothèque parmi ceux qui ont le plus servi à mon usage.

2°. Je charge Saint-Denis de les garder et de les remettre à mon fils quand il aura seize ans.

Signé NAPOLÉON.

ETAT (*a*).

1°. Il ne sera vendu aucun des effets qui m'ont servi. Le surplus sera partagé entre mes exécuteurs testamentaires et mes frères.

2°. Marchand conservera mes cheveux, et en fera faire un bracelet avec un petit cadenas en or pour être envoyés à l'Impératrice Marie-Louise, à ma mère, et à chacun de mes frères, sœurs, neveux, nièces, au cardinal, et un plus considérable pour mon fils.

3°. Marchand enverra une de mes paires de boucles à souliers, en or, au prince Joseph.

4°. Une petite paire de boucles en or à jarretière au prince Lucien.

5°. Une boucle de col en or au prince Jérome.

ETAT (a).

Inventaire de mes effets que Marchand doit garder pour remettre à mon Fils.

1°. Mon nécessaire d'argent, celui qui est sur ma table garni de tous ses ustentiles, rasoirs, etc.

2°. Mon réveil-matin. C'est le réveil-matin de Fréderic II, que j'ai pris à Postdam (dans la boîte n° III).

3°. Mes deux montres avec les chaînes des cheveux de l'Impératrice; et une chaîne de mes cheveux pour l'autre montre. Marchand la fera faire à Paris.

4°. Mes deux sceaux (un de France enfermé dans la boîte n° III).

5°. La petite pendule dorée qui est actuellement dans ma chambre à coucher.

6°. Mon lavabo, son pot à l'eau et son pied,

7°. Mes tables de nuits, celles qui servent en France, et mon bidet de vermeil.

8°. Mes deux lits de fer, mes matelas et mes couvertures; s'ils peuvent se conserver.

9°. Mes trois flacons d'argent où l'on mettait mon eau-de-vie que portaient mes chasseurs en campagne.

10. Ma lunette de France.

11°. Mes éperons, deux paires.

12°. Trois boîtes d'acajou, n° I, II, III, renfermant mes tabatières et autres objets.

13°. Une cassolette en vermeil.

Linge de toilette.

6 chemises; 6 mouchoirs; 6 cravates; 6 serviettes; 6 paires de bas de soie, 4 cols noirs; 6 paires de chaussette; 2 paires de draps de batiste; 2 taies d'oreiller; 2 robes de chambre; 2 pantalons de nuit; 1 paire de bretelles; 4 culottes, veste de casimir blanc; 6 madras; 6 gilets de flanelle; 4 caleçons; 6 paires de gants; 1 petite boîte pleine de mon tabac; 1 boucle de col en or; 1 paire de boucles de jarretières en or; 1 paire de boucles en or à souliers; 1 uniforme de chasseur; 1 *idem* de grenadier; 1 *idem* de garde national; 1 capote grise et verte; un manteau bleu (celui que j'avais à Marengo); 1 bebeline, petite veste;

2 paires de souliers; 2 paires de bottes; 1 paire de pantoufles; 6 ceinturons.

ETAT (*b*).

Inventaire des effets que j'ai laissés chez M. le comte de Turenne.

1 Sabre Sobieski; 1 grand collier de la Légion-d'Honneur; 1 épée en vermeil; 1 glaive de Consul; 1 épée en or; 1 ceinturon de velours; 1 collier de la Toison-d'Or; 1 petit nécessaire en acier; 1 veilleuse en argent; 1 poignée de sabre antique; un chapeau à la Henri IV et une toque, les dentelles de l'Empereur; 1 petit médailler; 2 tapis turcs; 2 manteaux de velours cramoisi brodés, avec veste et culotte.

1°. Je donne à mon fils: le sabre de Sobieski; le collier de la Légion-d'Honneur; l'épée en vermeil; le glaive de Consul; l'épée en fer; le collier de la Toison-d'Or; le chapeau de Henri IV et la toque; le nécessaire d'or pour les dents, resté chez le dentiste.

2°. À l'Impératrice Marie-Louise, mes dentelles; à Madame, la veilleuse en argent, au cardinal, le petit nécessaire en acier; au prince Eugène, le bougeoir en vermeil; à la princesse Pauline, le petit médailler; à la reine de Naples, un petit tapis turc; à la reine Hortense, un petit tapis turc; au prince Jérôme, la poignée du sabre antique; au prince Joseph, un manteau brodé, veste et culotte; au prince Louis, un manteau brodé, veste et culotte.

Signé NAPOLÉON.

Au dos des feuilles pliées et scellées renfermant l'ensemble du Testament, se lisait : *Ceci est mon Testament écrit tout entier de ma propre main.*

Signé NAPOLÉON.

Ce 24 avril 1821. Longwood.

Ceci est mon Codicille, ou acte de ma dernière volonté.

Sur la liquidation de ma liste civile d'Italie, tel que argent, bijoux, argenterie, linge, meubles, écuries, dont le vice-roi est dépositaire, et qui m'appartenaient, je dispose de deux millions que je lègue à mes plus fidèles serviteurs. J'espère que, sans s'autoriser d'aucune raison, mon fils Eugène Napoléon les acquittera fidèlement. Il ne peut oublier les 40,000,000 fr. que je lui ai donnés soit en Italie, soit par le partage de la succession de sa mère.

1°. Sur ces deux millions je lègue au comte

Bertrand 300,000 fr., dont il versera 100,000 dans la caisse du trésorier, pour être employés selon mes dispositions à l'acquit de legs de conscience.

2°. Au comte de Montholon, 200,000 fr., dont il versera 100,000 dans la caisse pour le même usage que ci-dessus.

3°. Au comte Las-Cases 200,000 fr., dont il versera 100,000 dans la même caisse pour le même usage que ci-dessus.

4°. A Marchand, 100,000 fr., dont il versera 50,000 à la caisse pour le même usage que ci-dessus.

5°. Au comte Lavalette, 100,000 fr.

6°. Au général Hogendord, hollandais, mon aide-de-camp, réfugié au Brésil, 50,000 fr.

7°. A mon aide-de-camp Corbinau, 50,000 fr.

8°. A mon aide-de-camp Cafarelli, 50,000 fr.

9° A mon aide-de-camp Dejean, 50,000 fr.

10° A Percy, chirurgien en chef à Waterloo, 50,000 fr.

11°. 80,000 fr., savoir : 10,000 à Peyron, mon maître d'hôtel ; 40,000 à Saint-Denis, mon premier chasseur ; 10,000 à Novarre ; 10,000 à Corsors, mon maître d'office ; 10,000 à Archambeau, mon piqueur.

12°. Au baron Ménevalle, 50,000 fr.

13°. Au duc d'Istrie, fils de Bessières, 50,000 francs.

14°. A la fille de Duroc, 50,000 fr.

15°. Aux enfans de Labédoyère, 50,000 fr.

16°. Aux enfans de Mouton-Duverney, 50,000 francs.

17°. Aux enfans du brave et vertueux général Travot, 50,000 fr.

18°. Aux enfans de Chartrand, 50,000 fr.

19°. Au général Cambronne, 50,000 fr.

20°. Au général Lefebvre-Desnouettes, 50,000 francs.

21°. Pour être repartis entre les proscrits qui errent en pays étrangers, Français, ou Italiens, ou Belges, ou Hollandais, ou Espagnols, ou des départemens du Rhin, sur ordonnance de mes exécuteurs testamentaires, 100,000 fr.

22°. Pour être répartis entre les amputés ou blessés grièvement de Ligny, Waterloo, encore vivans, sur des états dressés par mes exécuteurs testamentaires, auxquels seront joints Cambronne, Larrey, Percy et Emmery, il sera donné double à la garde, quadruple à celle de l'île d'Elbe, 200,000 fr.

Ce codicille est écrit entièrement de ma propre main, signé et scellé de mes armes.

Signé NAPOLÉON.

Ce 24 avril 1821, Longwood.

Ceci est un autre Codicille à mon Testament.

1°. Nous léguons au fils ou petit-fils du baron Duteuil, lieutenant-général d'artillerie, ancien seigneur de Saint-André, qui a commandé l'école d'Auxonne, avant la révolution, 100,000 fr., comme souvenir de reconnaissance pour les soins que ce brave général prit de nous, lorsque nous étions comme lieutenant et capitaine sous ses ordres.

2°. *Idem* au fils ou petit-fils du général Dugommier, qui a commandé en chef l'armée de Toulon, la somme de 100,000 fr. Nous avons sous ses ordres dirigé ce siége, commandé l'artillerie. C'est en témoignage de souvenir pour les marques d'estime, d'affection et d'amitié que nous a données ce brave et intrépide général.

3°. *Idem* nous léguons 100,000 fr. au fils ou petit-fils du député de la Convention, Gasparin, représentant du peuple à l'armée de Toulon, pour avoir protégé, sanctionné de son autorité le plan que nous avons donné, qui a valu la prise de cette ville, et qui était contraire à celui envoyé par le Comité du salut public. Gasparin nous a mis par sa protection à l'abri des persécutions de l'ignorance des états-majors qui commandaient l'armée avant l'arrivée de mon ami Dugommier.

4°. *Idem* nous léguons 100,000 fr. à la veuve, fils ou petit-fils de notre aide-de-camp Muiron, tué à nos côtés à Arcole, nous couvrant de son corps.

5°. *Idem* 100,000 fr. au sous-officier Cantillon qui a essuyé un procès, comme prévenu d'avoir voulu assassiner lord Wellington, ce dont il a été déclaré innocent. Cantillon avait autant de droit d'assassiner cet oligarque, que celui-ci de m'envoyer périr sur le rocher de Sainte-Hélène. Wellington qui a proposé cet attentat, cherchait à le justifier sur l'intérêt de la Grande-Bretagne. Cantillon, si vraiment il eût assassiné le lord, se serait couvert, et aurait été justifié par les mêmes motifs, l'intérêt de la France, de se défaire d'un général qui, d'ailleurs, avait violé la capitulation de Paris; et par-là s'était rendu responsable du sang des martyrs Ney, Labédoyère, etc., et du crime d'avoir dépouillé les Musées contre le texte des traités.

6°. 410,000 fr. seront ajoutés aux 6,400,000 f. dont nous avons disposé, et porteront mes legs à 6,810,000. Ces 410,000 doivent être considérés comme faisant partie de notre Testament, article 35, et suivre en tout le même sort que les autres legs.

7°. Les 9,000 livres sterling que nous avons données au comte et à la comtesse de Montholon, doivent, si elles ont été soldées, être déduites et portées en compte sur les legs que nous lui faisons par nos Testamens : si elles n'ont pas été acquittées, nos billets seront annulés.

8°. Moyennant les legs faits par notre Testament au comte Montholon, la pension de 20,000 fr. accordée à sa femme est annulée : le comte Montholon est chargé de la lui payer.

9°. L'administration d'une pareille succession, jusqu'à son entière liquidation, exigeant des frais de bureau, de courses, de missions, de consultations, de plaidoiries, nous entendons que nos exécuteurs testamentaires retiendront trois pour cent, sur tous les legs, soit sur les 6,800,000 francs, soit sur les sommes portées dans les Codicilles, soit sur les 200,000,000 du domaine privé.

10°. Les sommes provenant de ces retenues seront déposées dans les mains d'un trésorier, et dépensées sur mandat de nos exécuteurs testamentaires.

11°. Si les sommes provenant desdites retenues n'étaient pas suffisantes pour pourvoir aux frais, il y sera pourvu aux dépens des trois exécuteurs testamentaires et du trésorier, chacun dans la proportion du legs que nous leur avons fait par notre Testament et Codicilles.

12°. Si les sommes provenant desdites retenues sont au-dessus des besoins, le restant sera partagé entre nos trois exécuteurs testamentaires et le trésorier, dans le rapport de leurs legs respectifs.

13° Nous nommons le comte de Las-Cases, et, à son défaut, son fils, et, à son défaut, le général Drouot, trésorier.

Ce présent codicile est entièrement écrit de notre main, signé et scellé de nos armes.

Signé NAPOLÉON.

Avant de donner un léger aperçu du *Mémorial de Sainte-Hélène*, nous croyons devoir rapporter ici des traits détachés, anecdotes et particularités concernant Napoléon.

ANECDOTES ET PARTICULARITÉS

CONCERNANT

NAPOLÉON.

Quand un jour l'insulaire hélenois viendra méditer sur le mausolée de l'illustre exilé, il s'écriera, sans doute : « Voilà donc la dernière
» demeure de celui qui tint dans ses mains les
» destinées de l'Europe, qui dispensait à son
» gré des couronnes, fondait des États, des mo-
» numens, relevait les autels abattus, créait
» son armée, sa législation, son siècle, et im-
» primait sur toute l'Europe le cachet de Na-
» poléon! Voilà donc celui qui, plein d'esprit
» dans un salon, de génie au Conseil, à la tête de
» son armée, d'audace à cheval, dans les camps,
» dans les batailles, est venu, après tant de tra-
» vaux illustres, terminer sa carrière sur un ro-
» cher désert, qui semble s'être élancé du sein de
» l'onde pour que son tombeau reçût, comme
» toute sa vie, l'empreinte du grand et de l'ex-
» traordinaire!..... »

« Le boulet qui tua Moreau, dit Napoléon, a été *le dernier messager de ma fortune.* »

Profond mathématicien, le monde n'était pour Bonaparte qu'un grand échiquier, un vaste tapis vert sur lequel il se plaisait à jouer le *va-tout* d'une couronne.

Il n'est pas douteux que Bonaparte, appelé assez ridiculement par les Prussiens, *le Singe-Tigre*; par les Espagnols, *mata-Dios* (*tue-Dieu*); par les Italiens, *Bon-à-part*, et par les Allemands, plus judicieusement, L'HOMME DU DESTIN; il n'est pas douteux, disons-nous, que ce prince croyait à la destinée, se faisait un dogme tout particulier de sa croyance, et plein de ses idées de *fatalisme*, s'est cru très-jeune, le plus cher objet de prédilection du destin.

Un homme connu sous plus d'un régime, ayant dit à Mme de Staël, après la bataille de Waterloo, que Napoléon n'avait ni talent ni courage : *C'est aussi par trop rabaisser la Nation française et l'Europe, lui répondit-elle, que de prétendre qu'elles aient obéi quinze ans à une bête et à un poltron.*

Bonaparte vit de bonne heure avec le prisme des objets les plus romanesques ; la soif ardente qu'il avait de célébrité, ne lui faisait attacher aucune préférence au sol natal ou au sol étranger, pourvu qu'il fût célèbre. C'est ce qui a fait dire à M. de Pradt : *Il étouffait dans l'univers*, à l'imitation du poète latin.... *Exuat in orbe.....*

Les Français, dit-il une fois à un de ses intimes, « ne sont que des *machines nerveuses*,
» de métal mince, aussi facile à s'échauffer qu'à
» se refroidir ; l'art est de s'en servir prompte-
» ment lorsqu'elles brûlent. »

Ce fut Joséphine qui remit à son nouvel époux son titre de général en chef de l'armée d'Italie. Dès ce moment tous les regards de l'envie furent fixés sur lui ; mais à peine il s'était écoulé trois mois que cet homme extraordinaire avait surpassé tous les émules de sa gloire. « *Je vous dois beaucoup*, avait-il dit à son épouse, *mais j'y perdrai la tête, ou l'on me verra plus grand qu'on ne s'y attend.*

Bonaparte n'aimait pas qu'une femme se mêlât de balancer les intérêts des États. A l'époque où il n'était encore que général, il se trouva dans un cercle où madame de Staël venait, dans une espèce de dissertation, de juger les différens partis qui avaient successivement gouverné la France. Tout le monde joignait son avis au sien et applaudissait à son esprit : Bonaparte seul se taisait; elle s'en aperçut. « — Eh
» bien! général, est-ce que vous n'êtes pas de
» mon avis? — Madame, je n'ai pas écouté,
» parce que je n'aime pas que les femmes se
» mêlent de politique. — Vous avez raison, général, répondit l'aimable raisonneuse, mais
» dans un pays où on leur coupe la tête, il est
» naturel qu'elles aient envie de savoir pour-
» quoi. »

Bonaparte ne répliqua rien : c'est un homme que la résistance et une bonne raison apaisent : ceux qui ont souffert avec tant de résignation son despotisme, doivent en être autant accusés que lui-même.

———

Ce qui constitue souvent en Napoléon le grand homme, c'est l'amour qu'il avait pour ses ouvrages (la conquête d'Italie et les républiques qu'il y avait établies), et le cachet de l'immorta-

lité qu'il voulait leur imprimer : « La faveur pu-
» blique, répétait il sans cesse, légère comme
» le zéphir, inconstante comme les saisons,
» passe comme elles : j'aurai vécu dans un siècle
» où, peut-être, je n'aurai recueilli pour tant
» de hauts faits que le silence et l'oubli !... Les
» Nations érigent une statue, demain elles la
» brisent. »

Une Egyptienne, née dans ses affreux déserts, reste des Sybilles de l'antique Thessalie, vieillie sur ce vaste océan de sables et d'antiques monumens, dévoila l'avenir à Bonaparte, et lui prophétisa le terme et le tems de ses grandeurs. « Tu auras deux épouses, lui dit-elle; tu en ré-
» pudieras une de ton lit à grand tort : ce sera
» la première. La seconde ne lui sera point in-
» férieure par ses grandes qualités (1) et la sur-
» passera principalement par l'éclat de ses
» charmes, l'illustration de sa famille et sa grande
» jeunesse. Tu en auras un fils charmant qui te
» ressemblera beaucoup, et donnera de bonne
» heure le présage d'un grand esprit. Après les
» conquêtes les plus brillantes, après avoir dis-
» posé à ton gré des couronnes et des Etats, tu

(1) La sybille s'est trompée un peu fort : on a ignoré jusqu'à ce jour les grandes qualités de Marie-Louise.

» verras une ligue formidable s'élever de toutes
» parts; tes frères, tes sœurs te trahiront et
» tourneront leurs armées contre les tiennes;
» enfin poursuivi dans tes derniers retranche-
» mens, on t'exilera sur un rocher volcanique,
» entouré d'une mer orageuse, où tu achèveras
» ton illustre carrière; et tes restes, placés dans
» une tombe modeste, diront au voyageur
» étonné : *Telle est la fragilité des grandeurs*
» *humaines !* »

La prédiction fit beaucoup d'impression sur Bonaparte qui avait, dit-on, la faiblesse de croire aux dires des tireuses de cartes.

———

Napoléon, lorsqu'il était en Egypte, ne laissait pas d'être instruit, par des correspondances secrètes, de l'état des affaires de Paris : la Malmaison, résidence délicieuse où s'était réfugiée Joséphine, était le foyer de tous les grands changemens. Lucien était l'ordonnateur, le premier ministre des menées clandestines de ces conciliabules à *huis-clos*. Napoléon n'avait pas oublié ce propos tenu par Barras; propos qu'on lui avait répété : « Enfin ce faquin de Bonaparte est parti !....
» Certes il est bien mort pour la France, s'il
» ne l'est pas pour l'Afrique ! »

Napoléon traitait l'espèce humaine comme une matière première, et à force d'être grand, il n'avait plus rien d'humain. — « Je ne veux point d'armées mécaniques à la prussienne, disait-il souvent ; c'était bon pour les vieilles monarchies, où les rois n'avaient que la peine de naître ; mais aujourd'hui que la sphère du raisonnement s'est extraordinairement agrandie, que tout Français sent et pense, il faut frapper puissamment l'imagination et fanatiser les esprits. » Cette tactique nouvelle était d'un effet infaillible sur le caractère du Français facile à électriser.

———

Madame de Staël a dit : « Je voulais écrire l'histoire de Napoléon ; mais je me vois forcée à n'écrire que les *Aventures* de Bonaparte. » D'après l'opinion de cette dame, les histoires de tous les conquérans ne seraient que des *aventures*. La passion aveugle les meilleurs esprits.

———

La veille de la bataille de Marengo, Bonaparte, habile à remuer l'âme du soldat par ses harangues électriques, avait fait circuler dans son armée, une proclamation qui se terminait ainsi : » Arrachez à l'ennemi les lauriers dont il

» s'est emparé, apprenez au monde que la
» malédiction du *destin* plane sur les insensés
» qui osent insulter le territoire du grand peuple.
» Le résultat de tous nos efforts sera *gloire*
» *sans nuage, paix solide.* »

M. de Châteaubriand, dans une brochure intitulée : *Dernier avis aux électeurs*, qui a paru au commencement du mois de septembre 1827, à l'appui de ses raisonnemens, fait intervenir Bonaparte comme sujet propre à les confirmer. Voici comme il s'exprime :

» Dans l'ordre illégitime même, Bonaparte
» n'a péri que parce qu'il a été infidèle à sa mis-
» sion. Né de la république, il a tué sa mère.
» Il s'est hâté de jouir et d'abuser de sa gloire
» comme d'une jeunesse fugitive. Il paraissait
» sur tous les rivages, il inscrivait précipitam-
» ment son nom dans les fastes de tous les
» peuples ; il jetait en courant des diadèmes à
» sa famille et à ses soldats ; il se dépêchait dans
» ses monumens, dans ses lois, dans ses vic-
» toires. Penché sur le monde, d'une main il
» terrassait les rois, de l'autre, il abattait le
» géant révolutionnaire. Mais, en écrasant l'a-
» narchie, il étouffa la liberté, et finit par
» perdre la sienne sur son dernier champ de
» bataille. »

Madame de Staël fait ainsi le portrait de Bonaparte sous celui d'Attila. On sait que l'Empereur ne se trompa point sur la ressemblance du portrait, et qu'il crut devoir exiler celle qui se permettait de telles licences.

« Enfin, il paraît ce terrible Attila, au mi-
» lieu des flammes qui ont consumé la ville
» d'Aquilée; il s'assied sur les ruines des palais
» qu'il vient de renverser, et semble à lui seul
» chargé d'accomplir en un jour l'œuvre des
» siècles. Il a comme une sorte de superstition
» envers lui-même, il est l'objet de son culte;
» il croit en lui; il se regarde comme l'instru-
» ment des décrets du ciel, et cette conviction
» mêle un certain système d'équité à ses crimes.
» Il reproche à ses ennemis leurs fautes, comme
» s'il n'en avait pas commis plus qu'eux tous;
» il est féroce, mais c'est un barbare qui veut
» paraître généreux; il est despote, mais sa
» fermeté n'est que dans le crime; enfin, au
» milieu des richesses du monde, il vit comme
» un soldat, et ne demande à la terre que la
» jouissance de la conquérir. »

Parmi quelques caprices galans, sans attachement réel, Bonaparte n'avait pas laissé d'aimer assez long-tems une fort jolie polonaise, madame R***, dont il eut un très beau garçon :

c'est le seul enfant de l'amour qu'on lui connaisse. Cette dame fit le trajet de Varsovie à l'île d'Elbe; cette démarche toucha sensiblement le monarque détrôné; cependant, par égard pour Marie-Louise (1) il ne consentit pas à ce qu'elle fit un long séjour dans l'île. On ne saurait donner trop d'éloges à cet excès de délicatesse dans la situation où Bonaparte se trouvait.

Madame de Staël qui avait traité Napoléon de *Robespierre à cheval,* ajouta qu'il était l'exécuteur testamentaire de l'avocat d'Arras. Vengeance d'une femme dont on avait repoussé les feux et les conseils !

Peu d'hommes ont monté à cheval avec autant d'intrépidité que Bonaparte; en général, ses chevaux n'étaient pas brillans, mais d'une race arabe excellente, et dressés pour partir de

(1) Cette *bonne* Marie-Louise était loin d'imiter son époux. Sa conduite fut très-répréhensible depuis sa séparation de Napoléon. Le général Gourgaud, dans une lettre qu'il lui adressa à une certaine époque, n'hésita pas de lui détailler ses torts, et de lui faire sentir qu'elle était indigne d'être l'épouse d'un grand homme et du premier capitaine de l'Europe.

suite au petit galop de chasse. On a calculé une fois, à la grande armée, peu de tems avant la bataille de Friedland, que Napoléon avait été *onze jours* à cheval, ne prenant que très-peu de repos; toute sa suite, hommes, chevaux, étaient abîmés de fatigue : pendant la nuit, dans les camps lorsqu'il arrivait, une compagnie de grenadiers lui faisait à la hâte une baraque avec des branchages, et vingt-quatre sentinelles en formaient la ceinture. Ce petit temple de Mars n'était rien moins qu'un séjour de repos ; les maréchaux, les aides-de-camp ne faisaient qu'entrer et sortir : l'étude des cartes, de la stratégie prenait tout le tems de notre héros, et le sommeil ne pouvait se fixer un instant sur ses paupières. A peine était-il descendu de cheval, qu'un officier de bouche allumant quelques genets, se faisant un petit bivouac, préparait le café dans une petite casserole d'argent ; c'est l'esprit stimulant de cet arôme qui tenait dans une sorte d'électricité continuelle, les grandes facultés de Bonaparte. Le café était l'*Hypocrène* de Voltaire ; le café était pareillement le grand *stimulus* de Bonaparte. Cet homme extraordinaire était parvenu au point de renverser et même de détruire en lui l'ordre de la nature : il dormait quand il voulait, en se jetant sur un lit de camp portatif qu'il a fait transporter à Sainte-Hélène. Sur la fin de son règne, et particulièrement à la défaite des Bavarois à Hanau, près Francfort, où il a tiré l'épée, et s'est mis à la tête de ses escadrons de service, il faisait toujours dresser trois tentes qui se communiquaient entre elles, comme si sa tête eût été mise à prix : on ignorait dans laquelle des trois il reposait. — Souvent la garde murmurait de l'excès de ses privations et de ses fatigues ; on le lui reportait : « *Laissez dire mes vieux grognards*, répondait-il, *ils se plaindraient bien plus, si je cessais de leur fournir l'occasion d'acquérir de la gloire.* » L'ennemi appelait la vieille garde *les Ruches*, à cause des bonnets de poils qu'ils portaient, et qui en avaient la forme.

Napoléon passant une revue à Lobeinstein, avant la bataille d'Iéna, demande à un colonel « Combien d'hommes présens ? — Cinq cents, » répond le colonel, mais parmi eux, beau- » coup de jeunes gens. — Qu'importe, lui dit » l'Empereur, d'un air qui marquait sa sur- » prise d'une pareille observation, ne sont-ils » pas tous Français ? » Puis, se tournant vers le régiment, il ajouta : « Jeunes gens, il ne faut » pas craindre la mort : quand on ne la craint » pas, on la fait passer dans les rangs ennemis. » A ces mots, on entendit comme un frémissement d'armes et de chevaux, et un soudain murmure d'enthousiasme, précurseur de la victoire mémorable qui, quarante-huit heures après, renversa la colonne de Rosbach.

———

En 1796, le général Bonaparte portait avec ennui, avec dépit, le joug des Directeurs, qu'il méprisait au fond de l'âme, les regardant du haut de sa nouvelle élévation. Des hommes qui se disaient parfaitement instruits, ont avancé qu'à cette époque, à l'issue de quelques démêlés entre Bonaparte et le Directoire, qui provenaient de l'envoi de quelques reliques, de quelques madones, au lieu de l'or et des pierreries que les Directeurs convoitaient, ce premier parla d'ériger la Lombardie en royaume, allié de l'Autriche, de s'emparer de ce sceptre, *en attendant mieux*, et de voir venir les événemens. « *Vos Directeurs!..... Vos plaisans* » *Directeurs!* disait Napoléon à Desaix, qui » lui faisait quelques représentations : *Il n'y* » *en a pas un d'eux à qui je ne fasse baiser* » *ma botte pour* 100,000 fr.

———

On prétend que madame de Staël ne devint l'ennemie de Napoléon, que parce que ce dernier avait blessé son amour-propre et mortifié sa fierté.

L'Empereur passant près de Coppet, voulut y voir M. Necker. Sa fille s'y trouvait en ce moment. Elle assista à la conférence, prit part à la conversation, et avec un ton doctoral, qui, plus d'une fois, fit oublier son beau talent, voulut donner au souverain de la France une leçon sur l'art de gouverner. Bonaparte ne crut devoir lui répondre qu'en lui demandant si elle avait des enfans : *indè iræ*.

« Je ne suis point, disait Bonaparte à José-
» phine, son épouse, de ces hommes faibles qui,
» dans le cercle étroit de leurs pensées, ne
» savent pas étendre leurs vues dans l'avenir, et
» ignorent que la nature, à des époques fixes,
« manifeste sa force et sa puissance, en créant
» des êtres qu'elle fortifie de ses dons, pour
» gouverner et instruire leur siècle ; mon am-
» bition est juste ; elle est le sentiment intérieur
» de mes forces. »

Madame de Staël était dangereusement malade, lorsque le manuscrit venu de Sainte-Hélène causa en France, et même dans toute l'Europe, la plus vive sensation. Malgré son état de faiblesse, elle voulut qu'un de ses enfans lui fît la lecture de cet ouvrage. Voici le jugement qu'elle en porta.

« Les Chaldéens adoraient le serpent, dit-elle;
» les Bonapartistes en font de même pour ce
» manuscrit de Saint-Hélène; mais je suis loin
» de partager leur admiration. Ce n'est que le
» style de ses notes du *Moniteur*; et si jamais
» je me rétablis, je crois pouvoir réfuter cet
» écrit de bien haut. » On voit par là que la haine de cette dame pour Napoléon était loin d'être calmée.

Le désir bien prononcé par Bonaparte de ne ressembler en rien aux autres hommes et de leur donner des lois, lui fut transmis avec l'existence, et *s'est fondu avec son être.*

« *Il y a*, disait-il quelquefois avec chaleur
» à MM. d'Harved et Blinkmann, ses intimes,
» *lorsqu'il n'était que général de brigade, deux*
» *trônes vacans en Europe*; ceux de l'Espagne
» et de la Turquie!... *Oui, je puis devenir à*
» *Constantinople le second tome du comte*
» *de Bonneval; les Turcs sont les derniers*
» *des peuples sous tous les rapports mili-*
» *taires; un Français-Corse les dégrossira,*
» *les mariera, car leur polygamie paralyse*
» *tout; oui, je les ferais marcher sur trois*

» siècles pour les mettre à la hauteur des au-
» tres nations; leur esprit de sédition et d'in-
» discipline ne m'effraie pas. J'empaterai dix
» régimens, s'il le faut, pour en faire obéir
» un; leur ignorance servira mes desseins;
» s'ils étaient plus éclairés, j'éprouverais plus
» d'obstacles. «

Le 7 juin 1815, Napoléon fit l'ouverture des Chambres, et son discours fut accueilli par le cri unanime de *Vive l'Empereur !* Mais l'adresse de la Chambre des Députés en réponse à ce discours indiquait que les députés ne regardaient pas la Constitution de l'Empire et l'acte additionnel donné par l'Empereur, comme offrant assez de garanties à la liberté et à l'égalité du peuple français :

» La Constitution est notre point de rallie-
» ment, répondit Napoléon aux députés; elle
» doit être notre étoile polaire dans les momens
» d'orage. Toute discussion publique qui ten-
» drait à diminuer directement ou indirectement
» la confiance qu'on doit avoir dans ces disposi-
» tions, serait un malheur pour l'État; nous nous
» trouverions au milieu des écueils sans bous-
» sole et sans direction. La crise où nous sommes
» engagés est forte. N'imitons pas l'exemple du
» Bas-Empire qui, pressé de tous côtés par les

» barbares, se rendit la risée de la postérité, en
» s'occupant de discussions abstraites, au mo-
» ment où le bélier brisait les portes de la
» ville. »

———

Les frères de Bonaparte n'avaient pas, suivant le système du docteur GALL, la *protubérance* de la souveraineté, et tous étaient effrayés en secret de monter sur de si dangereuses échasses. Quant au côté des femmes, ennemies jurées de la loi salique, elles aspiraient toutes ardemment à ceindre leur front d'un brillant diadème. Caroline, seulement *princesse* dans son palais de Neuilly, brûlait d'être reine de Naples; elle assiégeait tous les matins le cabinet de Napoléon pour jouir de ce grand avénement; ce qui fit dire une fois à l'Empereur : *Il n'y a pas de jour que mes sœurs ne grattent à ma porte pour avoir une couronne.*

———

A son retour de l'Italie, où il avait cueilli tant de lauriers, Bonaparte, invité à dîner chez le secrétaire du directoire Lagarde, n'accepta qu'à condition que David s'y trouverait. La conversation s'étant établie entre le général et le peintre, dès qu'ils se virent : « Je vous peindrai, dit ce dernier, l'épée à la main, sur le champ de bataille. — Non, répondit Bonaparte, ce n'est plus avec l'épée qu'on gagne des batailles ; je veux être peint calme sur un cheval fougueux. »

———

Lorsqu'après la bataille de Marengo, Bonaparte fut de retour dans la Capitale, les divers corps de l'État s'empressèrent de lui adresser des félicitations ; c'était un concert de louanges, c'était une coupe d'ambroisie dont on abreuvait les lèvres du vainqueur de l'Italie. Ses premiers mots furent : « Eh bien ! avez-vous fait bien de » l'ouvrage depuis que je vous ai quittés. » — La même réponse sortit de vingt bouches à la fois, — ‹ Pas autant que vous, général. » — Puis, s'adressant à Joséphine : « Madame, votre fils » marche rapidement à la postérité ; il s'est cou- » vert de gloire dans toutes les affaires que nous » avons eues en Italie ; il deviendra l'un des plus » grands capitaines de l'Europe. » Madame Bonaparte ne put retenir ses larmes ; il faut être mère pour sentir le charme qu'on éprouve à entendre louer son fils par un héros.

———

C'est à Montebello que furent négociés et signés les traités de la république de Gênes, que fut opérée la réunion des républiques Cispadane et Transpadane, en république Cisalpine, que, choisi pour arbitre entre les Grisons et les habitans de la Walteline, Napoléon rendit cette fameuse sentence : « Aucun peuple ne peut être » sujet d'un autre peuple, sans violer les prin- » cipes du droit public et naturel. »

Lorsqu'un homme vient à s'élever par des facultés extraordinaires sur la scène du monde, il est comme un flambeau autour duquel vient bourdonner un essaim d'insectes ; l'envie, la jalousie, les passions haineuses, mille intérêts particuliers froissés, font naître mille ennemis ténébreux ; le stilet de l'assassin s'aiguise dans l'ombre, et le sein d'un César est à chaque instant exposé aux coups d'un nouveau Brutus ; c'est ce qui arriva à Bonaparte, après une si haute élévation. La machine infernale du 24 décembre 1800, manqua faire sauter en mille débris la voiture du héros de l'Italie, et sans l'heureuse ivresse de son cocher, qui lança ses chevaux et ne craignit pas de heurter le tonneau homicide, c'en était fait de Bonaparte; sa gloire se serait bornée au tome de l'histoire des campagnes d'Egypte et d'Italie. Le *Destin* en ordonna autrement ; les conjurés échouèrent dans leur projet ; *Aréna, Céracchi, Canova, Diana, Saint-Régent, Carbon,* portèrent leur tête sur l'échafaud, et ce plan avorté ne fit qu'ajouter à la puissance de Bonaparte. Ce crime était d'autant plus odieux, que particulièrement l'explosion de la machine devait inévitablement envelopper dans ses foudres un grand nombre de personnes innocentes. C'est ce qui arriva; des femmes, des enfans, des vieillards, furent frappés comme par le tonnerre, et leurs membres furent dispersés et lancés très-loin sur la place du Carrousel. Bonaparte était passé, et s'était rendu à l'Opéra, où l'on donnait ce jour-là les *Horaces*. Fouché, un des plus habiles ministres de police, Dubois, veillaient à la sûreté du premier Consul. Madame Bonaparte, saisie de crainte pour les jours de son époux, au bruit de la détonation, l'avait rejoint dans sa loge. Son premier mouvement avait été de se jeter dans ses bras; elle arrosait son visage de ses pleurs. Mille applaudissemens retentirent alors en l'honneur du vainqueur de Marengo; la scène était du plus grand effet, et les larmes roulaient dans les yeux de tous les spectateurs. On peut bien avancer que, dans ces prémices de sa célébrité, les applaudissemens prodigués au héros étaient *gratuits*, et partaient du cœur.

Ce fut au hameau de la Cour-de-France, ou

la *Vieille Poste* (1), composé d'une ferme e d'une auberge, que Napoléon apprit, en 1814, l'entrée des armées étrangères à Paris. Le 30 mars il passait à Sens, presque seul, car il avait devancé son armée, et marchait à grande hâte vers Paris, accompagné seulement de quelques maréchaux et généraux qui le suivaient, assez mal montés. Napoléon arrive le soir à la Cour-de-France ; là, il s'arrête dans l'auberge du lieu, et envoie quelques officiers à l'armée que commandaient sous les murs de Paris les maréchaux Mortier et Marmont. Il était trop tard, cette armée venait de capituler.

Impatient de connaître le résultat de ses ordres, Napoléon se promenait à grands pas, tantôt dans l'auberge, et tantôt sur la route de Villejuif. Enfin, harassé de fatigue, il se met à table, soupe d'un grand appétit, malgré toute l'imminence des dangers qui l'entourent ; et faisant étendre son lit d'ambulance, il s'y jette et s'endort d'un sommeil tranquille. A minuit il s'éveille, et n'écoutant que son impatience, il s'élance dans une voiture, et court au devant de ses officiers d'ordonnance. Trois voitures remplies de généraux le suivaient avec peine. A quelque distance de la Cour-de-France, ils sont rencontrés par un général qui accourait en

---

(1) A trois lieues de Corbeil, département de Seine-et-Oise.

poste auprès de l'Empereur. Aussitôt Napoléon, le prince de Wagram et Caulaincourt descendent de leurs voitures ; ils rebroussent à pied vers la Cour-de-France, et c'est en marchant dans la boue, à travers les ténèbres d'une nuit profonde, que l'Empereur apprend l'occupation de Paris par les troupes de la coalition, et la capitulation du duc de Raguse. Frappé comme d'un coup de foudre, il s'écrie : *J'aurais préféré qu'on m'eût percé le cœur d'un coup de poignard.*

Rentré à l'auberge de la Cour-de-France, Napoléon tint conseil avec le peu d'officiers qui étaient avec lui L'armée était encore éloignée ; la proximité des troupes ennemies était inquiétante, et il était à craindre d'être à tout instant surpris par la cavalerie russe ou prussienne. Alors il fut décidé dans ce conseil nocturne qu'on se retirerait à Fontainebleau.

———

Lorsque Joseph Bonaparte monta sur le trône de Naples, sa sœur Caroline, alors grande duchesse de Berg, d'un caractère d'ailleurs très-ambitieux, évitait, autant que, possible de se rencontrer avec sa modeste belle-sœur, se voyant obligée de lui donner le titre pénible, pour son orgueil, de *majesté.* Elle osa se plaindre à *Napoléon* de ce qu'il n'avait pas encore songé à lui

donner une couronne. — « Vos plaintes m'éton-
» nent, Madame, lui répondit-il avec le plus
» grand sang-froid : on dirait, à vous entendre,
» *que je vous ai privée de la succession de feu*
» *notre père*.

———

Après avoir changé son titre de premier Consul à vie contre celui d'Empereur, Napoléon s'exprimait ainsi :

« Tout était précaire, dans le système du consulat, parce que rien n'y était à sa place. Il y existait une république de nom, une souveraineté de fait, une représentation nationale faible, un pouvoir exécutif fort, des autorités soumises, et une armée prépondérante.

» Rien ne marche dans un système politique où les mots jurent avec les choses ; le Gouvernement se décrie par le mensonge continuel dont il fait usage : il tombe dans le mépris qu'inspire tout ce qui est faux et faible. On ne peut plus d'ailleurs ruser en politique : les peuples en savent trop long, les gazettes en disent trop.

» Il n'y a plus qu'un secret pour mener le monde : c'est d'être fort, parce qu'il n'y a dans la force ni erreur ni illusion ; c'est le vrai mis à nu.

» Je sentais la faiblesse de ma position, le ridicule de mon consulat. Il fallait établir quelque chose de solide pour servir de point d'appui à la révolution. Je fus nommé Consul à vie : c'était une souveraineté viagère, insuffisante en elle-même, puisqu'elle plaçait un doute dans l'avenir, et que rien ne gâte la confiance comme la prévoyance d'un changement.

» La France qui voulait se préserver à tout prix de la contre-révolution, se rapprochait de moi, parce que je promettais de l'en garantir ; elle voulait dormir à l'ombre de mon épée.

» La forme républicaine ne pouvait plus durer, parce qu'on ne fait pas des républiques avec des vieilles monarchies. Ce que voulait la France, c'était sa grandeur. Pour en soutenir l'édifice, il fallait anéantir les factions, consolider l'œuvre de la révolution, et fixer sans retour les limites de l'État. Seul, je promettais à la France de remplir ces conditions.

« Je ne pouvais pas devenir roi. C'était un titre usé, il portait avec lui des idées reçues. Mon titre devait être nouveau comme la nature de mon pouvoir. Je n'étais pas l'héritier des Bourbons. Il fallait être beaucoup plus pour s'asseoir sur le trône. Je pris le nom d'Empereur, parce qu'il était plus grand et moins défini. »

Fouché, dans une conversation avec Napoléon, lui dit que telle chose était impossible..... —

Impossible !... s'écria Napoléon : « Apprenez
» que, quand on a vu Louis XVI périr sur l'é-
» chafaud, Marie-Antoinette, abreuvée d'ou-
» trages, raccommodant elle-même sa robe et
» ses souliers, puis livrer sa tête au bourreau,
» après une longue agonie, rien n'est *impos-
» sible*, Monsieur. »

On a publié en 1815, quarante prétendues lettres de Napoléon, nous citerons les deux suivantes qu'on ne taxera pas d'être prolixes et diffuses. Dans la première, Bonaparte croit sa maîtresse infidèle :

« Vous êtes une ingrate, une parjure, Madame,
» et votre conduite avec M. J*** est infâme : il
» serait inutile de m'adresser des excuses : re-
» noncez à moi pour toujours. »

Les soupçons étaient mal fondés ; les amans se réconcilient, et la correspondance continue.

Dans la seconde lettre, Bonaparte est à Paris, il commence à chercher des protecteurs.

« Je ne puis m'absenter de toute la journée,
» ma bonne amie ; mais demain je serai chez
» toi de bonne heure. Point d'impatience et
» beaucoup de discrétion, car un seul mot de
» ta part pourrait me perdre dans l'esprit des
» personnes qui me protègent. »

Napoléon passant à Troyes, en 1805, rendit dans cette ville un décret concernant la navigation de la Haute-Seine, qui devait être rendue navigable jusqu'à Châtillon, et accorda 200,000 francs pour commencer les travaux. Ce décret ne fut pas suivi de l'exécution, et on ne sait pourquoi. Tout ce qui était utile à la France, et dans son intérêt, occupa toujours la pensée de l'Empereur.

———

Il paraît certain que Bonaparte exilé à Sainte-Hélène, était persuadé de recouvrer sa liberté au bout de cinq années de captivité, et qu'il nourrissait l'espoir qu'on le laisserait se retirer avec ses frères aux États-Unis d'Amérique, ou même en Italie. *Je fais ma station*, disait-il; *après ça nous verrons*. Mais il fut bientôt désabusé de cette chimère par les procédés de sir Hudson-Lowe.

———

Napoléon a laissé à Paris, à Lyon, etc., des monumens qui attesteront les merveilles de son règne. Pendant son séjour à l'île d'Elbe, de grands travaux furent entrepris; des routes furent percées dans tous les sens; des quais, des magasins furent construits sur les ports; plusieurs belles maisons s'élevèrent au milieu et dans les environs de Porto-Ferrajo ; les meilleurs peintres d'Italie se disputèrent l'honneur d'y travailler, et sollicitaient comme une faveur de pouvoir les embellir.

Bonaparte savait habilement parler aux militaires le langage qui leur est propre. Il entrait dans les détails de leurs intérêts ; sa mémoire inconcevable faisait qu'il en désignait un grand nombre par leurs noms ; tel que le Grand-Frédéric qu'il a imité en bien des choses ; il les tutoyait, connaissait leurs blessures, et remplissait ainsi leur esprit d'une effervescence capable de tout entreprendre. Quelle gloire pour un hussard, un dragon, un fantassin, quand Napoléon leur avait adressé la parole à la tête de leurs régimens !... Chacun portait envie à l'heureux privilégié, et long-tems après, dans les camps, dans les bivouacs, que dis-je ?... pendant toute sa vie, l'heureux militaire répètera sous la neige de ses cheveux blancs : *Bonaparte m'a dit telles paroles à la bataille d'Eylau.... à celle de Wagram !....*

Un autre de ses usages qu'il suivait encore à l'imitation des anciens rois d'Espagne, c'était de décorer verbalement d'un grade ou d'un titre, le personnage qu'il voulait récompenser : ainsi désirait-il donner sur un champ de bataille les épaulettes de colonel à un capitaine : — Je vous salue, *colonel*, lui disait-il avec un sourire affable. C'est ainsi qu'à Dantzick, ville prise vaillamment par le maréchal Lefebvre, l'apercevant à un balcon de son hôtel, il s'écria : Je vous salue, mon cher *Duc*. — A la bataille de la *Moscowa*, il dit encore au maréchal Ney : Bravo! bravo!. mon *Cousin*. Ce titre de cousin, conféré au milieu du carnage et du feu, faisait le duc d'Elchingen, prince, allié de la famille impériale. On a vu également Bonaparte, dans une revue, sur la place du Carrousel, tomber de cheval, ce qui lui arrivait très-souvent, car il montait plutôt en hussard téméraire et intrépide, qu'en fin écuyer, on l'a vu, dis-je, faire une chute violente : son chapeau avait été lancé à quelques pas de lui : un jeune homme de l'Ecole Polytecnique le ramasse et le lui présente : — Je te remercie, *capitaine*, dit Bonaparte. — Dans quel régiment, Sire ?... — Dans ma garde. — Il aimait à la passion ces ripostes fermes et énergiques et la manière large de dire et de faire.

———

Le général Dorsenne, l'un des braves de l'armée, était toujours tiré à quatre épingles, aussi Napoléon le nommait-il son *muscadin*. Un jour, dans un moment de besoin, l'Empereur se fit donner un verre d'eau-de-vie, par une jeune vivandière, qui ne le connaissait pas; lui montrant ensuite le général Dorsenne : « Tiens, lui dit-il, voilà l'Empereur, fais-toi payer. » La jeune femme se retourne, et voyant un général propre et soigné, comme s'il fût sorti tout fraîchement d'une boîte, répondit : *l'Empereur..... lui? allez donc conter vos gosses à d'autres; l'Empereur ne fignole pas comme ça.* Jamais peut-être Napoléon n'a ri d'aussi bon cœur.

De toutes les défections qui affligèrent Napoléon, la plus sensible, celle qu'il ressentit le plus vivement, fut la défection du maréchal Marmont. Quelquefois même il essayait de l'excuser, car il ne lui connaissait pas le fond méchant. « Jamais trahison, disait-il,
» n'a été plus avouée et plus funeste, elle est
» écrite de sa main, elle a été la cause im-
» médiate de nos malheurs, le tombeau de
» notre puissance, le nuage de notre gloire. La
» vanité a perdu Marmont, la postérité flétrira
» sa vie, et pourtant son cœur vaut mieux que
» ne vaudra sa mémoire. »

Le dôme des Invalides, à chaque bataille, était orné par l'envoi de nouveaux drapeaux pris sur l'ennemi, ce qui fit dire très-spirituellement à M. de T*** : « Si le grand Condé était
» surnommé le tapissier de Notre-Dame,
» Bonaparte peut bien être nommé, à juste
» titre, le décorateur du dôme des vétérans de
» la gloire. »

―――

Lorsque l'Empereur offrit la couronne de Naples à Lucien, celui-ci répondit fièrement : « Si j'accepte le titre de Roi, je veux être seul le
» maître de mon royaume, et pouvoir le gou-
« verner, non comme un préfet, mais en
» prince indépendant. — Mais vous n'y pensez
» pas, Lucien, pour le moment ma politique
» s'y oppose. — En ce cas, gardez votre cou-
» ronne. — Oui, car aussi bien nous nous fe-
» rions la guerre. » Le trône fut donné à Murat.

―――

L'épigramme suivante fut faite le 25 avril 1814, contre le procureur-général Bellart qui, le 31 mars de la même année, jour où les troupes des puissances alliées entraient dans la capitale, arracha de sa boutonnière le ruban de la croix d'honneur en disant : *chaque fois que j'y porte la vue, je crois voir une tache de sang sur mon habit.* Et cependant, il est à la connaissance de tout le monde, que Bellart fut une des créatures de Napoléon.

<blockquote>
Mons Bellart arracha bien vite
Le ruban qu'on l'a vu quêter ;
Il a raison, c'est la croix de mérite :
Il n'est pas fait pour la porter.
</blockquote>

Pendant les cent jours, cette épigramme fut montrée à Napoléon. « Voilà, dit-il, un arrêt » sanglant rendu en peu de mots, et que sanc- » tionnera la postérité. Voilà, enfin, com- » ment, avec de brillantes qualités, on se dés- » hérite à jamais de l'estime de ses contem- » porains et des respects de l'histoire. «

―――

La confection et la mise en activité du Code civil, firent éclore une multitude de petits vers, parmi lesquels on distingua le distique latin suivant, adressé à Bonaparte :

<blockquote>
*Pace datâ terris, animum ad civilia vertit
Jura suum, leges que tulit justissimus autor* (1).
</blockquote>

―――

La garnison d'Aboukir, accusée par la mal-

―――

(1) Après avoir donné la paix à l'univers, il tourna ses pensées vers les lois civiles et créa des lois justes.

veillance d'avoir rendu ce fort aux Anglais, après trois jours d'une faible résistance, réclame auprès du Gouvernement, et s'adressant directement à Bonaparte, s'exprime ainsi :

» Vous ne souffrirez pas que les palmes d'hon-
» neur que nous avions cueillies sous vos ordres,
» soient flétries par des lâches et des traîtres.
» Nous ne perdrons pas en un jour le prix de dix
» ans de travaux. Nous avons affronté tous les
» périls, pour mériter l'honneur d'être comptés
» parmi les défenseurs de la patrie, et le rap-
» port qui a pu vous être fait, est faux et ca-
» lomnieux, etc. »

Bonaparte répondit à ces braves militaires :

» Soldats, j'ai lu votre lettre. Je me suis fait
» rendre compte de votre conduite ; je vous re-
» connais toujours pour de dignes enfans de la
» 61e ; j'ai donné ordre que l'on vous rendît
» vos armes. Je saisirai la première occasion
» pour vous mettre à même de vous venger :
» vous n'avez jamais été vaincus, mais vous ne
» mourrez pas sans être vainqueurs. »

Parcourant un jour sur une péniche la rade de Boulogne, malgré le feu très-vif d'une frégate anglaise, Napoléon s'aperçut que le jeu d'une de nos batterie n'atteignait nullement les ennemis ; il se fait mettre à terre, se rend auprès de la batterie, tire un crayon, fait ses calculs sur son porte-feuille, et ordonne aux canonniers de mettre dans leurs pièces une quantité de poudre plus forte qu'à l'ordinaire. Ils obéissent : mais un bombardier hésitait de mettre le feu, dans la crainte que le mortier ne crevât. Bonaparte qui voit son inquiétude, prend la mèche, l'approche de la lumière; le coup part, la bombe va briser le beaupré de la frégate anglaise.

A la bataille d'Austerlitz, les deux empereurs, Alexandre et François se trouvaient ensemble. *Retirons-nous*, dit Alexandre en voyant la défaite de ses troupes, *Dieu ne se déclare pas aujourd'hui pour nos armes.*

On racontait en présence de Napoléon, qu'à l'instant où Louis XVIII fut frappé d'une balle à la tête, à Dillinghen en Allemagne, le duc d'Avaray s'était écrié : « Ah! si le coup eût frappé deux lignes plus bas...... et qu'alors le monarque répondit tranquillement : Eh bien! le roi de France s'appellerait Charles X. » Le jeune Auguste de Caulincourt se prit à dire : «*Pure invention, bon mot prêté après le coup.*

— Pourquoi, cela, s'il vous plaît, répondit aussitôt l'Empereur? Vous ignorez probablement que *Monsieur* est un des Bourbons les plus instruits. Sachez, au surplus, jeune homme, *qu'il ne faut jamais déshériter les princes de ce qu'ils font de bien et des belles paroles qui leur échappent.*» En général, Napoléon n'aima jamais qu'on insultât en sa présence à la famille royale.

Si la stabilité d'un Gouvernement semble exiger une religion dominante, sa tranquillité repousse une religion dominatrice. Mot profond et plein de justesse, adressé par le héros d'Italie à plusieurs prêtres députés vers lui pour lui offrir leurs hommages.

Quelques tems après la bataille d'Austerlitz, l'empereur fut averti que Fouché entretenait des intelligences avec Bernadotte. Curieux de savoir ce dont il était question, il fit enlever un courrier du Ministre de la police. Il sut alors qu'il s'agissait de placer Bernadotte au trône impérial, si l'Empereur venait à être tué aux armées. Indigné de voir disposer de son trône, de son vivant, au préjudice de sa famille, il fit appeler Fouché qui, quelque habile qu'il fût, se défendit faiblement. La scène fut chaude, et Napoléon justement irrité, lui adressa ces paroles foudroyantes : « *Depuis trente ans, vous frisez l'échafaud, et vous n'y montez pas. Hé bien! Monsieur, il en est de même de moi à la guerre. Depuis dix ans j'affronte les boulets, et ils m'ont respecté ; un demi-siècle encore je les affronterais qu'ils ne m'atteindraient pas davantage.* » Il était probable qu'après une altercation aussi vive, Fouché perdrait son Ministère. Il n'en fut rien. Quelqu'un en témoignait son étonnement à Napoléon : — « *Que voulez-vous*, lui dit-il, *j'ai dans ce personnage, la révolution tout entière. Ses services me sont encore utiles.*

———

La bataille d'Eylau fut terrible, à un tel point, que les corps français, cavalerie, infanterie, étaient pêle-mêle les uns parmi les autres. Il fallut quatre jours pour que chacun rentrât dans son régiment. Cet état de choses n'avait point échappé à l'empereur, aussi dit-il : « *Si les Russes m'eussent attaqué le lendemain, nous étions perdus. Mais ils n'ont pas de ces inspirations-là.*

Lorsque Napoléon etait à l'île d'Elbe, il apprit qu'un de ses officiers avait dit : « Napo- » léon, premier consul, aurait bien mieux fait » d'accepter les offres que lui fit faire Louis XVIII, » de le nommer connétable, et de lui ériger une » statue, qui attesterait à nos neveux et sa gloire » et la reconnaissance des Bourbons. » L'Empereur, instruit de cette circonstance, fit venir l'officier, et lui demanda s'il était vrai qu'il eût tenu ce propos. — « Oui, lui répondit fran- » chement l'officier. — Allez, dit l'Empereur, » vous êtes un *bon homme*. Ils m'eussent fait » élever une statue! Oui, mais ils m'auraient » fait une prison du piédestal. »

Un allemand, enthousiasmé des grandes actions de Bonaparte, a fait l'inscription suivante, destinée à être placée sur un obélisque qui devait retracer les hauts faits du héros français :

Cæsare velocior
Tot pœne mensibus :
Quot annis
Romanorum imperator
Galliam,
Imperator Gallorum
Hesperiam
Devincit, expugnat.

Romano victore,
Justior, æquior, humanior,
Libertatem
Populis reddit, non eripit :
Jura, æqua, humana,
Leges civiles
Restaurat, stabilit :
Populorum oppressores,
Prædatores,
Terret, fugat, ejicit :
Humani generis benefactor,
Posteritas.
A
BONAPARTE
Seculum cognominabit.

Le maintien des règles et des formes de la loi, est le Palladium de la liberté civile. Bonaparte s'en montra le strict observateur, lors du complot formé contre ses jours par Pichegru, Cadoudal, Moreau, etc.

Lorsque le grand-juge lança un mandat d'arrêt contre le général Moreau, la police, qui savait qu'il s'agissait d'une conspiration, arrêta le citoyen Moreau, tribun, et Frenières, secrétaire du général. Bonaparte, en ayant été instruit, fit demander au grand-juge si le frère et le secrétaire de Moreau étaient atteints par la procédure; et sur la réponse qui lui fut faite que leurs noms n'avaient pas été prononcés dans l'instruction, il ordonna de les mettre en liberté. « Car, dit-il, s'il s'agissait d'un coup d'État ou d'une de ces mesures dans lesquelles il ne faut prendre conseil que du salut de la nation, les conspirateurs auraient été arrêtés, traduits devant une commission militaire, et exécutés dans la même nuit. C'est ici, ajouta-t-il, une procédure criminelle ordinaire, et j'entends que toutes les formes soient scrupuleusement observées. »

On ne reprochera point à Napoléon d'avoir ruiné l'État pour ses maîtresses. Il n'en eût jamais en titre; ou, pour être plus vrai, il n'eut que des fantaisies. Il redoutait l'empire qu'une jolie femme pouvait prendre sur lui. « Je ne suis qu'un homme, disait-il, et si je me laissais aller jusqu'à raffoler d'une jolie femme, je me connais, et je ferais des sottises tout comme un autre. »

Voici un ordre du jour du premier Consul à sa garde, contre le suicide : document précieux qui révèle l'opinion de Napoléon sur cet attentat de l'homme sur lui-même.

Ordre du 22 floréal an X.

« Le grenadier Gobain s'est suicidé par amour;

c'était d'ailleurs un très-bon sujet. C'est le second événement de cette nature qui arrive au corps depuis deux mois.

« Le premier Consul ordonne qu'il soit mis à l'ordre de la garde :

» Qu'un soldat doit savoir vaincre la douleur et la mélancolie des passions ; qu'il y a autant de vrai courage à souffrir avec constance les peines de l'âme qu'à rester fixe sur la muraille d'une batterie.

» S'abandonner au chagrin sans résister, se tuer pour s'y soustraire, c'est abandonner le champ de bataille avant d'avoir vaincu. »

Madame la comtesse Bertrand n'avait pas moins d'attachement pour Napoléon que son mari. Le 2 août, jour de dimanche, l'Empereur et sa suite étaient déjà sur le *Bellérophon*. Sur les neuf heures du soir, M. Bertrand dit à son épouse que l'Empereur avait positivement déclaré qu'on lui arracherait plutôt la vie que de se laisser conduire à Sainte-Hélène. Tout à coup madame Bertrand vole à la *cabine* de l'Empereur, et se précipite à ses pieds. « Sire, lui dit-elle, vous êtes digne d'être plus grand que votre malheur. Si vous ne cédez, ils sont de force à vous assassiner. » L'Empereur, morne et silencieux, ne répondait rien. A l'instant même madame Bertrand se relève, court dans sa propre chambre, et s'élance de sa fenêtre dans la mer. Déjà la moitié de son corps était en dehors, lorsque le général Montholon eut le bonheur de la retenir par ses vêtemens.

Napoléon, au tems de sa puissance, s'est constamment refusé à toute espèce de travail ou même de conversation sur sa famille. Sous son consulat, il découragea trop bien la première tentative de ce genre, pour que personne essayât d'y revenir. Quelqu'un publia une généalogie dans laquelle on ratachait sa famille à d'anciens rois du Nord. Napoléon fit persifler cet essai de la flatterie dans un papier public où l'on finissait par conclure que la noblesse du premier Consul ne datait que de *Montenotte* ou du *dix-huit brumaire*.

Voici, au sujet de la Légion-d'Honneur, un document précieux. Il est de M. le baron de Pommereuil, directeur de la librairie sous l'empire.

« Lorsque, peu satisfait de la toge consulaire, Napoléon voulut ceindre le bandeau des rois, il récapitula sagement les obstacles multipliés qu'il aurait à vaincre ; il conçut le projet de se rallier toutes les classes; ce fut l'origine de la Légion-d'Honneur.

» Cette institution, sans exemple, embrassait tous les genres de gloire et de mérite. Lorsqu'elle sortit vierge du cerveau de son auteur, elle était le chef-d'œuvre de l'ambition et de la politique. Elle créa presque aussitôt des prodiges et des héros. Ce n'était point une institution mesquine réservée à quelques privilégiés, une institution dont les faveurs et les titres étaient le partage exclusif des classes qui approchent le trône, ou de ceux qui, par le sang, tiennent à ces classes. Si quelques membres pourris s'y glissèrent, c'est que ce malheur est inhérent à toutes les institutions humaines. Toujours reste-t-il que le but de la Légion-d'Honneur fut atteint dans toute sa généralité. Si quelquefois l'ambition et la politique de son chef en jetèrent le cordon dans les antichambres, c'était une tache dans le soleil. La valeur et le genre de mérite qui furent honorés de la croix n'eurent point à souffrir de ces irrégularités.

» Napoléon avait besoin de s'approprier les sentimens, les suffrages, les talens et la valeur de toutes les classes. La Croix d'Honneur alla chercher le guerrier, le prêtre, le magistrat, l'homme de lettres, le négociant, l'artisan, et même le simple manœuvre. Quelle profondeur de pensée! Jamais la politique n'avait creusé plus avant. Cette immortelle institution manquait à

César. Si ce grand homme l'eût conçue, il n'eût point expiré sous le fer d'un Romain et dans Rome. Cuirassé de cette institution, jamais Napoléon ne tombera sous le poignard d'un Français en plein Sénat.

» En élevant son édifice sur des bases solides, l'honneur et la vanité humaine, l'habile constructeur n'oublia pas les intérêts domestiques des plus petites classes, seul moyen de les enlever aux vieilles affections de la république. C'était là le comble du génie dans un souverain d'un jour et chez un peuple qui avait laissé périr son roi légitime sur l'échafaud. De brillans emplois lui avaient donné les Français de première classe ; la Croix d'Honneur lui acquit d'intrépides soldats dont il avait besoin plus que d'autres choses.

» Si le cœur d'un simple soldat, naguère pauvre ouvrier, palpite à la vue d'une décoration attachée sur son sein, cette décoration acquerra un centuple de valeur à ses yeux, sitôt qu'une pension annuelle en sera le complément. C'est ce qu'avait prévu Napoléon, en affectant deux cent cinquante francs de pensions à la Croix-d'Honneur. Avec de semblables inspirations on va loin.

» Il faut quelque noblesse dans l'âme, quelque éducation, pour sentir tout le prix d'une distinction purement honorifique : mais deux cent cinquante francs de pension viagère sera

toujours un puissant véhicule pour l'homme le plus ignare, le soldat le plus stupide. Il sautera par dessus trois rangs de ses camarades morts pour aller mériter cette croix et cette pension au milieu des bataillons ennemis. Et cette arme que lui portera le factionnaire devant lequel il passera! Ce mouvement, ce bruit iront droit au cœur de l'homme, quel qu'il soit. Doucement ému, il se dira : « Je suis un brave, ce faction-
» naire vient de le dire aux passans. »

» Napoléon doit nécessairement être orgueilleux de son institution. Elle a rempli l'Europe de prodiges militaires. L'amour de la patrie n'a rien fait de plus chez les Grecs et les Romains. — *Je me ferai mettre en croix pour avoir cette croix*, disait M. Bostmontbrun, capitaine au 52ᵉ régiment.

» L'ordre de la Légion-d'Honneur l'emporte sur tous les autres, en ce qu'il tourne à la gloire de l'État et au profit du citoyen. »

Pichegru fut, à Brienne, maître de quartier, et répétiteur de Bonaparte sur les quatre règles d'arithmétique. Napoléon ne conservait qu'une idée confuse de Pichegru; il lui restait dans la mémoire qu'il était grand et avait quelque chose de rouge dans la figure. Il n'en était pas ainsi à ce qu'il paraît de Pichegru, qui semblait avoir conservé des souvenirs frappans du jeune Napoléon. Quand Pichegru se fut livré au parti royaliste, consulté si l'on ne pourrait pas aller jusqu'au général en chef de l'armée d'Italie : « N'y perdez pas votre tems, dit-il, je l'ai connu dans son enfance; ce doit être un caractère inflexible : il a pris son parti, Il n'en changera pas. »

A la fin de sa première campagne en Italie, Bonaparte dut s'écrier, comme César au milieu de ses triomphes : *veni, vidi, vici.*

> Pour asservir le Tibre,
> Annibal employa seize ans,
> Et, pour le rendre libre,
> Bonaparte a mis deux printems.

Sous le Gouvernement impérial, M. Frayssinous, chanoine de Notre-Dame, depuis Ministre des affaires ecclésiastiques sous la restauration, est aujourd'hui l'un des commençaux de la maison de Charles X, à Prague. Tant qu'il ne prêcha que la parole de Dieu, il fut tranquille ; mais lorsqu'il voulut mêler à ses sermons des matières politiques, Napoléon le fit mander à la Police, où Fouché lui enjoignit de ne plus mêler à l'avenir, des questions politiques, à la parole de l'Evangile. M. Frayssinous eut peur, promit de ne plus pécher, et dès lors on le vit prôner les vertus de Napoléon. Cependant, et comme par entraînement, il glissait toujours quelques bribes de politique dans ses *conférences*; on crut même y reconnaître certaines allusions assez piquantes. L'Empereur déjà aigri par ses démêlés avec le Saint-Siége, crut qu'il serait prudent de tempérer le zèle de M. Frayssinous, il fit aussitôt écrire à Fouché, dans les termes suivans :

» M. Frayssinous se mêle encore d'intercaler de la politique dans ses *conférences*. Faites-lui savoir qu'il ait à se reposer dans le sein de son chapitre, ma volonté bien prononcée étant que le prêtre s'occupe de l'autel et non d'autre chose. »

Communication faite à l'instant de cet ordre à M. de Freyssinous, il le tint pour dit.

Comme nous l'avons déjà dit, l'Empereur n'admettait l'impossibilité en rien. Quiconque employait ce moyen ou pour ne point entreprendre ou après avoir échoué, était sûr d'en être fort mal reçu. M. le comte Jaubert, directeur de la Banque et l'un des membres les plus génuflexibles du conseil d'Etat, en fit la plus rude épreuve.

Pendant la campagne de 1812, les fonds publics avaient considérablement baissé : l'inquiétude était générale, et pendant quelque tems, on se porta en foule à la Banque pour y faire échanger des billets contre de l'argent. L'Empereur, de retour à Paris, n'apprit pas sans indignation qu'un tel état de choses avait eu lieu. Il fait venir M. Jaubert : — Comment, lui dit-il avec fureur, avez-vous pu laisser se former des rassemblemens autour de la Banque ? — Mais, Sire, il aurait fallu avoir des sommes immenses et il était impossible....... Impossible........ en voilà encore un avec ce mot détestable. Toutes les ganaches et les hommes nuls me le jettent à la tête. Apprenez, Monsieur, que le mot impossible ne doit pas plus se trouver dans le dictionnaire d'un homme d'Etat que dans celui d'un administrateur. Retirez-vous.

———

Pendant son commandement de Paris, qui suivit la journée du 13 vendémiaire, Bonaparte eut à lutter surtout contre une grande disette, qui donna lieu à plusieurs scènes populaires. Un jour entre autres, que la distribution avait manqué, et qu'il s'était formé des attroupemens nombreux à la porte des boulangers, Bonaparte passait avec une partie de son état-major, pour veiller à la tranquillité publique ; un gros de la populace, des femmes sur-

tout, le pressent, demandent du pain à grands cris, la foule s'augmente, les menaces s'accroissent, et la situation devient des plus critiques. Une femme monstrueusement grosse et grasse se fait particulièrement remarquer par ses gestes et ses paroles. « Tout ce tas d'épau-
» letiers, crie-t-elle, en apostrophant ce
» groupe d'officiers, se moquent de nous,
» pourvu qu'ils mangent et qu'ils s'engraissent
» bien, il leur est fort égal que le pauvre peuple
» meure de faim. » Bonaparte l'interpelle :
« La bonne, regarde-moi bien, quel est le plus
» gras de nous deux ? » Or, Napoléon était extrêmement maigre. « J'étais un vrai parchemin, disait-il. » Un rire universel désarma le peuple, et l'état-major continua sa route.

Dans le mois de thermidor an IX, plusieurs régimens, entre autres celui du 1er d'artillerie, où Bonaparte fit ses premières armes, s'insurgèrent contre leurs chefs à Turin. Six des principaux coupables de chaque corps furent arrêtés ; sa sévérité porta principalement sur le 1er régiment d'artillerie à pied, qui fut dissous, et recomposé de compagnies d'un des régimens d'artillerie à cheval qui s'étaient les mieux conduits, mais on se borna à en chasser les plus coupables.

A la parade du 15 prairial an X, Bonaparte

rendit au 1ᵉʳ régiment d'artillerie, ses drapeaux, après en avoir arraché le crêpe, et y avoir suppléé de nouvelles cravattes, s'adressant au chef de brigade, il dit :

« Les banderolles que j'attache à ces dra-
» peaux, ont effacé jusqu'aux souvenirs des
» crêpes funèbres qui les ont couverts pendant
» huit mois.

» Canonniers du 1ᵉʳ régiment, voilà vos dra-
» peaux, ils vous serviront toujours de point
» de ralliement, ils seront partout où le peuple
» français et son Gouvernement auront des en-
» nemis à combattre. Vous jurez de les défen-
» dre jusqu'à la mort, vous jurez qu'ils ne tom-
» beront jamais au pouvoir de l'ennemi. »

Le serment fut prêté avec enthousiasme, et après différens airs exécutés par la musique du régiment, Bonaparte reprit ainsi :

« Officiers et sous-officiers du 1ᵉʳ régiment ;
» c'est dans vos rangs que j'ai pris les premières
» leçons de l'art militaire ; j'ai vu notre régi-
» ment uniquement sensible au sentiment
» d'honneur : soyez dignes d'être les premiers
» du premier corps de l'armée ; faites connaître
» que je les vois ici avec une vive satisfaction. »

Cette sévérité de Bonaparte, à l'égard d'un régiment dans lequel il avait fait ses premières armes, fut un hommage qu'il rendit à la discipline militaire, qu'il sut si bien faire observer. Tout en châtiant le soldat, il lui communique la grandeur de son âme, il l'électrise, et le châtiment qui devrait naturellement refroidir le cœur du soldat pour son général, devient un stimulant, un germe d'héroïsme par la manière dont il sait l'infliger.

———

« Je n'ai point usurpé de couronne, disait un
» jour Napoléon au conseil d'Etat ; je l'ai re-
» levée dans le ruisseau, le peuple l'a mise sur
» ma tête ; qu'on respecte ses actes !

« Je suis monté sur le trône, vierge de tous
» les crimes de ma position, disait-il dans une
» autre circonstance. Est-il bien des chefs de
» dynastie qui puissent en dire autant ? »

» Je veux, dit-il un autre jour au conseil
» d'Etat, que le titre de **Français** soit le plus
» beau, le plus désirable sur la terre ; que tout
» Français, voyageant en Europe, se croie, se
» trouve chez lui. »

———

Napoléon, à son avènement à l'Empire, signala son amour pour le bien par plusieurs actes de bienfaisance et d'indulgence. Le décret impérial qui y est relatif est partagé en cinq titres, savoir :

Titre 1er. Mise en liberté des individus condamnés correctionnellement, et qui ne sont plus détenus que pour le paiement de l'amende et des frais.

Tit. 2. Débiteurs de l'État, contraints et poursuivables par corps, qui pourront être déchargés de cette contrainte.

Tit. 3. Paiement par le trésorier de la liste civile, des mois de nourrice dus par les habitans de Paris et de la banlieue, qui seront jugés hors d'état de payer par eux-mêmes.

Tit. 4. Dotation d'une fille pauvre par arrondissement communal, et par chaque municipalité des villes de Paris, Lyon, Bordeaux et Marseille.

Tit. 5. Amnistie accordée aux sous-officiers et soldats des troupes de terre et de mer, déserteurs à l'intérieur, qui rejoindront au terme fixé, et remise de l'amende encourue par eux ou leurs parens.

L'un des plus chauds admirateurs de madame de Staël, disait en présence de Napoléon que cette femme réunissait tous les genres de mérite. « Elle a probablement, répondit l'Empe-
» reur, autant de courage que de savoir. — Je
» la crois, Sire, de caractère à faire tête au
» péril. — Et moi, je crois que vous parlez sans
» savoir. » Prenant alors une brochure qui était sur une console, il y lut tout haut ce qui suit :

Madame de Staël voulut, en société de voyageurs, visiter le sommet du Mont-Blanc. Mais au moment de partir, la peur la prit. Les voyageurs la badinèrent sur son défaut de courage. Elle se trouva piquée et se mit en route avec eux. A peine eut-elle fait un quart de lieue que le cœur lui manqua ; elle se figura des dangers qui n'existaient que dans sa pusillanimité. On fut obligé de la reconduire à l'auberge de Chamouny. Il n'en fut pas de même de la servante d'auberge. Depuis long-tems elle désirait monter en société sur le sommet du Mont-Blanc. Elle y gravit avec autant d'intrépidité que le plus hardi des voyageurs. Elle était résolue à mourir plutôt que de ne point mettre le pied sur la pierre posée pour immortaliser le voyage de Saussure au Mont-Blanc. « *Hé bien! qu'en dites-vous du courage de la noble dame*, ajouta Napoléon, *la fille de l'auberge était une maîtresse femme faisant honneur à son sexe; et votre idole, une poule mouillée, qui fait de l'esprit dans les livres.* »

A la bataille de Marengo, Bonaparte, au milieu des plus grands dangers, conserva le calme le plus héroïque. Les braves qui l'entouraient, lui faisaient observer que les balles sifflaient autour d'eux sans les atteindre, il leur répondit : *C'est ma fortune qui vous couvre.*

Garnier, le continuateur de l'histoire de France par Velly et Villaret, demeurait tout près de la Malmaison. C'était un bon vieillard octogénaire, qui occupait un entresol sur le chemin avec une petite galerie. Frappé de l'empressement affectueux que témoignait ce bon vieillard toutes les fois que passait le premier Consul, celui-ci s'informa qui ce pouvait être. Apprenant que c'était Garnier, il expliqua son empressement. « Il pensait, sans doute, di-
» sait gaîment l'Empereur, qu'à titre d'histo-
» rien, le premier Consul était de son domaine ;
» seulement il devait s'étonner de retrouver des
» Consuls où il était habitué à voir des Rois. »
Et c'est ce que lui dit en riant le premier Consul, qui le fit appeler un jour et lui donna une forte pension. « Le bonhomme, disait l'Empereur,
» dans sa reconnaissance, eût écrit depuis cet
» instant volontiers et du fond de son cœur,
» tout ce qu'on eût voulu. »

Peu d'hommes ont su, comme Bonaparte, diversifier leur style, et assimiler leur langage à celui des tems où ils ont vécu, et des pays qu'ils ont parcouru. Grave, énergique, concis, et quelquefois sublime, lorsqu'il parle au soldat français ; son langage emprunte le luxe, l'abondance et l'enflure de celui des Orientaux, lorsqu'il s'adresse aux muphtis et aux imans de l'Egypte. La conversation qu'il eut dans l'intérieur de la grande pyramide de Cheops avec Suleïman, Ibrahim et Muhamed, est remplie de ces expressions figurées qui caractérisent la langue et les ouvrages des peuples de l'Orient, et qu'on lira avec plaisir dans le dialogue suivant :

Bonaparte.

Dieu est grand, et ses œuvres sont merveilleuses. Voici un grand ouvrage de main d'homme. Quel était le but de celui qui fit construire cette pyramide ?

Suleiman.

C'était un puissant roi d'Egypte, dont on croit que le nom était Cheops : il voulait empêcher que des sacriléges vinssent troubler le repos de sa cendre.

Bonaparte.

Le grand Cyrus se fit enterrer en plein air pour que son corps retournât aux élémens. Penses-tu qu'il ne fit pas mieux ? Le penses-tu ?

Suleiman (s'inclinant).

Gloire à Dieu à qui toute gloire est due !

Bonaparte.

Honneur à Allah! Quel est le calife qui a fait ouvrir cette pyramide, et troubler la cendre des morts?

Muhamed.

On croit que c'est le commandeur des croyans, Mahamoud, qui régnait, il y a plusieurs siècles à Bagdad; d'autres disent le renommé Aaron Raschild, (Dieu lui fasse paix!) qui croyait y trouver des trésors; mais quand on fut entré par ses ordres, dans cette salle, la tradition porte qu'on n'y trouva que des momies, et sur le mur cette inscription en lettres d'or :

L'impie commettra l'iniquité sans fruit, mais non sans remords.

Bonaparte.

Le pain dérobé par le méchant, remplit sa bouche de gravier.

Muhamed (s'inclinant).

C'est le propos de la sagesse.

Bonaparte.

Gloire à Allah, il n'y a point d'autre Dieu que Dieu : Mahomet est son prophète, et je suis de ses amis.

Suleiman.

Salut de paix à l'envoyé de Dieu ! Salut aussi à toi, invincible général, favori de Mahomet !

Bonaparte.

Mufti, je te remercie ! Le divin Coran fait les délices de mon esprit, et fixe l'attention de mes yeux. J'aime le prophète, et je compte, avant qu'il soit peu, aller voir et honorer son tombeau dans la ville sacrée ; mais ma mission est auparavant d'exterminer les mamelucks.

Ibrahim.

Que les anges de la victoire balaient la poussière sur ton chemin, et te couvrent de leurs ailes ! Le mameluck a mérité la mort.

Bonaparte.

Il a été frappé et livré aux anges noirs Moukir

et Quakir. Dieu, de qui tout dépend, a ordonné que sa domination fût détruite.

Suleiman.

Il étendit la main de la rapine sur les terres, les moissons, les chevaux d'Egypte.

Bonaparte.

Et sur les esclaves les plus belles, très-saint mufti. Allah a desséché sa main. Si l'Egypte est sa ferme, qu'il montre le bail que Dieu lui en a fait ; mais Dieu est juste et miséricordieux pour le peuple.

Ibrahim.

O le plus vaillant d'entre les enfans d'Issa (1)! Allah t'a fait suivre de l'ange exterminateur pour délivrer sa terre d'Egypte.

Bonaparte.

Cette terre était livrée à vingt-quatre oppresseurs rebelles au grand sultan, notre allié (que Dieu l'entoure de gloire ! et de dix mille esclaves venus du Canada et de la Géorgie). Adriel,

(1) Jésus-Christ.

ange de la mort, a soufflé sur eux, nous sommes venus, et ils ont disparu.

Muhamed.

Noble successeur de Scander (1), honneur à tes armes invincibles, et à la foudre inattendue qui sort du milieu de tes guerriers à cheval (2).

Bonaparte.

Crois-tu que cette foudre soit une œuvre des enfans des hommes? Le crois-tu? Allah l'a fait mettre en mes mains par le génie de la guerre.

Ibrahim.

Nous reconnaissons à tes œuvres Allah qui t'envoie. Serais-tu vainqueur si Allah ne l'avait permis! le Delta et les pays voisins retentissent de tes miracles.

Bonaparte.

Un char céleste (3) montera par mes ordres

(1) Alexandre.
(2) L'artillerie volante, qui étonna beaucoup les mamelucks.
(3) Les ballons.

jusqu'au séjour des nuées ; et la foudre descendra vers la terre le long d'un fil de métal (1), dès que je l'aurai commandé.

Suleiman.

Et le grand serpent sorti du pied de la colonne de Pompée, le jour de ton entrée triomphante à Sanderick (2), et qui est resté desséché sur le socle de la colonne, n'est-ce pas encore un prodige opéré par ta main ?

Bonaparte.

Lumières du siècle, vous êtes destinées à voir encore de plus grandes merveilles, car les jours de la régénération sont venus.

Ibrahim.

La divine unité te regarde d'un œil de prédilection, adorateur d'Issa, et te rend le soutien des enfans du prophète.

Bonaparte.

Mahomet n'a-t-il pas dit : Tout homme qui

---

(1) Le conducteur electrique.
(2) Alexandrie.

adore Dieu et qui fait de bonnes œuvres, quelle que soit sa religion, soit sauvé.

Suleiman, Muhamed, Ibrahim, ensemble en s'inclinant.

Il l'a dit.

Bonaparte.

Et si j'ai tempéré, par ordre d'en haut, l'orgueil du vicaire d'Issa, en diminuant ses possessions terrestres pour lui amasser des trésors célestes, dites, n'était-ce pas pour rendre gloire à Dieu dont la miséricorde est infinie.

Muhamed (d'un air interdit.)

Le mufti de Rome était riche et puissant ; mais nous ne sommes que de pauvres muftis.

Bonaparte.

Je le sais. Soyez sans crainte : vous avez été pesés dans la balance de Balthasar, et vous avez été trouvés trop légers. Cette pyramide ne renfermait donc aucun trésor qui vous fût connu ?

Suleiman (les mains sur l'estomac).

Aucun, seigneur; nous le jurons par la cité sainte de la Mecque.

Bonaparte.

Malheur, et trois fois malheur à ceux qui recherchent les richesses périssables, et qui convoitent l'or et l'argent semblables à la boue!

Suleiman.

Tu as épargné le vicaire d'Issa, et tu l'as traité avec clémence et bonté.

Bonaparte.

C'est un vieillard que j'honore (qu'il accomplisse ses devoirs quand ils seront réglés par la raison et la vérité!); mais il a tort de condamner au feu éternel tous les Musulmans; et Allah défend à tous l'intolérance.

Ibrahim.

Gloire à Allah, et à son prophète qui t'a envoyé au milieu de nous pour réchauffer la foi des faibles, et rouvrir aux fidèles les portes du septième ciel.

Bonaparte.

Vous l'avez dit, trop zélés muftis : soyez fidèles à Allah, le souverain maître des sept cieux merveilleux, à Mahomet, son visir, qui parcourut tous ces cieux dans une nuit : soyez amis des Francs, et Allah, Mahomet et les Francs vous récompenseront.

Ibrahim.

Que le prophète lui-même te fasse asseoir à sa gauche le jour de la résurrection, après le troisième son de la trompette.

Bonaparte.

Que celui-là écoute qui a des oreilles pour entendre. L'heure de la résurrection politique est arrivée pour tous les peuples qui gémissent sous l'oppression. Muftis, imans, mullahs, kalenders, instruisez le peuple d'Egypte ; encouragez-le à se joindre à nous pour achever d'anéantir les beys et les mamelucks. Favorisez le commerce des Francs dans vos contrées, et leur entreprise pour parvenir d'ici à l'ancien pays de Brama. Offrez-leur des entrepôts dans vos ports, et éloignez de vous les insulaires d'Albion, maudits entre les enfans d'Issa ; telle est la volonté de Mahomet. Les trésors, l'industrie et l'amitié des Francs seront votre partage en attendant que vous montiez au septième ciel, et qu'assis aux côtés des houris aux yeux noirs, et toujours pucelles, vous vous reposiez à l'ombre du laba, dont les branches offriront d'elles-mêmes aux vrais musulmans tout ce qu'ils pourront désirer.

Suleiman (s'inclinant).

Tu as parlé comme le plus docte des mullahs ; nous ajoutons foi à tes paroles ; nous servirons ta cause, et Dieu nous entend.

Bonaparte.

Dieu est grand, et ses œuvres sont merveilleuses. Salut de paix sur vous, très-saints muftis.

———

Dans un dîner que Bonaparte fit chez le cheik Sadat, il eut, avant, et après le repas, une longue conversation avec les cheicks. Entre autres choses dignes de remarque, il leur dit que les Arabes avaient cultivé les arts et les sciences; mais qu'ils étaient aujourd'hui dans une ignorance profonde, et qu'il ne leur restait rien des connaissances de leurs ancêtres. Le cheick Sadat répondit qu'il leur restait le Coran, qui renfermait toutes les connaissances. Le général demanda si le Coran enseignait à fondre du canon : tous les cheiks répondirent hardiment que oui.

Dans le courant de l'an X, sur la demande faite par le conseil général du département de la Seine à Bonaparte, d'agréer le projet d'un portique triomphal sur l'emplacement du grand Châtelet, qui venait d'être démoli, comme un gage de la reconnaissance et de l'attachement respectueux de la ville de Paris, il répondit :

« Je vois avec reconnaissance les sentimens
» qui animent les magistrats de la ville de Paris.
» L'idée de dédier des monumens aux hommes
» qui se rendent utiles au peuple, est honora-
« ble pour les nations.
» J'accepte l'offre du monument que vous
» voulez m'élever; que la place reste désignée ;
» mais laissons aux siècles à venir le soin de la
» construire, s'ils ratifient la bonne opinion que
» que vous avez de moi »

Cette dernière phrase est l'expression de l'héroïsme joint à la modestie.

Dans une visite que l'Empereur fit à Ermenonville, arrivé à l'île des peupliers il s'arrêta devant le tombeau de J.-J. Rousseau, et dit : « Il aurait mieux valu pour le repos de la France que cet homme-là n'eût jamais existé. » — Pourquoi cela ? lui demanda M. Girardin. — C'est lui qui a préparé la révolution. — Je crois, répartit M. Girardin avec une noble hardiesse, que ce n'est pas à vous, Sire, à vous plaindre de la révolution. — « Hé bien, l'avenir apprendra s'il n'eût pas mieux valu, pour le repos de la terre, que ni Rousseau ni moi, nous n'eussions jamais existé. » Il n'appartenait qu'à Napoléon de faire un pareil aveu.

Fournier-Sarlovèse, colonel du 12ᵉ de hussard, était d'une intrépidité rare, et le meilleur pistolet de l'armée. Il vint à Paris à l'époque où Napoléon fut nommé premier Consul. Se trouvant en société d'officiers assez mal disposés envers l'ancien général en chef de l'armée d'Italie, l'un d'entre eux dit que Napoléon jouait à se faire assassiner. « Ce n'est pas aussi facile qu'on le pense, répond un autre, on ne l'approche pas. » Le colonel Fournier, qui était en pointe de vin, eut l'imprudence de dire qu'il parierait tuer le premier Consul d'un coup de pistolet à cinquante pas. La vérité est, que galant homme et guerrier plein d'honneur, il n'eut jamais la pensée d'un tel crime ; mais, comme nous l'avons dit, il avait la tête échauffée, et avec cela il s'agissait de son adresse au pistolet. Quoiqu'il en soit, Fouché qui, à cette époque, avait des mouches partout, fut instruit du propos qu'avait tenu le colonel. Il fut arrêté au sortir de l'Opéra, et peu de jours après exilé en Bretagne, son pays. Remis en activité l'année d'ensuite, il se trouvait plus tard à la bataille d'Eylau. L'Empereur qui l'aperçut comme il entrait en ligne, lui adressa ces paroles mémorables : « *Colonel, c'est un baptême de sang qu'il vous faut aujourd'hui.* » L'intrépide colonel, digne de sentir toute l'énergie de cette apostrophe, fit des prodiges de valeur qui lui valurent le grade de général de brigade.

Lucien possédait une très-belle habitation près de Neuilly. Il y avait fait construire un théâtre sur lequel il jouait souvent la tragédie ou la comédie avec ses sœurs et ses intimes. Napoléon y fut invité avec les commensaux de la Malmaison. On donnait Alzire. Elisa faisait Alzire, et Lucien Zamore. La chaleur des déclarations, l'énergique expression des gestes, et la vérité très-connue des costumes, révoltèrent Napoléon ; en sortant il fit éclater son indignation.

« C'est une infamie, dit-il à M. de Bourrienne
» avec beaucoup d'humeur. Je ne veux ni ne
» dois souffrir de pareilles indécences. Je vais
» signifier à Lucien qu'il ait à ne plus y re-
» venir. » Puis en rentrant dans le salon, dès
que son frère fut déshabillé, il l'apostropha vivement, et lui fit défense de donner de semblables représentations à l'avenir. Lucien prit
fort mal la semonce. — « Comment, dit-il, à son
» frère, chez moi, dans mon intérieur, je ne
» serai pas libre de me distraire à ma guise!
» Eh! c'est un droit qu'on ne saurait, sans in-
» justice, disputer au plus simple citoyen. —
» Sachez que vous n'êtes pas un simple citoyen,
» répondit Napoléon; vous êtes mon frère, et
» lorsqu'il est de ma politique et de mes devoirs
» de rétablir les bonnes mœurs, vous devez, plus
» que personne, ne point en afficher de mau-
» vaises. » Les choses en restèrent-là; mais on
ne joua plus sur le théâtre de Lucien que des
pièces où rien ne pouvait choquer la bienséance.

―――

Le jour de la malheureuse bataille d'Essling,
l'Empereur vivement affecté de la mort du maréchal Lannes, se promenait sur le soir, triste et
silencieux, au milieu des soldats de toutes armes
qui s'entassaient dans l'île Lobau. Un vieux
fantassin qui avait reçu un léger coup de sabre,

étant aussi un peu en pointe, lui dit : « Sire,
» Votre Majesté est bien triste aujourd'hui. Hé
» bon Dieu! ne voilà-t-il pas la mer à boire que
» de passer ce Danube! Hé bien, si ce n'est
» pas aujourd'hui, ce sera demain ; et pour
» cette égratignure qu'ils m'ont faite, je veux,
» nom d'un Dieu, leur rendre trente coups de
» baïonnette. » Duroc qui craignait que, dans
la disposition d'esprit où était l'Empereur, il ne
prit fort mal la hardiesse du soldat, voulut le
faire retirer. « Pourquoi cela ? dit l'Empereur. »
Et se tournant vers le fantassin : « Oui, mon
» brave, nous ferons demain ce que nous n'a-
» vons pas fait aujourd'hui. Mais, dis-moi, tu
» es un ancien, et tu n'es pas gradé. — Ah!
» Sire, je suis un misérable; j'étais sergent, je
» me suis fait casser à Mayence pour une *pou-*
» *pée* qui n'en valait pas la peine. — Tu re-
» grettes donc bien tes galons ? — Oui, Sire,
» c'était une petite conquête que j'espérais
» bien augmenter. — Console-toi, je te fais ser-
» gent ; rentre à ta compagnie, j'enverrai mes
» ordres à ton colonel. Vous le voyez, dit-il en-
» suite à Duroc, le soldat n'est pas découragé.
» C'est bon à savoir. » Il fit à l'instant même
appeler le général Bertrand, et lui dit : « Je crois
» que vous manquez de beaucoup de choses :
» cependant il faut, à quelque prix que ce soit,
» jeter un pont sur le fleuve. » Bertrand salue,
ne répond rien, et part au galop. Duroc,

étonné de ce silence, en fait l'observation à l'Empereur, qui lui dit : « *Il me répondra sur le pont.* » En effet, ce pont fut en moins de rien construit comme par enchantement.

Napoléon, après le passage du Mincio, toutes les mesures ordonnées, et l'ennemi poursuivi dans toutes les directions, s'arrêta dans un château sur la rive gauche. Il souffrait de la tête, et prit un bain de pieds. Un gros détachement ennemi, égaré, et perdu, arrive, en remontant le fleuve, jusqu'à ce château. Napoléon y était presque seul ; la sentinelle en faction à la porte, n'a que le tems de la pousser, en criant aux armes, et le général de l'armée d'Italie, au sein de sa victoire, est réduit à s'évader par les derrières du jardin, avec une seule botte, l'autre jambe nue. S'il eût été pris avant que sa réputation ne l'eût consacré, les actes de génie par lesquels il venait de débuter, n'eussent peut-être jamais été, pour le vulgaire, que des échauffourées heureuses et blâmables.

Lors du traité de Tilsitt, Napoléon écrivant à Joséphine, disait : « La reine de Prusse est réellement charmante ; elle est pleine de coquette-

» rie pour moi; mais n'en sois pas jalouse; je
» suis une toile cirée sur laquelle tout cela ne
» fait que glisser. Il m'en coûterait trop cher
» pour faire le galant.

On trouve dans des Mémoires contemporains, écrits sous la dictée des ennemis de Napoléon, qu'il ne redoutait rien tant qu'une guerre avec la Prusse, qu'il regardait comme la première puissance militaire de l'Europe. On ne pouvait avancer une plus grande absurdité. Si on avait dit tout le contraire, on aurait été beaucoup plus près de la vérité. Déjà Napoléon n'avait-il pas dit des exigences pécuniaires de la Prusse : « *Patience, je pourrais bien quelque jour lui faire restituer en gros et avec usure le prix que depuis long-tems elle met à sa neutralité.* »

Regardait-il comme la première puissance militaire de l'Europe, le grand capitaine qui disait, huit jours avant le combat de Saalfeld où le frère du roi de Prusse fut tué : « *L'armée sera le 8 en présence des ennemis; je les battrai le 10 à Saalfeld; ils se retireront sur Iéna ou sur Weymar, où je les battrai encore. Le 14 ou le 15, j'aurai détruit l'armée prussienne; avant la fin du mois je serai à Berlin.* » Le guerrier disait vrai. Le mois n'était pas terminé quand il entra dans Berlin.

« Il n'est rien qu'on n'obtienne des Français par l'appât du danger, disait Napoléon ; il semble leur donner de l'esprit, c'est leur héritage gaulois... La vaillance, l'amour de la gloire, sont chez les Français un instinct, une espèce de sixième sens. Combien de fois, dans la chaleur des batailles, je me suis arrêté à contempler mes jeunes conscrits se jetant dans la mêlée pour la première fois : *l'honneur et le courage leur sortait par tous les pores.* »

L'abbé d'Astros avait eu la témérité d'afficher sur la porte de Notre-Dame la bulle d'excommunication fulminée contre Napoléon. Quelque tems après, et pour se conformer à l'usage, il fut obligé de se présenter devant l'Empereur, à la tête du chapitre métropolitain, pour lui offrir les complimens du nouvel an...

Napoléon, étrangement surpris de cette visite, s'écria : « il n'était qu'un prêtre qui fût capable de tant d'effronterie. » Et se portant brusquement à la rencontre de l'abbé, il lui dit d'une voix menaçante : — « C'est donc vous qui voulez allumer dans mes états le feu de la sédition? Qui trahissez votre souverain pour exécuter les ordres d'un prêtre étranger? Je ne veux ni révolte, ni fanatisme, ni martyrs.... Je suis chrétien... chrétien comme Bossuet, comme Fénélon, et non comme l'infâme Grégoire VII. Je saurai soutenir ma couronne contre ceux qui lui ressemblent. Dieu m'a armé du glaive; que vous et vos pareils ne l'oublient pas!

L'abbé voulut répondre; un geste impératif de l'Empereur l'obligea de se retirer.

Lorsque Napoléon fut rentré dans son cabinet, il réfléchit un moment, et dit : « Le sort en est jeté; ces soutanes sont en révolte, sévissons. » Deux heures après, l'abbé d'Astros fut arrêté et conduit à la force. A compter de ce jour, le clergé fut entièrement perdu dans l'esprit de l'Empereur.

Les heureux résultats de la journée du 18 brumaire inspirèrent un poète qui signala sa satisfaction par le jeu de mots suivant :

Je me disais l'autre jour, *à parte*,
Quand de nos maux verrons-nous donc le terme?
Lors un esprit me répond, *à parte*,
Bientôt!... bientôt!... Un héros juste et ferme,
Ayant conçu ses projets *à parte*,
Viendra chasser hors de votre cité

Tous les brigands, les loups qu'elle renferme,
Et vous rendra votre tranquillité.
— Ah! vive Dieu! c'est un bon *à parte*.

Lorsqu'en l'an 8, le Gouvernement fit un appel à trente mille conscrits, l'arrêté en fut porté au tribunat, qui en adopta les bases ; Girardin, membre du tribunat s'écria :

» Quand Bonaparte promet de marcher à la tête de nos armées, pourrions-nous craindre les revers ? Des revers ? Des revers et Bonaparte ! Ces deux mots s'étonnent de se trouver sur la même ligne. »

A l'époque du 18 brumaire, lorsque Bonaparte prit les rênes du Gouvernement, notre marine se trouvait presque désorganisée. Plusieurs officiers de la marine et des chefs de ce département furent présentés au héros de l'Italie, qui leur adressa les paroles suivantes, pleines de vérité et de sagesse :

« Les marins sont braves, et même expérimentés. Les revers qu'ils ont éprouvés ne doivent être attribués qu'à la mauvaise organisation de la marine : les capitaines n'ont pas les moyens suffisans pour faire respecter leur autorité ; le pouvoir qu'on a élevé près d'eux encourage l'insubordination de l'équipage : je veux parler du jury. *Sur terre, une bravoure indisciplinée a pu vaincre quelquefois ; sur mer, jamais.* »

L'Institut national, présenté à Bonaparte lors de la conspiration anglaise, découverte en l'an 12, s'exprima, par l'organe de son président, dans les termes suivans :

« Le Gouvernement anglais pouvait, en frappant une seule tête, frapper la république entière.

» Veuve du héros qui l'a sauvée, la patrie voyait renaître tous ses malheurs.

» Nous perdions en vous la garantie du repos de nos familles, de la paix de nos cités, de la gloire de nos armées, du salut de notre pays,

» Des sociétés savantes et littéraires à peine renaissantes, des colléges à peine ouverts, des écoles à peine établies, pleuraient leur fondateur.

» Les élèves de Saint-Cyr, de Compiègne, de Fontainebleau, de nos nombreux lycées redevenaient orphelins.

» Le génie de la France vous a préservé. Heureux de lui devoir votre salut, l'Institut national lui rend grâces encore de ce que vous n'avez pas eu, de ce que vous n'avez jamais à redouter des conspirations conçues en France et par des Français. Les complots qui vous menaçaient étaient tramés sur un territoire étranger, par les éternels ennemis des Français et de la France.

» Ceux qui ont voulu les servir, les seconder, en profiter, égaux devant la justice qui les a saisis, seront égaux devant la loi qui les jugera, et les Anglais qui n'ont pu vous atteindre de leurs poignards impuissans, trembleront bientôt devant votre épée victorieuse.

» Pourquoi faut-il que cette pensée nous ramène à celle d'un autre danger pour votre personne, et au sentiment d'une crainte nouvelle.

» Il est permis de l'exprimer, quand la France entière le partage; quand ces bataillons intrépides, cette garde fidèle, ces braves de toutes les armes, que leurs propres périls n'ont jamais émus, frémissent à l'idée des vôtres.

» Ah! du moins, n'oubliez jamais que la grande Nation vous a remis le dépôt de ses destinées. Secondez, par une prudence que nous implorons, les vœux de la France et les nôtres; secondez la Providence qui veille sur vous, et qui veut que, pour la paix du monde, vos institutions protégées, perfectionnées par vous-même, deviennent immortelles comme votre gloire. »

Si l'Empereur n'avait été presque sûr d'être reconnu, il est peu d'ateliers dans Paris qu'il n'eût visité incognito. Il avait un goût particulier pour ce genre de distraction. C'est un grand moyen, disait-il, de saisir la vérité sur le fait. Un jour qu'il était avec Duroc à regarder aux Tuileries, des ouvriers doreurs, il remarqua qu'ils laissaient envoler beaucoup d'or.— «C'est si léger, lui dit le maréchal du palais, qu'ils ne peuvent le retenir. Croiriez-vous, Sire, que l'or préparé au laminoir, et battu ensuite dans un livret de baudruche, peut être réduit en feuilles si minces, qu'il en faut plus de mille pour faire l'épaisseur d'une feuille de papier ordinaire? — Vous voulez rire, Duroc, ou c'est un conte que l'on vous a fait? — Je proteste à Votre Majesté que rien n'est plus vrai. — Mais regardez donc, mon cher, ce que c'est que l'épaisseur d'une feuille de papier, et dites-moi s'il est possible de la diviser mille fois? — Sire, cela se fait. — Hé bien, Monsieur l'entêté, nous verrons cela après-midi. Préparez-vous à sortir. L'habit bourgeois, un chapeau rond, et un cabriolet que nous conduirons nous-mêmes. » En effet, l'Empereur et le grand-maréchal, vêtus le plus simplement du monde, montèrent dans un cabriolet sans armoiries, et derrière lequel était un valet. Les voilà rue Saint-Martin, chez un des plus considérables batteurs d'or de Paris. Napoléon se donne pour un Italien curieux de connaître par quels procédés on parvient à réduire l'or à une aussi mince épaisseur. Le maître de l'établissement, persuadé qu'il a affaire à deux personnes de qualité, leur explique les divers procédés de sa profession. — « Est-il vrai, lui dit l'Empereur, que vous pouvez faire que mille feuilles d'or ne forment que l'épaisseur d'une feuille de papier ordinaire? — Oui, Monsieur. — Je vous avouerai franchement, reprit l'Empereur, qu'il faudrait que je le visse pour le croire. — A cela ne tienne, Monsieur. » Et voilà bientôt que mille feuilles d'or réunies et pressées dans un livret, prouvent à Napoléon que le maréchal du palais lui avait dit la vérité. Ils allaient se retirer, lorsqu'une jeune ouvrière, levant tout-à-coup les yeux, reconnut l'Empereur, et s'écria : « *Ah! mon Dieu!* » Napoléon, se mettant aussitôt un doigt sur la bouche, lui fait signe des yeux de ne rien dire. La jeune fille le comprit à merveille, et lorsque son maître lui demanda ce que signifiait un tel cri, elle répondit de l'air le plus naturel du monde : « C'est que monsieur ressemble tellement à l'un de mes frères mort à Marengo, que j'ai réellement cru que c'était lui. » Napoléon, tout à la fois charmé et surpris d'une telle présence d'esprit, remit au lendemain à lui en tenir compte. Après avoir laissé des marques de sa générosité aux ouvriers, et fait force complimens au maître du logis, il rentra aux Tuileries. — « Duroc, dit-il au maréchal du palais, faites prendre l'adresse de cette jeune fille, sa présence d'esprit m'a sauvé une de ces scènes que je n'aime pas. Donnez-lui dix napoléons. »

Nous allons donner maintenant un léger précis des entretiens et conversations de Napoléon, à Sainte-Hélène.

ENTRETIENS
DE NAPOLÉON
A SAINTE-HÉLÈNE

Le 20 octobre 1815, Las-Cases étant auprès de Napoléon, ce dernier se servait d'une tabatière où se trouvaient enchassées plusieurs médailles antiques ; des inscriptions grecques étaient autour ; l'Empereur doutant des noms de ces portraits, dit à Las-Cases de les lui traduire, et celui-ci lui répondant que c'était au dessus de ses forces, il se mit à rire, disant : « Vous n'êtes pas plus fort que moi? » Alors le fils de Las-Cases s'est offert en tremblant, et a lu Mithridate, Démétrius-Poliocertes et quelques autres. L'extrême jeunesse de mon fils, ajoute Las-Cases, et cette circonstance ont alors attiré l'attention de l'Empereur. « Quoi! votre fils en est déjà là ? a-t-il dit. C'est bien ! » et il s'est mis à le questionner longuement sur son

lycée, ses maîtres, leurs leçons ; puis revenant à moi. « Quelle jeunesse, a-t-il dit, je laisse
» après moi ! c'est pourtant mon ouvrage ! elle
» me vengera suffisamment par tout ce qu'elle
» vaudra ! A l'œuvre il faudra bien, après tout,
» qu'on rende justice à l'ouvrier ! et le travers
» d'esprit ou la mauvaise foi des déclamateurs
» tombera devant mes résultats. Si je n'eusse
» songé qu'à moi, à mon pouvoir, ainsi qu'ils
» l'ont dit et le répètent sans cesse, si je n'eusse
» réellement eu que le règne de la raison en
» aversion, j'aurais cherché à étouffer les lu-
» mières *sous le boisseau*; au lieu de cela, on
» ne m'a vu occupé que de les produire au
» grand jour. Et encore n'a-t-on pas fait pour ces
» enfans tout ce dont j'avais eu la pensée. Mon
» Université, telle que je l'avais conçue, était un
» chef-d'œuvre dans ses combinaisons, et devait
» en être un dans ses résultats nationaux. Un
» méchant homme m'a tout gâté ; et cela avec
» mauvaise intention, et par calcul, sans
» doute, etc. »

Un soir, dans le même mois, il se fit apporter un petit nécessaire de campagne, en examina minutieusement toutes les parties et le donna à Las-Cases, en lui disant :

« Il y a bien long-tems que je l'ai, je m'en suis
» servi le matin de la bataille d'Austerlitz. Il pas-

» sera au petit m n a nuel, continua-t-il, en
» regardant le fils de Las-Cases. Quand il aura
» trente ou quarante ans, nous ne serons plus,
» mon cher; l'objet n'en sera que plus curieux,
» il le fera voir et dira : C'est l'Empereur Na-
» poléon qui l'a donné à mon père, à Sainte-
» Hélène. »

Au mois de novembre, une conversation s'établit entre l'Empereur et Las-Cases, au sujet de Berthier :

Las-Cases.

Berthier a laissé échapper la plus belle occasion, la plus facile de s'illustrer à jamais, celle d'aller présenter de bonne foi ses soumissions au roi, et de le supplier de trouver bon qu'il allât dans la solitude pleurer celui qui l'avait honoré du titre de son compagnon d'armes, et l'avait appelé son ami.

L'Empereur.

Eh bien ! quelque simple que fût cette démarche, elle était encore au dessus de ses forces.

Las-Cases.

Ses moyens, sa capacité étaient toujours un objet de discussion parmi nous. Le choix de Votre Majesté, votre confiance, votre grand attachement nous étonnaient beaucoup.

L'Empereur.

C'est que Berthier, après tout, n'était pas sans talens; et je suis loin de renier sa personne et mes sentimens; mais ses talens, son mérite étaient spéciaux et techniques, et hors de là sans nul esprit quelconque, et puis si faible....

Las-Cases.

Berthier était plein de prétentions et de morgue avec nous.

L'Empereur.

Et le titre de favori, le comptez-vous donc pour rien.

Las-Cases.

Il était très-dur, fort absolu.

L'Empereur.

Mais rien de plus impérieux, mon cher, que la faiblesse qui se sent étayée de la force; voyez les femmes.

Napoléon, dans un entretien qu'il eût un soir avec ses commensaux, relativement à ses généraux, disait :

» *Kléber* était doué du plus grand talent ; mais il n'était que l'homme du moment ; il cherchait la gloire comme la seule route aux jouissances ; d'ailleurs nullement national, il eût pu, sans effort, servir l'étranger : il avait commencé dans sa jeunesse sous les Prussiens dont il demeurait fort engoué.

» *Desaix* possédait à un degré très-supérieur cet équilibre de l'esprit et du talent, avec le caractère ou le courage.

» *Moreau* était peu de chose dans la première ligne des généraux : la nature en lui n'avait pas fini sa création ; il avait plus d'instinct que de génie.

» Chez *Lannes* le courage l'emportait d'abord sur l'esprit; mais chez lui l'esprit montait chaque jour pour se mettre en équilibre. Il était devenu très-supérieur quand il a péri ; je l'avais pris *pygmée*, je l'ai perdu *géant*.

» *Suchet* était quelqu'un chez qui le caractère et l'esprit s'étaient accrus à surprendre.

» *Masséna* avait été un homme très-supérieur qui, par un privilége très-particulier, ne possédait l'équilibre tant désiré qu'au milieu du feu : il lui naissait au milieu du danger.

» Les généraux qui semblaient devoir s'élever, et l'espoir de l'avenir, étaient *Gérard, Clausel, Foy, Lamarque*, etc., c'étaient mes nouveaux maréchaux. »

Le 2 mars 1816, arriva à Sainte-Hélène la flotte de la Chine; c'est la joie, la fête, la moisson de l'île. L'argent que laissent les passagers pendant leur court relâche fait une grande partie des revenus des habitans.

Le 4, l'Empereur reçut quelques capitaines de la flotte; il causa fort long-tems avec eux sur la nature de leur commerce, la facilité de leurs relations avec les Chinois, les mœurs de ceux-ci, etc., etc...

Le 6, beaucoup d'officiers ou des employés des bâtimens de la Chine rôdaient autour du jardin; l'Empereur les a fait approcher, et leur a fait, suivant son usage, de nombreuses questions sur la Chine, son commerce, ses habitans; leurs rapports, leurs mœurs, les missionnaires, etc. A leur départ, on lui peignit l'enthousiasme de ces officiers, et on lui raconta tout ce qu'ils avaient laissé échapper à son sujet. « Je le
» crois bien ; dit-il ; vous ne vous apercevez pas
» qu'ils sont des nôtres. Tout ce que vous avez
» vu là est du tiers État d'Angleterre, les enne-
» mis naturels, sans qu'ils s'en rendent peut-
» être compte à eux-mêmes, de leur vieille et
» insolente aristocratie. »

Le 30, dans le cours d'une de ses promenades, Napoléon parla de l'Egypte et de la Syrie, et dit que s'il eût enlevé Saint-Jean-d'Acre, il opérait une révolution dans l'Orient.

« Les plus petites circonstances, ajouta-t-il,
» produisent les plus grands événemens. La
» faiblesse d'un capitaine de frégate qui prend
» chasse au large, au lieu de forcer son passage
» dans le port, quelques contrariétés de détail
» dans quelques chaloupes ou bâtimens légers,
» ont empêché que la face du monde fût chan-
» gée. Saint-Jean-d'Acre enlevé, l'armée fran-
» çaise volait à Damas et à Alep, elle eût été en
» un clin d'œil sur l'Euphrate; les chrétiens de
» la Syrie, les Druses, les chrétien de l'Armé-
» nie se fussent joints à elle, les populations
» allaient être ébranlées. » Quelqu'un des suivans de l'Empereurs ayant dit qu'on eût été bientôt renforcés de cent mille hommes : « Dites
» de six cent mille, reprit l'Empereur; qui peut
» calculer ce que c'eût été; j'aurais atteint Con-
» stantinople, et les Indes; j'eusse changé la
» face du monde. »

Dans sa première chambre, sur la gauche de la cheminée, on remarquait la montre de l'Empereur; celle qu'il portait à l'armée d'Italie et d'Egypte, recouverte des deux côtés d'une boîte en or, portant son chiffre B. Napoléon se plaignait que sa montre n'allait pas ou allait mal;

on avait tenté vainement de la lui faire raccommoder; et le 2 avril, en en considérant une que le genéral Bertrand venait de recevoir du Cap, il lui dit : Je la garde, et vous donne la mienne :
» elle ne va pas en ce moment; mais elle a
» sonné *deux heures* sur le plateau de Rivoli,
» quand j'ordonnai les opérations de la jour-
» née. »

Le 18 avril, après le dîner, l'Empereur a raconté fort plaisamment à Las-Cases, Gourgaud et autres, le dire du plus vieux soldat du 53° régiment anglais qui, l'ayant vu hier pour la première fois, était retourné à ses camarades en leur disant : « On m'avait bien trompé en m'as-
» surant qu'il était si vieux; mais il n'en est
» rien, le b.... a encore au moins 60 campa-
» gnes dans le corps. »

Un des assistans a raconté à son tour un grand nombre de bons mots de nos soldats, durant son absence et lors de son retour. Un surtout l'a fait beaucoup rire, c'était la réponse d'un grenadier à Lyon. On y passait une grande revue, lors du débarquement de l'Ile-d'Elbe. Le chef faisait observer aux soldats qu'ils étaient bien vêtus, bien nourris, que leur solde était à jour, à quoi le grenadier, auquel il s'adressait, répondait à chaque observation : « Oui, assurément. — Eh

» bien ! conclut le chef d'un air confiant, vous
» n'étiez pas de la sorte avec Bonaparte? Il y avait
» de l'arriéré? on vous le devait? — Eh! qu'est-
» ce que cela fait, répartit vivement le grenadier,
» s'il nous plaisait de lui faire crédit. »

Au mois de juin, l'Empereur raconta à M. de Las-Cases le fait suivant, et le dialogue qui eut lieu à la suite.

Un jour, à Saint-Cloud, dit-il, à la grande audience du dimanche et précisément à mon côté, un sous-préfet ou un autre fonctionnaire piémontais, l'air égaré, et tout hors de lui, m'interpelle de la voix la plus élevée, me demandant justice sur sa destitution, soutenant qu'il avait été faussement accusé et condamné.

L'Empereur.

Allez trouver mes Ministres.

Le sous-préfet.

Non, Sire, c'est par vous que je veux être jugé.

L'Empereur.

Je ne le saurais; je n'en ai point le tems; j'ai

à m'occuper de tout l'empire, et mes Ministres sont institués pour s'occuper des individus.

Le sous-préfet.

Mais ils me condamneront toujours.

L'Empereur.

Et pourquoi ?

Le sous-préfet.

Parce que tout le monde m'en veut.

L'Empereur.

Et pourquoi encore ?

Le Sous-préfet.

Parce que je vous aime. Il suffit qu'on vous soit attaché pour qu'on devienne en horreur à tout le monde.

L'Empereur, avec calme.

Ce que vous dites là est bien fort, Monsieur, j'aime à croire que vous vous trompez.

Et il passa tranquillement au voisin.

Le 18 juin 1816, anniversaire de la bataille de Waterloo, le souvenir de cette journée réveillé par quelqu'un, produisit une impression visible sur l'Empereur. « Journée incompréhensible ! a-t-il prononcé avec douleur... Concours
» de fatalités inouies !.... Grouchy !.... Ney !....
» d'Erlon !.... N'y a-t-il eu que du malheur !....
» Ah ! pauvre France !... » Et il s'est couvert les yeux de la main. « Et pourtant, disait-il, tout ce
» ce qui tenait à l'habilité, avait été accompli !..
» Tout a manqué, quand tout avait réussi !..»

Dans un autre moment, il disait sur le même sujet : « Singulière campagne, où, dans moins
» d'une semaine, j'ai vu trois fois s'échapper
» de mes mains le triomphe assuré de la France
» et la fixation des destinées.

» Sans la désertion d'un traître, j'anéantis-
» sais les ennemis en ouvrant la campagne.

» Je les écrasais à Ligny, si ma gauche eût
» fait son devoir.

» Je les écrasais encore à Waterloo, si ma
» droite ne m'eût pas manqué.

» Singulière défaite où, malgré la plus hor-
» rible catastrophe, la gloire du vaincu n'a point
» souffert, ni celle du vainqueur augmentée :
» La mémoire de l'un survivra à sa destruc-
» tion; la mémoire de l'autre s'ensevelira peut-
» être dans son triomphe !.... »

Un soir, après le dîner, la conversation s'engagea sur la religion : l'Empereur s'y arrêta long-tems ; voici le résumé de ce qu'il avança sur ce sujet :

« Tout proclame l'existence d'un Dieu ; c'est
» indubitable ; mais toutes nos religions sont
» évidemment les enfans des hommes. Pour-
» quoi y en avait-il tant? Pourquoi la nôtre
» n'avait-elle pas toujours existé? Pourquoi
» était-elle exclusive? Que devenaient les hom-
» mes vertueux qui nous avaient devancés?
» Pourquoi ces religions se décriaient-elles, se
» combattaient-elles, s'exterminaient-elles?
» Pourquoi cela avait-il été de tous les tems, de
» tous les lieux? C'est que les hommes sont tou-
» jours les hommes, c'est que les prêtres ont
» toujours glissé partout la fraude et le men-
» songe. Toutefois, ajoutait l'Empereur, dès que
» j'ai eu le pouvoir, je me suis empressé de ré-
» tablir la religion. Je m'en servais comme de
» base et de racine. Elle était à mes yeux l'ap-
» pui de la bonne morale, des vrais principes,
» des bonnes mœurs. Et puis l'inquiétude de
» l'homme est telle, qu'il lui faut ce vague et ce
» merveilleux qu'elle lui présente. Il vaut mieux
» qu'il les prenne là que d'aller les chercher
» chez Cagliostro, chez mademoiselle Lenor-
» mand, chez toutes les diseuses de bonne
» aventure et les fripons...

» Je suis bien loin d'être athée ; mais je ne puis
» croire tout ce que l'on m'enseigne en dépit
» de ma raison, sous peine d'être faux et hy-
» pocrite....

» Mais comment pouvoir être convaincu par
» la bouche absurde, par les actes iniques de la
» plupart de ceux qui nous prêchent. Je suis
» entouré de prêtres qui me répètent sans cesse
» que leur règne n'est pas de ce monde, et ils
» se saisissent de tout ce qu'ils peuvent. Le
» Pape est le chef de cette religion du Ciel, et
» il ne s'occupe que de la terre... »

Un autre jour, l'Empereur s'emparant de la conversation, se mit à parler des formes, des costumes qu'il avait prescrits, de l'étiquette qu'il avait introduite, disant : « Il m'était de-
» venu bien difficile de m'abandonner à moi-
» même. Je sortais de la foule ; il me fallait, de
» nécessité, me créer un extérieur, me compo-
» ser une certaine gravité, en un mot, établir
» une étiquette, autrement l'on m'eût journel-
» lement frappé sur l'épaule. En France, nous
» sommes naturellement enclins à une fami-
» liarité déplacée ; et j'avais à me prémunir sur-
» tout contre ceux qui avaient *sauté à pieds*
» *joints* sur leur éducation. Nous sommes très-
» facilement courtisans, très-obséquieux au dé-
» but, portés d'abord à la flatterie, à l'adulation ;
» mais bientôt arrive, si on ne la réprime, une

» certaine familiarité qu'on porterait aisément
» jusqu'à l'insolence. On sait que nos rois n'é-
» taient pas exempts de cet inconvénient. »

A Saint-Hélène, Napoléon faisait observer à ses suivans une certaine étiquette, qui était un diminutif de celle qui avait lieu à la cour des Tuileries.

« Aucun de nous, dit Las-Cases, n'arrivait dans la chambre de l'Empereur sans avoir été appelé, et si l'on avait quelque chose d'important à lui communiquer, on faisait demander à être reçu. S'il se promenait avec l'un de nous, tête-à-tête, nul autre ne venait le joindre sans être appelé. Dans le principe, nous demeurions constamment chapeau bas auprès de sa personne, ce qui semblait étranger aux Anglais, qui avaient reçu l'ordre supérieur de se couvrir après l'avoir abordé. Ce contraste parut si ridicule à l'Empereur, qu'il nous commanda, une fois pour toutes, de ne pas faire autrement qu'eux.

» Nul, excepté les deux dames, ne s'asseyait devant lui qu'il ne l'eût ordonné. Jamais la parole ne lui était adressée sans son interpellation, à moins que la discussion ne fût engagée; et toujours et dans tous les cas, il gouvernait la conversation. »

Les conversations des exilés à Sainte-Hélène,

donnaient lieu souvent à l'Empereur de développer ses sentimens et ses idées sur les matières qu'on y traitait. Quelqu'un ayant observé que si le ciel eut donné à l'Empereur un règne de soixante ans comme à Louis XIV, il aurait laissé de bien grandes choses. « Si le ciel m'eût donné
» seulement vingt ans et un peu de loisir, reprit
» vivement l'Empereur, on aurait cherché vainement
» l'ancien Paris ; il n'en fût pas resté de
» vestiges ; et j'aurais changé la face de la
» France. Archimède promettait tout, si on lui
» laissait poser le bout de son levier ; j'en eusse
» fait autant par tout où l'on m'eût laissé poser
» mon énergie, ma persévérance et mes budgets...
» Avec les budgets on créerait le monde...
» J'aurais montré la différence d'un Empereur
» constitutionnel à un Roi de France. Les Rois
» de France n'ont jamais rien eu d'administratif
» ni de municipal... Ils ne se sont jamais
» montrés que de grands seigneurs que ruinaient
» leurs gens d'affaires.

» Il faut avoir fait autant que moi pour connaître
» toute la difficulté de faire le bien. Il
» fallait, parfois, toute ma puissance pour pouvoir
» réussir. S'agissait-il de prolonger le jardin
» des Tuileries, d'assainir quelques quartiers,
» de desobstruer quelques égouts, d'accomplir
» un bien public, il fallait tout mon caractère,
» écrire six, dix lettres par jour et se fâcher tout
» rouge. C'est ainsi que j'ai employé trente mil-

» lions en égouts, dont personne ne me tiendra
» jamais compte. J'ai abattu pour dix-sept mil-
» lions de maisons en face des Tuileries pour
» former le Carrousel et découvrir le Louvre.
» Ce que j'ai fait est immense, ce que j'avais
» arrêté, ce que je projetais encore l'était bien
» davantage. »

Les jours de Napoléon s'écoulaient tristes et chargés d'ennui ; leur monotonie était quelquefois interrompue par quelques momens de gaîté, et par des conversations d'un grand intérêt. En discutant, au mois de septembre, sur la Révolution française, il dit :

» Jamais de révolution sociale sans terreur,
» toute révolution de cette nature n'est et ne
» peut être dans le principe qu'une révolte. Le
» tems et les succès parviennent seuls à l'en-
» noblir, à la rendre légitime ; mais encore on
» n'a pu y parvenir que par la terreur. Com-
» ment dire à tous ceux qui remplissent toutes
» les administrations, possèdent toutes les char-
» ges, jouissent de toutes les fortunes : allez-
» vous en ? Il est clair qu'ils se défendraient : il
» faut donc les frapper de terreur, et les mettre
» en fuite, et c'est ce qu'ont fait la lanterne et les
» exécutions populaires. La terreur en France a
» commencé le 4 août, lorsqu'on a aboli la no-
» blesse, les dîmes, les féodalités, et qu'on a
» jeté tous ces débris au peuple. Il se les est

» partagé, n'a plus voulu les perdre, et a rué.
» Alors seulement il a compris la révolution,
» et s'y est vraiment intéressé. Jusque là il
» existait assez de morale et de dépendance
» religieuse parmi eux, pour qu'un grand nom-
» bre doutât que sans le roi et les dîmes la ré-
» colte pût venir comme de coutume. »

Napoléon reçut dans ce mois les papiers mi-
nistériels anglais. Ils parlaient des grands trésors
que l'Empereur devait posséder, et qu'il tenait
sans doute cachés.

» Vous voulez connaître les trésors de Napoléon; ils sont immenses, il est vrai; mais ils sont
exposés au grand jour. Les voici :

» Le beau bassin d'Anvers, celui de Fles-
singue, capables de contenir les plus nombreuses escadres, et les préserver des glaces de
la mer;

» Les ouvrages hydrauliques de Dunkerque,
du Havre, de Nice;

» Le gigantesque bassin de Cherbourg;

» Les ouvrages maritimes de Venise;

» Les belles routes d'Anvers à Amsterdam, de
Mayence à Metz, de Bordeaux à Bayonne;

» Les passages du Simplon, du Mont-Cénis,
du Mont-Genève, de la Corniche, qui ouvrent
les Alpes dans quatre directions; dans cela seul

vous trouverez plus de 800 millions. Ces passages surpassent en hardiesse, en grandeur, et en efforts de l'art, tous les travaux des Romains;

» Les routes des Pyrénées aux Alpes, de Parme à la Spezzia, de Savone au Piémont.

» Les ponts d'Iéna, d'Austerlitz, des Arts, de Sèvres, de Tours, de Romagne, de Lyon, de Turin, de l'Isère, de la Durance, de Bordeaux, de Rouen, etc.;

» Le canal qui joint le Rhin au Rhône par le Doubs, unissant les mers de Hollande avec la Méditerranée; celui qui unit l'Escaut à la Somme, joignant Amsterdam à Paris; celui qui joint la Rance à la Vilaine;

» Le canal d'Arles, celui de Pavie, celui du Rhin;

» Le dessèchement des marais de Bourgoing, du Cotentin, de Rochefort.

» Le rétablissement de la plupart des églises démolies pendant la révolution, et l'élévation de nouvelles;

» La construction d'un grand nombre d'établissemens d'industrie, pour l'extirpation de la mendicité;

» La construction de greniers publics, de la Banque, du canal de l'Ourcq;

» La distribution des eaux dans la ville de Paris;

» Les nombreux égouts, les quais, les embellissemens et les monumens de cette grande capitale ;

» Le rétablissement des manufactures de Lyon ;

» La création de plusieurs centaines de manufactures de coton, de filature et de tissage qui emploient plusieurs milliers d'ouvriers, etc... »

Sous la restauration, qui n'a rien restauré, on ne vit aucune de ces créations. On s'occupait à trôner, sans s'occuper d'autres choses. Le bien public n'entrait pour rien dans les travaux et les opinions des Gouvernans.

Au mois de novembre, Las-Cases fut enlevé de Longwood, mis en arrestation, et transporté au Cap de Bonne Espérance, et de là en Europe, où son zèle pour l'Empereur lui fit faire des démarches inouies pour lui procurer la liberté ou du moins adoucir sa captivité. Démarches infructueuses! Le Gouvernement anglais et les puissances alliées avaient décidé la mort de Napoléon.

L'Empereur aimait à s'entretenir avec son chirurgien O'Méara, nous allons rapporter plusieurs de leurs conversations.

Sur la fin de l'année 1817, O'Méara demandant à Napoléon s'il pensait que les alliés eussent en vue de l'envoyer à Sainte-Hélène; « Eh! mais, répondit-il, on en a beaucoup parlé. Cependant le colonel Campbell a positivement nié le fait, il aurait fallu qu'ils envoyassent une armée contre moi. J'aurais pu tenir quelque mois. Il était stipulé et convenu par le traité de Fontainebleau que tous les membres de ma famille auraient la permission de me suivre à l'île d'Elbe; mais par violation de ce traité, on ne voulut pas permettre à ma femme et à mon fils de rejoindre un époux et un père. »

Napoléon quelques jours parlant de Hoche à son chirurgien, lui dit : « Hoche fut un des premiers généraux que la France ait produits. Il était brave, intelligent, plein de talent, de résolution et de pénétration. Il était en outre ambitieux : Si Hoche eût débarqué en Irlande, selon son désir, il aurait, sans doute, réussi dans ses projets, parce qu'il possédait toutes les qualités nécessaires pour en assurer le succès. Il était accoutumé à la guerre civile, et savait comment s'y prendre pour la faire avec avantage ; il avait pacifié la Vendée, et aurait dirigé les Irlandais avec intelligence. Belle figure, et beaucoup de talent : il était entreprenant ; mais, probablement, par suite de quelque maladresse ou d'un malentendu, on le mit à bord d'une frégate qui n'arriva pas jusqu'à la côte d'Irlande, tandisque le reste de l'expédition, montant à environ dix-huit mille hommes, entra dans la baie de Bantry, où ils restèrent pendant quelques jours parfaitement les maîtres d'opérer leur débarquement. Mais Grouchy (1) qui, à ce que je crois, avait le commandement après Hoche, ne sut pas comment s'y prendre; en sorte qu'après être demeuré dans l'inaction, il fit lever l'ancre, et les bâtimens revinrent en France, sans avoir rien tenté. Si Hoche était arrivé, les Anglais auraient perdu l'Irlande. »

Une partie de la conversation qui suivit, conduisit O'Méara à faire quelques remarques peu favorables au maréchal Davoust, et aussi, à demander à L'Empereur si on devait considérer ce général comme un des meilleurs : « Non, dit-il, il s'en faut de beaucoup; mais c'est un bon officier. » Il demanda alors à Napoléon quel était le plus habile général français : « Cela est difficile à dire, répondit Napoléon; mais il me semble que c'est Suchet. Auparavant c'était Masséna. Suchet, Clausel et Gérard sont, à mon avis, les meilleurs des généraux français.

Le 6 mai, dit O'Méara, j'ai donné à l'Empereur un livre intitulé *Mœurs et coutumes des Corses;* il l'a parcouru en riant, et souvent de très-bon cœur, de diverses anecdotes. L'auteur,

(1) Ce général, par une fatalité attachée à ses pas, a fait échouer toutes les entreprises dans lesquelles il était employé. Plus tard, il fut une des causes de la perte de la Bataille de Waterloo.

me dit-il enfin, est un *ignorantaccio*, et il ignore beaucoup de circonstances relatives à l'histoire, aux manufactures, etc., de la Corse; c'est, ou un aventurier, ou un homme qui a été *ben bastonato* par les Corses. » Il ajouta que beaucoup d'anecdotes qu'il citait relativement à divers assassinats qui avaient eu lieu dans ce pays, étaient véritables, mais que les Corses n'avaient pas l'habitude d'assassiner les étrangers, qu'ils étaient les meilleurs amis et les ennemis les plus à craindre du monde. Que ceux qui embrassaient un parti, y demeuraient invariablement attachés. »

Suivant ses conversations avec O'Méara, il lui parla des talens nécessaires pour faire un bon général.

» L'esprit d'un général, dit-il, devrait ressembler, pour la propriété et la clarté, au verre d'un télescope de campagne, *et ne jamais se faire de tableaux*. De tous les généraux qui m'ont précédé, et peut-être qui me suivront, le plus grand de tous est Turenne. Le maréchal de Saxe n'était que général, mais il n'avait *pas d'esprit;* Luxembourg en avait *beaucoup;* le Grand-Frédéric *extrêmement*, et il voyait promptement et parfaitement bien les choses. Votre Malboroug, outre qu'il était un grand général avait aussi *beaucoup d'esprit*. Si je juge des actions de Wellington par ses dépêches et surtout par sa conduite envers Ney, je serais tenté de dire que c'est un homme de *peu d'esprit, sans générosité, et sans grandeur d'âme*. Je sais que l'opinion de Benjamin-Constant et de Madame de Staël, est, qu'abstraction faite de ses talens comme général, il ne saurait lier deux idées ensemble. Je crois que l'histoire sera d'avis qu'il est *un homme borné*.

Peu de tems après son installation à Longwood, O'Méara apprit à Napoléon la nouvelle de la mort de Murat ; il la reçut avec calme, et demanda aussitôt s'il était mort sur le champ de bataille. Le chirurgien hésita à lui dire que son beau-frère avait été exécuté sur le champ de bataille. Ayant répété sa question, il lui apprit enfin la manière dont il avait été mis à mort. Il l'écouta sans changer de contenance. Il lui apprit aussi la mort de Ney. « C'était un brave, dit-il ;
» personne ne l'était plus que lui ; mais c'était
» un fou ; il est mort sans emporter l'estime de
» personne ; il m'a trahi à Fontainebleau. La
» proclamation contre les Bourbons qu'il a dit
» dans sa défense, tenir de moi, a été écrite par
» lui-même, et je n'avais pas entendu parler de
» cette pièce avant qu'elle fut lue aux soldats.
» Il est vrai que je lui ai fait passer l'ordre
» de m'obéir. Que pouvait-il faire ? ses troupes
» l'abandonnaient. »

Le docteur parlant un jour à l'Empereur de la retraite de Moreau, lui demanda si ce général n'avait pas, dans cette circonstance, déployé de grands talens militaires. « Cette retraite, répliqua Napoléon, au lieu d'être une preuve de talens, était la plus grande faute que Moreau ait jamais pu commettre. Si, au lieu de se retirer, il eût tourné l'ennemi et marché sur les derrières du prince Charles, je pense qu'il aurait écrasé ou pris l'armée autrichienne. »

« Que pensez-vous qui pût me causer le plus
» grand plaisir au monde, dit Napoléon au
» docteur? » Celui-ci était sur le point de répondre de quitter Sainte-Hélène, quand il reprit : « Ce serait de pouvoir me promener *incognito* dans Londres et dans d'autres parties de l'Angleterre, d'aller avec un ami chez les restaurateurs, de dîner en public à une demi-guinée ou une guinée par tête, et d'entendre la conversation des diverses sociétés ; de me trouver partout, tantôt sous un costume, tantôt sous un autre, et de juger ainsi par moi-même les sentimens et les opinions du peuple, actuellement qu'il est sans contrainte et sans défiance, d'apprendre à connaître la véritable idée que les Anglais ont de ma personne et des événemens qui ont eu lieu pendant les vingt dernières années qui viennent de s'écouler. »

Le docteur lui fit observer qu'il entendrait

dire, sans doute, beaucoup de bien et beaucoup de mal de lui. « Ah! quant au mal, reprit-il, je n'en tiens pas compte, j'y suis accoutumé, Dieu merci ; d'ailleurs, je suis persuadé que l'opinion publique changera.... »

En arrivant à Longwood, l'Empereur essaya de reprendre l'exercice du cheval : la prodigieuse activité de sa vie passée lui en rendait l'interruption dangereuse; Corvisard le lui recommandait comme nécessaire contre une incommodité dont il était menacé. On lui avait assigné des limites assez rétrécies qu'il pouvait parcourir sans aucune surveillance étrangère. On connaît les prodigieuses et rapides courses auxquelles l'Empereur était habitué. Ici, le peu d'espace, la monotonie de l'endroit, les restrictions mises par le Gouverneur, dégoûtèrent l'Empereur de prendre l'exercice du cheval, exercice qui contribuait à sa santé, et entretenait son activité.

Nous terminons cet ouvrage par l'esquisse suivante de la famille de Napoléon.

La nature doua Lucien d'un assez beau physique, et de quelques talens que son ambition personnelle fit *mousser* (que l'on nous passe cette expression triviale) sur un théâtre qui eût été d'ailleurs favorable au personnage le plus médiocre; homme de lettres assez distingué, il versifie et a composé un poème épique, il écrit en prose, a fait des romans métaphysiques, entre autres *Moïna*; est bon, généreux, sensible, humain, et voulut plus d'une fois briser le vase d'ambition auquel Napoléon s'enivrait. Plus d'une fois aussi il lui parla avec la plus grande énergie, sans ménager ni les menaces, ni les termes.

Lucien, quoique fort riche, vivait avec beaucoup d'économie, et amaissait de l'argent. Quelqu'un s'étonnant de ce genre de vie, lui demanda, en riant, s'il craignait de tomber un jour dans l'indigence avec *quatre frères sur le trône*..... — « Eh! répondit-il, voyez Bélisaire, demandant l'aumône dans son casque; le roi Léar cachant ses remords dans les forêts d'Écosse; sa tête mise à prix: et ce tyran de Syracuse, maître d'école à Corinthe!.... Tout cela m'effraie; un jour, les quatre rois, cachant leurs couronnes dans leurs valises, peuvent bien me tomber sur les bras (1). »

Bonaparte voulait l'obliger à divorcer comme Jérôme, avec une épouse adorée, mère de plusieurs enfans, mais ce fut inutilement. Lucien, inaccessible aux séductions d'un diadème éphémère, se retira avec toute sa famille à *Némo-*

(1) On a attribué la même réponse à madame Lœtitia, mère de cette famille, et qui passait pour un prodige d'avarice.

ri, près de Rome; dans cette retraite charmante, il s'environna du luxe innocent des beaux-arts, et se livra tout entier aux plaisirs de l'étude.

Cependant Lucien, en le considérant depuis le principe de sa célébrité, jusqu'à la chûte du système impérial, ne laisse pas de paraître fort versatile. Il a été républicain outré, puis prince du sang : il s'est coiffé du casque de la liberté, et a *tatoué* sa poitrine de croix, de cordons moirés et de crachats. Caméléon politique, il a pris à-peu-près, comme maintes girouettes, tous les costumes de la grande friperie révolutionnaire, et est enfin parvenu au pouvoir, à la richesse, en parlant, comme tant d'autres, de son désintéressement et de son amour pour la patrie.

Joseph Bonaparte, ex-roi de Naples et d'Espagne, n'eut pas les moyens administratifs du Lucien; en général les talens, dans cette famille, décroissent d'une manière très-sensible. Honnête homme au fond de l'âme, bon, généreux, humain, accessible, aucune tache de sang n'a souillé ses deux règnes; règnes passagers qui, dans quelques siècles, paraîtront à peine un point dans l'histoire; car si Joseph fait apercevoir un roi à Madrid, c'est sous l'unique rapport de la galanterie :

Mais la mollesse est douce et sa suite cruelle;
Je vois autour de moi cent rois vaincus par elle.

Sous le rapport du physique, Joseph était plus bel homme que Napoléon : un peu plus grand d'ailleurs ; de plus, une agréable fraîcheur, une douce sérénité étaient répandues sur sa physionomie. Il était essentiellement bon, et ne signait qu'avec la plus vive répugnance une sentence de mort. Cependant il est rare qu'un frère ressemble plus à son frère : à quelque distance, vous eussiez juré voir Napoléon : même costume, même coiffure, et à peu près la même pantomime. L'air de douceur, seul, répandu sur son visage, établissait la différence : cet air plein d'aménité, le vulgaire le prenait pour de la majesté ; car, ainsi que le fait observer comiquement Gil-Blas, à l'occasion du portrait grotesque du duc de Lemnos, nous autres, peuple, nous sommes toujours portés par nos préventions à trouver un air de supériorité et de dignité aux grands ; dignité et grandeur qui n'existent que dans nos illusions, dans le prestige du luxe qui les entoure, du fracas d'une voiture toute d'or, et attelée de huit chevaux fougueux, et surtout dans l'active servitude d'une douzaine de valets qui, par l'excès de leurs bassesses, font grandir dans l'opinion des sots le personnage qu'ils servent dans un silencieux esclavage.

Il faut rendre justice à *Joseph ;* il ne voulait pas de la couronne d'Espagne, dont Napoléon l'affubla malgré lui ; il en est de même de *Louis,* ex-roi de Hollande, auquel l'Empereur imposa le sceptre des anciens Stathouders, à peu-près comme un capitaine de recrutement force un conscrit à se revêtir d'un schako, d'une giberne et d'un sabre. Ses infirmités, sa paralysie, qui lui avaient fait donner plaisamment le nom de l'homme *des mille et une nuits*, qui était moitié marbre et moitié chair, ne lui permettaient pas de remplir aucunes fonctions importantes : on peut donc dire qu'il était détrôné avant que d'être roi. Jérôme n'était pas plus curieux de s'envelopper dans la pourpre, et de faire le métier de roi suivant l'expression de Bonaparte ; si donc le trône de Westphalie lui a paru agréable, c'est qu'il l'a considéré comme un commode boudoir, où ses passions n'auraient à craindre aucun mentor ni aucun obstacle. Ainsi, le lecteur voit que tous ses frères n'avaient pas, suivant le système du docteur Gall, la *protubérance* de la souveraineté; et que tous étaient effrayés en secret de monter sur de si dangereuses échasses.

Quant au côté des femmes, elles aspiraient toutes ardemment à ceindre leur front d'un brillant diadême. Elles en eurent donc avec le tems; Caroline devint reine de Naples ; Pauline Borghèse fut princesse de Piombino ; Elisa et le plus petit cousin, à la mode de Bretagne, obtinrent un duché, des pages et un palais, en attendant qu'il y eût vacance ou emprisonnement sur quelque trône européen.

La mère de toute la famille, madame Lætitia, passait pour très-économe pour ne pas dire avaricieuse. Au comble de la richesse et des honneurs, elle thésaurisait, dans la crainte de se trouver un jour au dépourvu. Cette défiance de l'avenir excita plusieurs fois la mauvaise humeur de Napoléon qui lui représenta que son esprit de lésinerie, la rendait ridicule, et attirait de mauvaises plaisanteries sur sa famille. Insensible à tous les reproches que son fils pouvait lui faire, madame Lætitia continua son système d'épargnes minutieuses. Elle vit encore, et retirée à Rome, on prétend qu'elle fait avec un certain luxe les honneurs de sa maison.

ÉPILOGUE.

En résumant les beautés de l'histoire de Napoléon, nous avons voulu renfermer dans un cadre de peu d'étendue, les actions les plus éclatantes et les pensées les plus remarquables de cet homme extraordinaire, de ce héros qui n'a point son semblable dans l'antiquité.

Comme guerrier, il est incontestablement au-dessus de tous les guerriers qui ont illustré les siècles modernes.

Comme tacticien, il a développé des talens admirables, dont ses envieux ont essayé en vain de ternir l'éclat. Rejetant cette ancienne tactique, qui ne marchait qu'à tâtons, il en a improvisé une nouvelle qui, pour ainsi dire, a enfanté des miracles.

Comme administrateur, il a prouvé qu'il n'était point étranger à tout ce qui est susceptible de porter la régularité dans toutes les branches de l'administration, en évitant avec soin tout ce qui peut l'entraver et gêner ses mouvemens.

Comme législateur, c'est pour ainsi dire à lui que l'on doit ce Code civil où tout a été prévu et calculé d'après l'expérience et des données nouvelles.

Comme président de son conseil d'État, on le voit saisir et discuter avec une grande perspicacité les questions les plus ardues, et les résoudre d'une manière aussi neuve que péremptoire.

Avec le génie et les talens dont Napoléon était doué, on doit s'imaginer facilement qu'il eût beaucoup d'ennemis, qui ne cessèrent de le poursuivre de leurs diatribes, et de le calomnier avec une sotte impudence. Qu'en est-il résulté? rien, absolument rien. Les diatribes et les calomnies ont été oubliées, la vérité seule est restée, et l'admiration a anéanti tout ce qui avait été inventé pour avilir le héros et le grand homme!

TABLEAU

PRÉSENTANT, SELON LES JOURS DU MOIS, LES BATAILLES, COMBATS LIVRES PAR NAPOLÉON, LES SIÉGES ET PRISES DE VILLE QUI EURENT LIEU SOUS SON COMMANDEMENT, DEPUIS SA PREMIÈRE CAMPAGNE D'ITALIE JUSQU'A LA BATAILLE DE WATERLOO.

JANVIER.

12 1797. P. de Mantoue...... S. les Autrichiens.
14 *Id*. B. de Rivoli........ C. les mêmes.
16 *Id*. B. de La Favorite.... C. les mêmes.
27 1814. C. de Saint-Dizier.... C. les alliés.
29 *Id*. B. de Brienne....... C. les mêmes.

FÉVRIER.

3 1807. C. de Bergfrid....... C. les Russes.
8 *Id*. B. d'Eylau.......... C. les Russo-Prussiens.
10 1814. C. de Champ-Aubert. C. les Russes.
11 *Id*. B. de Montmirail..... C. les Alliés.
12 *Id*. C. de Château-Thierry C. les mêmes.
15 1807. C. de La Narrew..... C. les Russes.

1814. C. de Janvilliers..... C. les Alliés.
17 Id. C. de Nangis......... C. les mêmes.
18 Id. B. de Montereau..... C. les mêmes.
21 Id. C. de Méry-sur-Seine. C. les mêmes.
26 1799. P. de Gaza.......... S. les Turcs.
28 1814. C. de Sezanne....... C. les Alliés.

MARS.

3 1814. C. de Troyes........ C. les Alliés.
6 1799. P. de Jaffa.......... S. les Égytiens.
7 1814. B. de Craonne....... C. les Alliés.
8 Id. P. d'Etouvel......... S. les mêmes.
13 Id. C. de Reims......... C. les mêmes.
15 1799. C. de Koursum...... C. les Égyptiens.
16 1797. B. de Tagliamento... C. les Autrichiens.
20 1814. B. d'Arcis.......... C. les Russes.
25 Id. C. de La Fère....... C. les Alliés.
29 Id. C. de Saint Dizier (2ᵉ) C. les mêmes.

AVRIL.

3 1797. C. de Kumdemarch.. C. les Autrichiens.
9 1800. P. du Mont-St-Bernard C. les mêmes.
11 1796. B. de Montenotte.... C. les Austro-Sardes.
13 Id. C. de Cossaria....... C. les Autrichiens.
14 Id. B. de Millesimo...... C. les mêmes.
15 Id. C. de Dego......... C. les Austro-Sardes.
20 1809. B. d'Abensberg...... C. les Autrichiens.
21 1796. B. de Mondovi....... C. les Piémontais.
22 1809. B. d'Eckmül........ C. les Autrichiens.
23 Id. P. de Ratisbonne..... S. les mêmes.
27 1800. P. du Caire........ S. les Égyptiens.

MAI.

2 1813. B. de Lutzen........ C. les Alliés.
4 1811. C. du fort Oliva..... C. les Espagnols.
9 1796. C. de Fombio........ C. les mêmes.
10 *Id.* B. du pont de Lodi... C. les Autrichiens.
15 *Id.* P. de Milan.......... S. les Italiens.
20 1813. B. de Bautzen........ C. les Allemands.
21 1809. B. d'Esling .... C. les Autrichiens.
» 1813. B. de Wurtchen. ... C. les Alliés.
30 1796. C. de Borghetto. .... C. les Autrichiens.

JUIN.

3 » P. de Véronne....... S. les Autrichiens.
9 1800. B. de Montebello..... C. les mêmes.
10 1807. C. de Cultsiad....... C. les Russes.
» » C. d'Heilsberg....... C. les mêmes.
12 1798. P. de Malte......... S. les Anglais.
14 1800. B. de Marengo....... C. les Autrichiens.
» 1807. B. de Friedland.,.... C. les Russo-Prussiens.
15 1815. C. de Charleroy...... C. les Prussiens.
16 » B. de Ligny......... C. les mêmes.

JUILLET.

2 1798. B. d'Alexandrie...... C. les Turcs.
5 1809. B. d'Enzersdorf...... C. les Autrichiens.
6 » B. de Wagram..... . C. les mêmes.
10 1798. C. de Kamaine....... C. les Mamelucks.
13 » B. de Chebreisse..... C. les mêmes.
20 » B. des Pyramides .... C. les mêmes.

22　»　Reprise du Caire..... S. les Arabes.
25　1799. B. d'Aboukir........ C. les Turcs.

AOUT.

2　1794. C. de Calvi........... C. les Anglais.
3　1793. C. de Lonato......... C. les Autrichiens.
5　»　B. de Castiglione...... C. les mêmes.
17　1812. B. de Smolensk....... C. les Russes.
21　1813. C. de Bober.......... C. les Prussiens.
26　»　C. de Dresde......... C. les Russo-Prussiens.

SEPTEMBRE.

3　1796. B. de Roveredo....... C. les Autrichiens.
»　»　C. de Serravale....... C. les mêmes.
7　1812. B. de la Moskowa..... C. les Russes.
8　1796. B. de Bassano........ C. les Autrichiens.
9　1813. C. de Dohna......... C. les Russo-Prussiens.
14　1812. P. de Moskow .... S. les Russes.
15　1796. B. de Saint-Georges ... C. les Autrichiens.
18　1797. C. de Governolo (2ᵉ).. C. les mêmes.
23　1796. C. de Governolo...... C. les mêmes.

OCTOBRE.

12　1805. B. d'Elchingen......3. C. les Autrichiens.
14　1806. B. d'Iéna.............. C. les Prusso-Saxons.
16　1813. B. de Wachau........ C. les Alliés.
17　1804. P. d'Ulm............. S. les Autrichiens.
28　1806. P. de Berlin........... S. les Prussiens.
30　1813. B. de Hanau... C. les Bavarrois.

NOVEMBRE.

14 1805. P. de Vienne. . . . . S. les Autrichiens.
15 1796. B. d'Arcole . . . . C. les mêmes.
16 1800. C. de Hollabrun . . . . . . C. les Russes.
25 1812. B. de la Bérésina. . . . . . C. les mêmes.
29 1808. B. de Somo-Sierra . . . . . C. les Espagnols.

DÉCEMBRE.

2 1805. B. d'Austerlitz . . . . C. les Autrichiens.
4 1808. P. de Madrid . . . . S. les Espagnols.
23 1806. C. de Czarnovo . . . . C. les Russes.

FIN.

EXHUMATION

DES

CENDRES DE NAPOLÉON.

RETOUR EN FRANCE. FUNÉRAILLES.

Napoléon, dans son testament, avait exprimé le vœu d'être inhumé sur les bords de la Seine, au sein de cette France qu'il avait tant aimée, et dont la gloire lui était si chère. Ce vœu vient enfin d'être accompli. Les témoins des dernières angoisses de l'illustre captif, ayant sollicité l'honneur d'aller chercher ses cendres inanimées, ont été les compagnons de son retour. Embarqués sur la frégate la *Belle Poule*, commandée par le prince de Joinville, et sur la corvette la *Favorite*, montée par M. Guyet, après soixante-huit jours de mer depuis Toulon, et vingt-quatre depuis Bahia, ils se trouvèrent en vue de James-Town, capitale de l'île Sainte-Hélène, dans la matinée du 8 octobre. Il n'y avait dans la rade que deux bâtiments de guerre : l'*Oreste*, détaché de Gorée par M. de Mackau, avec des dépêches pour le prince de Joinville, et une goëlette anglaise, qui partie de Portsmouth le 21 mai, avait apporté la première nouvelle de l'expédition. A peine la *Belle Poule* était-elle entrée en rade, que l'état-major du général Middlemore, gouverneur de l'île, se rendit en grand uniforme à bord du prince pour le complimenter et lui offrir pour son logement et celui de sa suite le château de James-Town, qui, d'après des ordres venus de Londres, avait été disposé à cet effet.

Le 9 octobre, au matin, le prince descendit à terre, accompagné du commandant Arnoux, son aide de camp, de MM. les généraux Bertrand et Gourgaud, de M. de Rohan-Chabot, commissaire du roi, de M. Lesage fils, dit Lascazes, de M. Marchand, de l'abbé Coquereau, aumônier de la *Belle Poule*, et de tous les officiers des trois bâtiments. Après une première visite au gouverneur, le prince se rendit au tombeau de Napoléon à Longwood. Ce pèlerinage au dernier asile de tant de gloire fut de sa part un acte religieux. Le 11, le 12 et le 13, les équipages des trois bâtiments l'accomplirent à leur tour.

La journée du 15 octobre, vingtième anniversaire, avait été définitivement fixée pour la cérémonie de la translation. La veille, à dix heures du soir, les personnes désignées pour assister, de la part de la France, à l'exhumation, descendirent à terre et se dirigèrent vers le lieu de la sépulture : toutes les opérations jusqu'au lieu d'embarquement du cercueil devant s'effectuer par des soldats étrangers, le prince de Joinville avait cru devoir, par un motif de convenance, s'abstenir d'y prendre part. Les généraux Bertrand et Gourgaud, MM. de Chabot, de Lascazes, Marchand, Artur Bertrand, l'abbé Coquereau et ses deux enfants de chœur, MM. de Saint-Denis, Noverraz, Pierron, Archambault, anciens serviteurs de Napoléon ; les capitaines de corvettes, Guyet, Charner, Doret et M. le docteur Guillard, chirurgien major de la *Belle Poule*, furent seuls introduits dans l'enceinte réservée autour du tombeau pendant la durée des opérations. Un capitaine anglais du génie, accompagné des autorités de l'île, reçut sur les lieux le commissaire français et les autres envoyés de la France. Commencés à minuit et demi, les travaux ne furent terminés que dix heures après. A dix heures, la grande dalle enfoncée sous un massif de maçonnerie fut enlevée et le sarcophage inférieur fut mis à découvert. Le sarcophage et le cercueil avaient été si parfaitement abrités contre les atteintes de l'air et de l'humidité qu'ils n'avaient pas subi la moindre altération. Dès que l'abbé Coquereau eut récité les premières prières, le cercueil fut retiré avec le plus grand soin et porté, par des soldats du génie nu-tête, dans une tente dressée pour le recevoir. Alors les cercueils intérieurs furent ouverts, et le docteur Guillard put prendre les mesures nécessaires pour garantir les restes mortels de l'Empereur de toute décomposition ultérieure. Le premier cercueil extérieur était légèrement altéré ; le cercueil de plomb était en bon état, et renfermait deux autres cercueils, l'un en bois, l'autre en ferblanc, dont les recouvrements furent successivement enlevés avec les plus grandes précautions. Le dernier cercueil avait été doublé intérieurement d'une étoffe de satin blanc, qui, détachée par l'effet du temps, était retombée sur le corps et l'enveloppait comme un linceul, en y adhérant légèrement. Quand, par la main du docteur Guillard, le drap de satin fut soulevé, un mouvement indéfinissable de surprise et d'attendrissement éclata parmi les spectateurs : tous fondirent en larmes. — L'Empereur, lui-même, était devant eux! — Les traits de la figure étaient des plus reconnaissables, les mains parfaitement belles ; le costume si connu avait peu souffert, et les couleurs en étaient faciles à distinguer ; les épaulettes, les décorations, le chapeau étaient entièrement conservés ; la pose, elle-même, était pleine d'abandon, et sauf les débris de la garniture de satin, qui recouvraient, comme d'une gaze très fine, plusieurs parties de l'uniforme, on aurait pu croire Napoléon étendu encore sur son lit de parade. M. le général Bertrand, M. Marchand et les autres personnes présentes, qui avaient assisté à l'inhumation, indiquèrent rapidement les divers objets déposés par eux-mêmes dans le cercueil : chacun de ces objets était dans la position exacte qu'ils lui avaient assignée. On remarqua même que la main gauche, que le grand maréchal avait prise pour la baiser une dernière fois, au moment où l'on fermait le cercueil, était restée légèrement soulevée. Entre les jambes, auprès du chapeau, on apercevait les deux vases qui devaient renfermer le cœur et l'estomac....

Les deux cercueils intérieurs ont été soigneusement refermés ; l'ancien cercueil de plomb a été fortement assujetti dans le nouveau avec des coins de bois, et les deux ont été soudés avec les précautions les plus minutieuses sous la direction du docteur Guillard. Ces diverses opérations terminées, le sarcophage en ébène a été fermé ainsi que son enveloppe de chêne.

En remettant la clef du sarcophage d'ébène au commissaire du roi, le capitaine Alexander lui a déclaré, au nom du gouverneur, que ce cercueil renfermant les restes mortels de l'empereur Napoléon serait considéré comme à la disposition du gouvernement français dès ce jour, et du moment où il serait arrivé au lieu d'embarquement vers lequel il allait être dirigé sous les ordres de S. Ex. le général Middlemore. Le commissaire du roi répondit qu'il était chargé par son gouvernement d'accepter en son nom ce cercueil des mains des autorités britanniques, et qu'il était prêt, ainsi que les diverses personnes composant la mission française, à le suivre jusqu'au quai de

James Town, où monseigneur le prince de Joinville, commandant supérieur de l'expédition, était dans l'intention de venir le recevoir pour le conduire solennellement à bord de sa frégate.

Un char à quatre chevaux, décoré d'emblèmes funèbres, avait été préparé avant l'arrivée de l'expédition pour recevoir le cercueil, ainsi qu'un drap mortuaire et un harnachement de deuil complet. Quand le sarcophage eut été placé sur le char, le tout fut recouvert d'un magnifique manteau impérial envoyé de Paris, et dont les quatre coins furent remis à MM. Bertrand et Gourgaud, au baron Lascases et à M. Marchand. A trois heures et demie, le char funèbre s'est mis en marche, précédé d'un enfant de chœur portant la croix et de M. l'abbé Coquereau. M. de Chabot conduisait le deuil comme commissaire accrédité du gouvernement français. Toutes les autorités de l'île, tous les principaux habitants et la garnison entière ont suivi la marche funèbre depuis le tombeau jusqu'au quai. Mais, sauf l'escorte d'artilleurs nécessaires pour conduire les chevaux et pour soutenir par moments le char lui-même, dans les descentes difficiles, les places les plus rapprochées du cercueil avaient été réservées pour la mission française. Le général Middlemore, malgré l'état fort affaibli de sa santé, a voulu suivre toute la marche à pied, ainsi que le général Churchill, chef d'état major de l'armée des Indes, arrivé depuis deux jours de

Bombay. L'immense poids du cercueil et l'extrême difficulté de la route rendaient nécessaire pendant presque tout le trajet une surveillance de tous les instants. M. le colonel Trelawney voulut commander en personne le petit détachement d'artillerie chargé de conduire le char, et grace à ses soins la translation a pu s'effectuer sans le moindre accident.

Depuis le moment du départ jusqu'à l'arrivée sur le quai, les canons des forts et les batteries de la *Belle Poule* ont tiré de minute en minute. Après une heure de marche, la pluie cessa pour la première fois depuis le commencement des travaux, et arrivé en vue de la ville on trouva un ciel brillant et un temps magnifique.

Dès le matin, les trois bâtiments de guerre français, la *Belle Poule*, la *Favorite* et l'*Oreste*, avaient pris le grand deuil royal, les vergues en croix et les pavillons en berne. Deux navires de commerce français, la *Bonne Aimée*, capitaine Gillet, et l'*Indien*, capitaine Triquetil, qui se trouvaient en rade depuis deux jours, s'étaient mis sous les ordres du prince, et ils ont imité pendant toute la cérémonie les mouvements de la *Belle Poule*. Les forts de la ville et les maisons des consuls avaient également descendu leurs pavillons à mi-mât.

Parvenues à l'entrée de la ville, les troupes de la garnison et des milices se déployèrent en deux lignes jusqu'à l'extrémité du quai, en prenant la position de deuil de l'armée anglaise, les soldats appuyés sur leurs armes renversées, les officiers le crêpe au bras et la tête posée sur le pommeau de leur épée. Tous les habitants avaient été consignés dans leurs maisons ou garnissaient les terrasses qui dominent la ville, et les rues n'étaient occupées que par les troupes, le 91e tenant la droite et la milice la gauche. Le cortège s'avança lentement entre deux haies de soldats, au son d'une marche funèbre et au bruit du canon des forts, de la *Belle Poule* et du *Dolphin*, répété mille fois par les échos des immenses rochers qui s'élèvent au dessus de James Town.

Après deux heures de marche, le cortège s'arrêta à l'extrémité du quai, où M. le prince de Joinville s'était placé à la tête de l'état-major des trois bâtiments français. Les plus grands honneurs officiels avaient été rendus par les autorités anglaises à la mémoire de l'Empereur : des hommages éclatants avaient signalé les adieux de Sainte-Hélène à son cercueil : dès ce moment la dépouille mortelle allait appartenir à la France.

Quand le char se fut arrêté, M. le prince de Joinville s'avança seul, et, en présence de tous les assistants découverts, reçut solennellement le cercueil impérial des mains du général Middlemore. S. A. R. remercia ensuite le gouverneur au nom de la France, de tous les témoignages de sympathie et de respect dont les autorités de Sainte-

Hélène avaient entouré cette cérémonie mémorable.

Une chaloupe d'honneur avait été disposée pour recevoir le cercueil. Pendant l'embarquement, que M. le prince de Joinville dirigea lui-même, la musique joua des airs funèbres, et toutes les embarcations se tinrent à l'entour les avirons mâté. Quand le sarcophage toucha la chaloupe, un magnifique pavillon royal, que les dames de James-Town avaient voulu broder elles-mêmes, fut élevé, et dès lors la frégate redressa ses vergues et déploya ses pavois. Tous les mouvements de la *Belle Poule* furent imités sur le champ par les autres bâtiments. Notre deuil avait cessé avec l'exil de Napoléon, et la division française se parait de tous ses ornements de fête pour recevoir le cercueil impérial sous le drapeau de France.

Le sarcophage fut recouvert dans la chaloupe du manteau impérial. — Le prince de Joinville se plaça lui-même à la barre, M. le commandant Guyet sur l'avant, MM. les généraux Bertrand et Gourgaud, M. le baron de Las cases, M. Marchand et l'abbé Coquereau occupèrent auprès du corps la même place que dans le cortège. M. le comte Chabot se plaça avec M. le commandant Hernoux sur l'arrière un peu devant le prince.

Dès que la chaloupe se fut éloignée du quai, la terre tira le salut de vingt-et-un coups de canons et nos bâtiments envoyèrent la première bordée de toute leur artillerie ; les deux autres furent tirées pendant le trajet du quai à la frégate, la chaloupe nageant très lentement, entourée de toutes les autres embarcations. A six heures et demi, elle atteignit la *Belle-Poule*. Tous nos bâtiments avaient les hommes sur les vergues, le drapeau à la main.

« M. le prince de Joinville avait fait disposer sur le pont de la frégate une chapelle parée de drapeaux et de faisceaux d'armes, et dont l'autel avait été élevé au pied du mât d'artimon. Porté par nos matelots, le cercueil passa entre deux haies d'officiers, l'épée nue, et fut placé sur les panneaux du gaillard d'arrière. L'absoute fut faite le soir même par M. l'abbé Coquereau.

» Le lendemain 16, à dix heures, une messe solennelle fut célébrée sur le pont, en présence des états-majors et d'une portion des équipages. S. A. R., le commandant supérieur, se tenait aux pieds du corps. Le canon de la *Favorite* et de l'*Oreste* tirèrent de minute en minute pendant la cérémonie, qui se termina par une absoute solennelle à laquelle prirent part en venant jeter l'eau bénite sur le cercueil, M. le prince de Joinville, la mission, les états-majors et les premiers maîtres des bâtiments.

A onze heures, toutes les cérémonies de l'église étaient accomplies, tous les honneurs souverains avaient été rendus à la dépouille mortelle de Napoléon. Le cercueil fut descendu avec soin dans l'entrepont, et placé dans la chapelle ardente disposée à Toulon pour le recevoir. En ce moment les bâtiments tirèrent une dernière salve de toute leur artillerie, puis la frégate serra ses pavois en ne conservant que le pavillon de poupe et le drapeau royal au grand mât.

Le dimanche, 18, à huit heures du matin, la *Belle-Poule* quitta Sainte-Hélène, emportant son précieux dépôt.

Dès les premiers jours de décembre, la *Belle-Poule* arriva à Cherbourg, et bientôt après le transbordement eut lieu entre deux salves, chacune de mille coups de canon. Le départ de Cherbourg pour entrer en Seine, fut fixé au 8 décembre et il fut décidé, à Paris, que la solennité funèbre aurait lieu le 15 de ce mois. On pressa en conséquence tous les préparatifs qui étaient commencés et dans la nuit, la flottille à vapeur qui remorquait la nef d'honneur destinée au transport des restes de Napoléon, arriva à peu de distance de Courbevoie. Dès le point du jour, toute la population de Paris, où il y avait une immense affluence d'étrangers, s'était mise en mouvement ; de toutes parts on se pressait sur toute l'étendue de la route que le cortège allait parcourir ; on se disputait les plus petits espaces, afin de se placer de manière à pouvoir contempler le cercueil impérial. Aux champs-élysées, les fenêtres de toutes les maisons étaient envahies, on avait même enlevé les toits de quelques unes, afin d'y dresser des estrades, et malgré les défenses de la police, les arbres étaient chargés de spectateurs.

A mesure qu'on approchait de Courbevoie, cette multitude devenait plus compacte, c'était à y étouffer, et pourtant là même il régnait un recueillement silencieux ; chacun était dominé par le sentiment profond, irrésistible, de la solennité à laquelle il venait assister.

Le tambour appelait dans toutes les directions aux funérailles de l'immortel Empereur, du guerrier sans pareil, du sage législateur, du captif infortuné. A cette heure se réveillaient tant de souvenirs tristes ou glorieux. Les gardes nationales et les troupes de ligne accouraient aux postes qui leur avaient été assignés ; les premières formaient la haie des deux côtés de la route, depuis le pont de Neuilly jusqu'à la barrière de l'Etoile ; les secondes, suivant l'ordre des numéros de leur brigade, bordaient, à droite et à gauche, l'avenue des champs-élysées, la place de la Concorde, le pont et le quai jusqu'à l'esplanade des Invalides, puis reprenaient encore les gardes nationales, fermant ainsi l'escorte d'honneur. Quatre batteries, dont deux en avant du pont de Neuilly, et les deux autres au rond point de l'Étoile, devaient par des salves d'artillerie, annoncer la mise en marche du convoi, ou plutôt le débarquement des cendres de l'Empereur. Les régiments et les légions, musique et sapeurs en tête ; les officiers et les généraux, le crêpe au bras et à l'épée, les tambours voilés, les drapeaux enveloppés de deuil, tout ce concours de peuple, de citoyens, de soldats, au milieu du plus brillant appareil militaire, attendaient, immobiles, par un froid de 10 degrés, que la cérémonie commençât. Enfin le bruit du canon a retenti sur la rive, et les foudres des Invalides le répètent en écho. Les tambours roulent sourdement, les symphonies funèbres remplissent l'air de leurs sons lugubres dont les trompettes gigantesques augmentent la mélancolie ; on sait que le bateau s'avance ; tous les cœurs se serrent et sont émus, des larmes coulent des yeux des vieillards et même des jeunes gens. Enfin, voici le noble navire ; noble par le dépôt qui lui est confié, noble aussi comme objet d'art, car il est splendidement décoré et sa coupe est d'une majestueuse élégance, c'est le duc de Joinville qui commande sur ce bord imposant. Bientôt on touche au débarcadère ; le bateau funèbre a tiré son dernier coup de canon et les batteries de la rive ont répondu par une salve de vingt-et-un coups, deux fois répétée. Le transbordement a lieu ; il est effectué sous les yeux du prince, par le brillant équipage de la *Belle-Poule* qui a accompagné, jusqu'à destination, les restes vénérés confiés à sa garde.

Sous une espèce de chapelle ardente, moitié temple, moitié arc de triomphe attend le catafalque mouvant qui doit faire le trajet de Courbevoie à Paris. Ce sanctuaire du char sépulcral est décoré de palmettes à ses angles et d'aigles sur ses frontons; ouvert sur toutes ses faces, il est supporté par six piliers peints en brique, dont l'entablement tout chargé de couronnes d'immortelles est orné d'un triple cordon de guirlandes. Sur la gauche du débarcadère, tout près du pont de Neuilly, s'élève une sorte de monument votif, c'est une immense colonne rostrale de cent quarante pieds de haut, surmontée d'un globe, que domine une aigle de vingt pieds d'envergure. Cette colonne commémorative en ce jour de la part que notre marine a prise à l'accomplissement d'une grande et tardive réparation nationale repose sur trois soubassements, dont le premier est orné d'un bas-relief représentant le voyage de la *Belle-Poule*, son retour et le trajet de Paris à Cherbourg; le second est chargé de trophées maritimes, d'aigles et de drapeaux, et le troisième est surmonté d'une statue colossale de notre-Dame-de-Grace, patronne des matelots autour de laquelle sont disposés d'énormes trépieds jetant des flammes et de la fumée, comme ceux qui décorent le pont et bordent la route jusqu'à la place de la Concorde.

Tout à coup le char s'est ébranlé, c'est presque merveilleux de voir rouler sans obstacle cette masse étonnante de décors et de dorures éclatantes: au premier coup de canon tiré par les batteries de Neuilly, les officiers brandissent leurs sabres et leurs épées ; de tous les rangs, des cris *vive l'empereur!* s'élèvent jusqu'aux nues ; puis à ces acclamations proscrites après 1815 succèdent les anathèmes : *A bas les étrangers! à bas les Anglais!* On crie aussi *à bas les traîtres!* et parmi les gardes nationales, comme dans le flot populaire, on répète *à bas les hommes de Gand! à bas Guizot!* Les soldats du 10ᵉ de ligne et deux escadrons de cuirassiers chantent religieusement le refrain de *la Marseillaise*, que les assistants reprennent en chœur, et qui se continue jusqu'auprès de l'arc de l'Etoile. Mais on a craint que cet élan d'une spontanéité toute patriotique ne vienne à se propager, et pour punir les régiments qui en ont donné l'exemple, au lieu de leur permettre de suivre le cortège, on les fait changer de direction à la hauteur du pont d'Iéna. Mais retraçons l'ordre de cette longue file de pelotons de toutes armes : D'abord venait la gendarmerie de la Seine, puis la garde municipale à cheval, deux escadrons du 7ᵉ régiment de lanciers, l'état-major de la place de Paris, auquel s'étaient joints tous les officiers en congé ou en passage ; suivaient un régiment de ligne en bataille, et après lui la garde municipale à pied, les sapeurs-pompiers et deux autres escadrons du 7ᵉ lanciers.

L'état-major de la division, autour duquel s'étaient groupés tous les officiers sans troupes et tous les employés militaires, n'était ni moins brillant ni moins nombreux; il était suivi de deux escadrons de cuirassiers. Derrière marchait encore l'école militaire de Saint-Cyr, l'école Polytechnique et l'école d'Application ; un bataillon d'infanterie légère, deux batteries d'artillerie, sept compagnies du génie cantonnées dans le département de la Seine pour la construction des inutiles et dangereuses fortifications, les quatre compagnies de vétérans, et en serre-file, deux autres escadrons de cuirassiers.

La garde nationale de Paris et de la banlieue n'avait jamais montré plus d'empressement. En tête se présentaient quatre escadrons de ses cavaliers, puis venait le maréchal Gérard, accompagné de son état-major, et suivi de la deuxième légion de la banlieue, de la première légion parisienne, et de deux autres escadrons de la cavalerie.

L'aumônier venant de Sainte-Hélène était là dans un carrosse, suivi des officiers-généraux des armées de terre et de mer en séjour à Paris, et de tout le corps de la musique funèbre. Un cheval blanc figurait le cheval de bataille du magnanime Empereur. Derrière lui se présentaient sur un seul front vingt-quatre sous-officiers de toutes les armes de la cavalerie, puis le carrosse de la commission de Sainte-Hélène, puis trente-quatre sous-officiers décorés de tous les corps de l'infanterie, puis les maréchaux de France, ceux du moins qui n'avaient pas une autre destination dans la cérémonie.

Les étendards des quatre-vingt-six départements étaient portés par quatre-vingt-six sous-officiers. On s'était attendu qu'ils seraient réunis à une députation de chaque localité ; mais l'autorité avait voulu éviter d'imprimer à cette pompe funèbre un caractère trop national. Ces quatre-vingt-six bannières ne révélaient que trop que la France avait été mutilée par les déplorables traités de 1814 et de 1815.

Le char funéraire attirait tous les regards : cette gigantesque machine s'avança majestueusement, traînée par seize chevaux attelés sur quatre de front, caparaçonnés de velours violet aux armes de l'Empereur et conduits par des valets de pied vêtus de la livrée de sa maison. La crinière tressée d'or et la tête ombragée de panaches blancs, ces coursiers menaient à pas lents le magnifique catafalque, à la cime duquel était le sarcophage de forme antique à demi couvert du manteau impérial, et portant vers le milieu un riche coussin, sur lequel reposaient le sceptre, la main de justice et la couronne ornée de pierres précieuses. Sur le tout était jeté un immense crêpe violet flottant au vent. Ce cercueil de parade reposait sur un vaste bouclier de forme ovale, soutenu par des faisceaux de javelines qui s'appuyaient sur la tête de quatorze cariatides, sculptées par M. Feuchères. Ces élégantes figures s'élevaient sur une base commune, portée sur un piédestal décoré de longues draperies de velours violet au chiffre et aux armes de l'Empereur. Au dessous se voyait un socle de vingt pieds de longueur sur six de hauteur, et en avant duquel un groupe de génies ailés soutenait la couronne de Charlemagne. En arrière était disposée une forêt de drapeaux, et aux quatre angles on avait fixé des trophées d'armes de tous les peuples contre lesquels Napoléon a guerroyé. Le tout était supporté par quatre roues basses et massives; sur toutes ses faces entourées de guirlandes, des bas-reliefs représentaient des batailles; partout la dorure avait été prodiguée, et tout cet ensemble était resplendissant. Les cordons du poêle étaient tenus par deux maréchaux, le vieil Oudinot (duc de Reggio) et Molitor, par l'amiral Roussin et par le général Bertrand, ce fidèle compagnon du prisonnier de Longwood; ils étaient à cheval tous les quatre.

L'escorte d'honneur environnait le char : c'était les cinq cents marins de la *Belle Poule* et de la *Favorite*, commandés par leur capitaine le prince de Joinville, le seul des membres de la famille royale dont la physionomie ait vraiment un aspect militaire; tous recueillis et silencieux venaient là avec leur chef escorter jusqu'à sa dernière sépulture les restes du héros. Après eux, suivaient en divers groupes les anciens aides de camp de l'Empereur, les officiers civils et militaires de sa maison, la municipalité de Paris, le personnel municipal des douze arrondissements de cette capitale et des communes rurales, ayant à leur tête le préfet de la Seine et le préfet de police. Mais ce qui faisait surtout une bien vive impression, c'étaient les anciens militaires de la garde impériale en grande tenue, par pelotons de cinquante hommes. Hélas! comme ils ont vieilli, ces débris de l'élite de la première armée du monde? La ville natale de l'Empereur, Ajaccio, avait envoyé une députation à ces funérailles, où l'on regrettait de ne pas voir les députés de toutes les villes de France, notamment de celles qui, comme Lyon, furent comblées de ses bienfaits. Après les envoyés de la Corse marchaient les militaires en retraite, et enfin les représentants de tous les régiments français avec leur étendard. Une colonne d'arrière-garde, commandée par le lieutenant-général Schneider, fermait le cortège.

L'arc de triomphe, richement pavoisé et surmonté d'un couronnement gigantesque, figurant l'apothéose de l'Empereur, était depuis son sommet couvert de guirlandes et de festons de verdure; aux quatre angles de la vaste composition qui le couronnait étaient de colossales renommées équestres lancées au galop et courant répandre partout l'univers la gloire du nom de Napoléon. Au centre, au milieu de guirlandes, de trophées, de cassolettes monstres, pleines de résine enflammées apparaissait l'Empereur en son grand costume du sacre, debout devant son trône et dominant, de la moitié du corps, deux figures représentant le Génie de la paix et celui de la guerre. Déjà les batteries du Rond-Point ont salué l'Empereur, et le char va s'engager sous la voûte de l'arc de l'Etoile, ce monument gigantesque dont Napoléon lui-même a posé la première pierre au jour de ses victoires, et qui semble n'avoir été achevé que pour compléter la majesté triomphale du cortège de ses funérailles. On se rappelait les Tuileries et Sainte-Hélène, Austerlitz et Waterloo. Tous les cœurs étaient émus par le rapprochement de tant de gloire et de tant de misère, de cette grande infortune et de cette tardive apothéose. Tous les yeux se mouillaient de larmes en se portant du char, où reposaient les restes du héros, sur ses vieux compagnons d'armes, ouvriers intelligents de son étourdissante renommée. On se montrait l'uniforme des grenadiers de la garde, ceux des chasseurs, des dragons, des lanciers rouges, des mamelouks, des artilleurs, des marins. Vive la vieille garde! criait on en les voyant passer ; vivent les Polonais! et par dessus tout vive l'Empereur! Et le canon répondait à ces acclamations qu'il avait provoquées.

Trente-six colossales figures de Victoires, alternant avec des trépieds chargés de réchauds pleins de liquide enflammé, avec des colonnes surmontées d'aigles d'or, ornées de boucliers, de trophées, de drapeaux, bordaient la longue avenue des Champs-Elysées. L'ensemble de cette décoration était d'un magique aspect, et contrastait singulièrement avec la nudité de la place de la Concorde, qui, pour ce jour là, n'avait reçu aucun embellissement. Ainsi qu'à l'arc de l'Etoile, on avait voulu faire sur le pont de la Concorde l'essai d'une décoration définitive, et on s'accordait généralement à dire que cette fois les architectes avaient parfaitement réussi; sur d'élégants piédestaux, parfaitement en harmonie avec l'étendue et la structure du pont, huit figures d'une belle proportion représentaient : la Prudence, la Force, la Justice, la Guerre, l'Agriculture, les Beaux-Arts, l'Eloquence et le commerce. La Guerre et les Beaux-Arts, éloignés le plus possible de la chambre des députés, tandis que la Paix et le Commerce en étaient les plus rapprochés. A chaque extrémité du pont s'élevaient, comme des points d'arrêt à la ligne des statues, deux colonnes triomphales terminées à leur sommet par une boule surmontée d'un aigle colossale aux ailes déployées, qui dans l'exécution définitive sera remplacé par le gothique et ridicule calembourg du coq gaulois.

En face du pont et sur le milieu des degrés qui conduisent à la chambre des députés, dont le nouveau fronton était découvert pour la première fois, on apercevait, sous les plis d'une immense draperie et diadème en tête, la statue colossale de l'Immortalité; de sa main droite elle tendait une couronne d'or qu'elle semblait vouloir déposer sur le cercueil du grand homme. Cette gigantesque figure, œuvre de M. Cortot, doit dominer bientôt le dôme du Panthéon.

De la chambre des députés jusqu'à l'angle de l'esplanade des Invalides, sur toute la longueur de la terrasse du palais Bourbon, on avait ménagé pour un public de choix des estrades découvertes, pavoisées et décorées de draperies; de l'autre côté du quai, faisant face à l'hôtel des Invalides, s'élevait sur un piédestal richement orné cette colossale statue de l'Empereur, dont le bronze majestueux doit couronner la colonne élevée à Boulogne en l'honneur de la grande armée. Napoléon vêtu d'un manteau semé d'abeilles et d'étoiles, la main droite appuyée sur un sceptre surmonté de l'aigle impériale, présente de la gauche un large cordon auquel pend la croix de la Légion-d'Honneur pour rappeler que l'inauguration de cette moderne chevalerie eut lieu au camp de Boulogne. Cette imposante figure, escortée de quatre renommées, semblait de cette place dominer les deux longues files de statues qui décoraient l'esplanade, depuis le quai jusqu'à la grille des Invalides. Les statues étaient au nombre de trente-deux, seize de chaque côté, rangées dans l'ordre suivant : à droite, Magdonald, par Bosio, neveu; Mortier, par Millet; Masséna, par Brian; Lannes, par M. Klagmann; Kléber, par M. Simart; Desaix, par M. Jouffroy; Marceau, par M. Lévêque; Condé, par M. Lanneau ; Vauban, par M. Callouet ; Henri IV, par M. Auvray ; François Ier, par M. Lanneau ; Duguesclin, par M. Husson ; Charles VII, par M. Brion ; Louis IX, par M. Dantan aîné ; Hugues Capet, par M. Ettex, et Charlemagne, par M. Maindron. A gauche, Mouton (Lobau), par M. Schey ; Jourdan, par M. Duseigneur ; Ney, par M. Garaud ; Kellermann, par M. Brun ; Latour-d'Auvergne, par M. Cuvelier ; Hoche, par M. Sornet ; Duguay-Trouin, par M. Moulive ; Turenne, par M. Toussaint ; Louis XIV, par M. Robinet ; Bayard, par M. A. Guilloti ; Louis XII, par M. Lanneau ; Jeanne-d'Arc, par M. Debay ; Charles V, par M. Dantan aîné ; Philippe-Auguste, par M. Ettex ; Charles Martel, par M. Debay, et Clovis, par M. Bosio neveu. Le public n'était généralement pas satisfait de ce choix, il se demandait ce qu'avaient à faire dans ce cortège des rois aussi peu dignes de mémoire que Charles VII, Charles V et François Ier, et il regrettait que l'on eût oublié Dugommier et Joubert, Bessières, Lasalle, Poniatowski, Duroc, et tant d'autres qui avaient combattu pour la France et étaient morts pour elle.

Il était une heure et demie lorsque le cortège s'avança par l'esplanade des Invalides, entre les immenses estrades, où des centaines de mille spectateurs, affrontant le vent du nord, attendaient dès le point du jour. A l'apparition du char, brillant au soleil, à travers les flots ondoyants de fumée qui s'échappaient des trépieds brûlants et de la bouche des canons qui tonnaient pendant qu'en dominant les lugubres mélodies les trompettes gigantesques remplissaient l'air de leurs sons déchirants, il y eut dans toute la foule une émotion profonde, générale, inexprimable. Enfin la grille est franchie, et le char a pénétré sous un dais magnifique, espèce d'arc de triomphe flanqué dans toute la longueur de l'esplanade de longues draperies noires semées d'abeilles d'or que soulèvent par intervalles les vibrations du bronze dont la détonation redouble à chaque fois les acclamations de la multitude. Enfin le char s'est arrêté; les marins descendent alors le cercueil comme ils l'avaient monté, et à travers le jardin décoré de trépieds et de candélabres couronnés de panaches ondoyantes, de flamme et de fumée, le portant à bras, ils arrivent à la porte d'honneur, et franchissent la cour royale pour ne plus s'arrêter que sous le porche triomphal, sorte de chapelle en forme d'arc de triomphe, dressée devant l'église tout exprès pour la réception du corps de l'Empereur par l'archevêque de Paris assisté par quatre prélats, et entouré de tout le clergé de son diocèse. Là, la vie militaire de Napoléon est racontée tout entière, à droite et à gauche, en avant, en arrière, de toutes parts, des inscriptions, des trophées, des statues en redisent les détails, avec une magnificence dont il n'y eut jamais d'exemple. Deux lignes de mâts pavoisés, ornés de trophées, de drapeaux, et surmontés chacun d'une étoile d'or, traversent la cour dans toute sa longueur ; en arrière, sur des estrades qui s'élèvent depuis le sol jusqu'à la hauteur des galeries du premier étage, des femmes élégantes, de vieux militaires, des jeunes gens, des invalides, sont distribués sur les gradins ; entre les arcades, les trumeaux sont chargés de trophées d'armes et d'armures surmontées de l'aigle impériale ; les archivoltes, auxquelles sont attachées des guirlandes de verdure, portent, entourés dans des couronnes de laurier, des écussons sur lesquels figurent alternativement le chiffre napoléonien et les insignes de la Légion-d'Honneur. Au dessous de la frise, sur toute la longueur de laquelle sont inscrits les noms de toutes nos célébrités guerrières depuis 1792, règne un cordon de guirlandes de laurier entrelacées de couronnes d'immortelles.

L'œuvre capitale de tout cet ensemble, c'est le porche triomphal, avec ses formes sévères, sa teinte funèbre et son aspect lugubre. Une voûte immense, portant sur quatre massifs quadrangulaires, soutient une architrave qui règne sur toutes les faces et déploie sur chacune un vaste fronton. Les frontons latéraux sont aux armes de l'Empereur ; celui de la façade est couronné d'une image colossale de Notre-Dame-de-Grace, autour de laquelle sont des groupes d'animaux, de petits génies maritimes. L'architrave est composée de niches dans lesquelles ont été figurées les statues de quelques anciens généraux les plus renommés de la république et de l'empire ; Moncey, Jourdan, Augereau, Lefebvre, Soult, Kellermann, Masséna ; à droite, Oudinot, Ney, Berthier, Brune, Suchet, Lannes, Bernadotte ; à gauche, Pérignon, Gouvion-Saint-Cyr, Bessières, Davoust, Serrurier, Macdonald. Le public se demandait pourquoi on avait exclu de cette réunion Marmont, Maisons, Murat, Beauharnais, lorsqu'on n'avait pas hésité à y admettre Bernadotte, Berthier, Augereau, Davoust, Mortier et quelques autres. Des renommées d'une proportion gigantesque étaient représentées au dessus des archivoltes, et sur chacune des faces des quatre massifs on lisait les noms de toutes les batailles qui se rattachent à la gloire de Napoléon.

La cérémonie religieuse a commencé, les premières prières ont été récitées, et l'archevêque a fait l'aspersion d'eau bénite ; le corps va être enlevé et introduit dans l'église, mais cette fois ce ne sont plus les hommes du pèlerinage de Sainte-Hélène qui le portent ; c'est un peloton de sous-officiers décorés choisis dans la garde nationale et dans la troupe de ligne. Cet honneur aurait dû être réservé aux vieux guerriers de sa garde, et l'inconvenance d'un autre choix est vivement sentie et reprochée aux ordonnateurs de cette pompe. Cependant le cercueil s'avance au milieu de l'agitation curieuse et des frémissements silencieux de la foule qui garnit les estrades et les tribunes, il a pénétré jusqu'à l'entrée du chœur, où le roi en personne s'apprête à recevoir le corps de l'empereur, que vient lui présenter le prince de Joinville.

« Sire, dit le capitaine de la *Belle-Poule*, en baissant son épée jusqu'à terre, je vous présente le corps de l'empereur Napoléon. »

« Je le reçois au nom de la France » a répondu le roi d'une voix forte.

Ensuite Sa Majesté, s'étant appochée du prince de Joinville, lui a serré la main avec affection.

Le général Athalin portait sur un coussin de velours l'épée de l'empereur. Il l'a présentée au maréchal Soult, qui l'a remise au roi.

« Général Bertrand, a dit le roi, je vous charge de placer l'épée de l'empereur sur son cercueil. »

Le général Bertrand a obéi à cet ordre.

« Général Gourgaud, a repris aussitôt le roi, placez sur le cercueil le chapeau de l'empereur. »

Le général Gourgaud s'est avancé et a placé le chapeau à côté de l'épée.

Alors le roi a regagné la place qui lui avait été préparée à droite de l'autel. La reine était à côté de lui, dans une tribune réservée, avec les princesses et les officiers de sa maison.

Au milieu du dôme avait été élevé un catafalque splendide, sous lequel a été introduit le cercueil, pendant qu'à ses quatre angles étaient postés les quatre dignitaires qui avaient tenu les coins du poële.

Enfin le service funèbre a commencé. Depuis l'orchestre jusqu'au chœur, toute l'église est tendue de noir ; tout l'espace qui n'est pas indispensable aux mouvements du service est occupé par des estrades ; toutes les fenêtres du temple ont disparu sous d'énormes écussons entourés de couronnes de lauriers; toutes les arcades ont été ornées de draperies noires à franges d'argent et de guirlandes de verdure. Au bout de chaque pilastre ont été attachés des trophées d'armes peints en or; au bas sont des trophées de drapeaux tricolores, entre lesquels des inscriptions rappellent les hauts faits de notre gloire moderne. Sur toute la largeur de l'entablement, à droite et à gauche, règne une draperie flottante aux armes impériales, et immédiatement au dessous des cartouches entourées de guirlandes et de couronnes de chêne retracent les actes les plus marquants de la vie politique de Napoléon, ainsi qu'il suit : Code Napoléon.—Création de la légion-d'honneur.—Concordat.—Rétablissement du culte. — Création de la cour des comptes.—Lunéville et Amiens.—Industrie, commerce et agriculture. Lettres, sciences et arts.—Création de la Banque de France—Création du conseil-d'état.—Organisation de l'administration publique.—Travaux d'utilité publique.—Propagation de la vaccine, etc. Telles sont les légendes du deuil civil, elles égalent celles du deuil militaire;

mais passons à la description du deuil impérial : austère, imposant, solennel; le chœur, le dôme, les hémicycles, les tribunes, les estrades, les arcades, les colonnes, les pilastres, les entablements, les fenêtres, les chapelles, tout est tendu de velours violet, avec des ornements variés, des abeilles, des arabesques d'or, des franges d'or, partout des lustres, des bougies partout, partout profusion de lumières, de festons, de drapeaux.

L'autel dressé pour cette cérémonie a été adossé au fond à la porte royale. L'archevêque de Paris officie en personne, assisté de ses évêques, tous vêtus de violet, comme pour l'office des martyrs. Nous avons dit que le Roi avait une place réservée à la droite de l'autel; l'estrade où il était assis avait été dressée sous un magnifique dais de velours violet richement drapé et surmonté de drapeaux et de panaches; l'estrade destinée à la Reine n'était pas moins fastueuse, et l'une et l'autre communiquaient avec un salon splendidement décoré. En face de l'estrade royale était la place réservée à l'archevêque, puis la tribune du clergé, puis celle des députés, vis-à-vis celle des pairs, puis celle des ministres en regard de celle réservée pour le corps diplomatique. Mais les représentants de la sainte alliance renouvelée n'ont pas jugé convenable d'assister officiellement à une cérémonie dans laquelle Napoléon était honoré de son titre d'empereur. Ils ont en conséquence demandé des billets individuels avec lesquels ils pourraient se présenter incognito, mêlés au public privilégié et peu nombreux à qui l'entrée de l'église était accordée, disant qu'ils auraient pu assister officiellement aux funérailles de Bonaparte général, mais qu'ils n'étaient pas autorisés à paraître à celles de Napoléon empereur. On ne pouvait admettre une si ridicule susceptibilité ; il était inconcevable que l'on persistât à refuser le titre d'empereur à un homme qui l'avait porté dans des actes d'alliance avec des souverains étrangers et dans des traités intervenus entre les puissances de l'Europe ; il a donc été répondu à une telle outrecuidance, que non seulement messieurs les ambassadeurs ne recevraient pas d'entrée personnelle, mais qu'encore toutes les mesures seraient prises pour que les agents de la diplomatie étrangère ne pussent pas s'introduire, lors même qu'ils réussiraient à se procurer des billets par une autre voie. Pauvre Napoléon ! ce n'est pas assez d'avoir été déloyalement traîné au bout du monde, déporté sur un rocher mortel, sous un climat brûlant, d'avoir subi pendant six années les tortures journalières inventés par Hudson Lowe, ce geôlier vindicatif, ce bourreau lâche et cruel ; ce n'était pas assez d'être mort depuis vingt ans pour apaiser des assassins et des violateurs de la foi jurée, il fallait encore qu'ils vinssent insulter à ta dépouille quand elle était là gisante, inanimée entre les quatre planches d'un cercueil ! Il faut donc qu'il leur ait bien fait peur, notre empereur, pour qu'ils ne lui aient pas encore pardonné leur effroi, et qu'ils aient eu le courage de l'insulter jusque dans la tombe, lorsqu'après vingt ans la France s'est décidée à rendre à sa mémoire une tardive justice!

Eh! que nous importe après tout ce que peuvent penser les étrangers de cette grande réparation nationale! Que nous font les clabauderies et les insolences des ambassadeurs? Le bruit du canon en a fait taire bien d'autres, et sans doute, pour le véritable équilibre du monde, pour que nous sortions enfin d'une position humiliée, il va devenir nécessaire qu'il retentisse de nouveau, que la dernière raison des rois soit aussi la dernière raison du peuple français rentré dans ses limites naturelles. Mais silence sur l'avenir, et reprenons le récit du *passé!* La cérémonie religieuse dura près de deux heures, et pendant tout ce temps les yeux et les oreilles ne se lassaient pas d'admirer; le catafalque et l'orchestre se partageaient l'attention de l'assemblée. Le catafalque doré dans toute son étendue, se détachait tout d'une pièce sur le fond violet de la tenture du dôme; aux quatre angles étaient des victoires et des trophées exécutés par M. Husson; au dessus du sarcophage en ébène, s'élevait une coupole au sommet de laquelle apparaissait l'aigle impériale, les ailes déployées comme si elle allait prendre son vol. Tout ce qu'on voyait était en harmonie avec ce qu'on entendait, et lorsqu'on reconnut les premières mesures du *re-*

quiem de Mozart, cette œuvre immortelle, exécucutée sous la direction de M. Habeneck par trois cents musiciens, cent cinquante chanteurs et cent cinquante instrumentistes, l'élite de nos théâtres lyriques, produisit une impression terrible. Ce concert remplissait l'église, et vibrait dans un tel ensemble qu'on eût dit un seul instrument; ensuite est venu le *dies iræ*, qui a produit un effet immense; puis les prières de l'absoute ont été récitées par l'archevêque de Paris. A cinq heures et demie tout était terminé, et le canon annonçait le départ du roi.

Il eût été par trop douloureux pour le grand public de ne pas être admis à contempler les restes de son empereur, aussi l'église des Invalides est-elle restée ouverte pendant quinze jours, et pendant tout ce temps, depuis sept heures du matin, les portes du temple ont été assiégées par une affluence considérable. On peut évaluer à cinquante mille le nombre des personnes qui faisaient journellement ce pèlerinage; on y est venu de tous les points de la France, et l'on s'y porterait encore en foule si cette exposition s'était continuée.

Jamais funérailles ne furent plus populaires ni plus somptueuses. Deux millions ont été dépensés pour rendre les derniers honneurs à Napoléon. Les feuilles et les guirlandes ont coûté à elles seules plus de cinquante mille francs; quarante mille francs de sable avaient été versés sur la route que devait parcourir le char, et tout cet ensemble d'arcs triomphaux, de colonnes, de trophées, de statues, de peintures, de draperies, de trépieds, de candélabres, de réchauds enflammés, était merveilleux. MM. Labrouste et Visconti, les architectes qui avaient présidé à tous ces travaux, ont surpassé dans la composition de cette fête tout ce que l'imagination pouvait concevoir, et pourtant, contrecarrés sans cesse par une direction inintelligente, tracassière et gaspilleuse, ils n'ont pu suivre qu'une partie de leurs inspirations. Maintenant, ferons-nous moins pour la réalisation, c'est à dire pour l'érection d'un impérissable monument que pour une cérémonie de quelques heures ? Des préludes qui ont coûté dix millions n'iront-ils aboutir qu'à la mesquine confection d'un mausolée de cinquante mille francs ? Oh ! non, ce ne sera point le ridicule enfantement de la montagne de la fable, Napoléon aura un tombeau digne de lui, digne de son apothéose, digne de sa renommée dans l'avenir.

FIN.

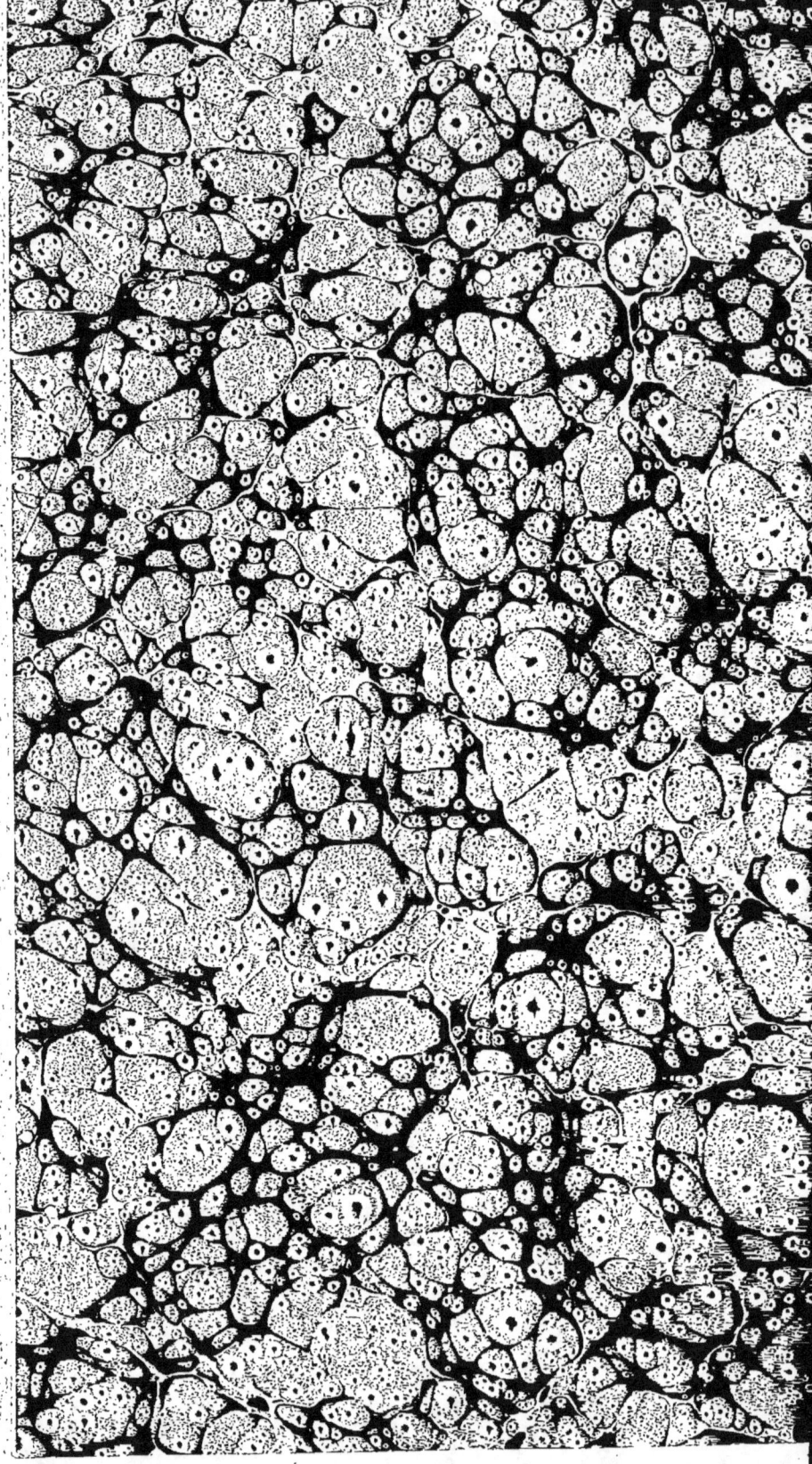

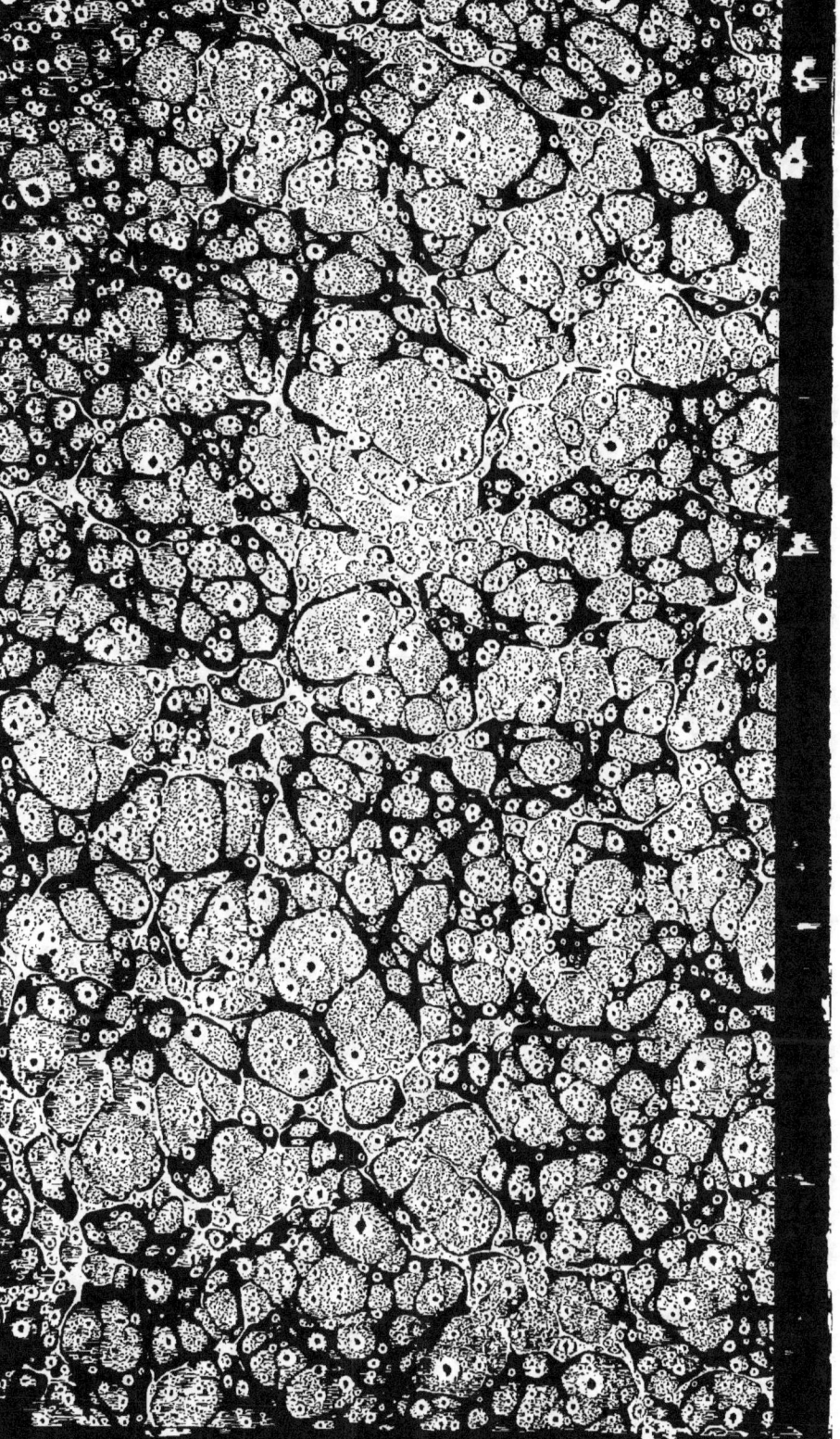

www.ingramcontent.com/pod-product-compliance
Lightning Source LLC
Chambersburg PA
CBHW071946220426
43662CB00009B/1020